U0068411

中山學術文化基金會叢書

中山先生的世界觀

段雲章／著

序

　　中山先生不僅是創立中華民國的　國父,而且也是廣受國際人士推崇的一位偉大的思想家。中山先生自謂其思想學說的主要淵源,乃係數千年來中華民族文化的一貫道統。而孔子的大同思想。尤為其終身所嚮往。故中山先生一生欲謀解決的,乃是中國和全世界人類的共同問題。他的思想學說之所以能夠受到各國有識之士的重視,自非無因。

　　蔡元培先生所撰之〈三民主義的中和性〉一文中,談及古今中外許多思想家和政治家所提出的解決人類問題的主張,大都趨向於兩個極端。例如中國法家的極端專制,道家的極端放任。又如西方人士主張自由競爭的,則要維持私有財產制度,主張階級鬥爭的,則要沒收資本家的一切所有,這些都是兩極端的意見。而具有「中和性」的三民主義,則是「執其兩端,用其中。」主張不走任何一端而選取兩端的長處,使之互相調和。所以蔡先生說:「能夠提出解決人類問題的根本辦法的,祇有我們孫先生,他的辦法就是三民主義。」因此蔡先生一生服膺三民主義,成為中山先生最忠實的信徒。

　　從中山先生傳記中,可知他青年時期所接受的是醫學的專業教育,故對自然科學具有良好的基礎。加以他博覽中國的經史典籍,並精研西方的「經世之學」,所以他的思想學說,實涵蓋了人文、社會及自然科學的各種領域。因而他對達爾文的進化論,馬克斯的唯物史觀以及西方的資本主義,均能指出其錯誤和偏差。而中山先生一生主張「把中華民族從根救起來,對世界文化

迎頭趕上去。」正如孔子一樣，他真正是一位「聖之時者」的偉大人物。

中山先生常言：「有道德始有國家，有道德始成世界」。環顧今日國內則社會風氣日趨敗壞，「四維不張」，人心陷溺；而國際間則爾虞我詐，戰亂不息。在整個世界人人缺乏安全感的環境中，我們更不能不欽佩中山先生數十年前的真知灼見。他這兩句特別重視道德的「醒世警語」，實在是人類所賴以共存共榮的金科玉律，更為一種顛撲不破的真理。今日由於交通及電訊的便捷，有人常稱現在全世界為一「地球村」；但如在此地球村生存的人沒有「命運共同體」的意念，則所謂地球村，僅係一空洞名詞。中山先生所遺墨寶中，最常見者為「博愛」與「天下為公」數字，我們倘能廣為宣揚他這種「為往聖繼絕學，為萬世開太平」的理念，則大家所居住的地球村，將可呈現一片祥和的景象，使人類獲得永久的和平與幸福。

中山先生一生特別強調「實踐」的重要，故創有「知難行易」的學說。所以我們今日研究中山先生的思想學說，似不宜專注意於其理論的層面，而應以中山先生思想學說的重要理念為基礎，進而參酌各種學術研究的最新成果，與世界潮流未來發展的趨勢，以及我國社會當前的實際需要，藉使中山先生思想學說的內涵，能不斷增補充實，與時俱進，成為「以建民國，以進大同」的主要指標。

中山學術文化基金董事會自民國五十四年成立以來，即以闡揚中山先生思想及獎勵學術研究為主要工作。余承乏董事長一職後。除繼續執行各項原定計畫外，更邀請海內外學術界人士撰寫專著，輯為「中山叢書」及「中山文庫」。同時與報社合作，創刊「中山學術論壇」。此外，復就中山先生思想體系中若干易滋疑義之問題，分類條列，悉

依中山先生本人之言論予以辨正。務期中山先生思想在國內扎根，向
國外弘揚，並進而對促成中國和平統一大業能有所貢獻。

劉真

民國八十三年六月於中山學術文化基金會

前言

　　五十多年前，我就讀於廣州中山大學之後，就多次聽到先師陳錫祺教授盛讚孫中山不僅是中國的偉人，而且是世界的偉人，他始終重視世情與國情。遵循先師的教誨，我於 1961 年參加在武昌舉行的紀念辛亥革命 50 周年學術討論會的論文，就是探討孫中山在海外華僑中的活動。我的研究生畢業論文，也以探討孫中山早期革命思想的產生與長期對外開放的珠江三角洲和華僑的關係為主旨。在經歷文革十年浩劫之後，對孫中山評價亦須撥亂反正之際，為表示大陸孫中山研究行將興起，先師和我合寫了〈二十世紀初的孫中山預見〉一文，主要的也是論述孫中山的世界眼光和對中國國情的透視。隨後，我繼續寫了一些這方面的文章。按照先師指點，並得到國內外學者如日本的久保田文次、藤井昇三、狹間直樹、中村哲夫，韓國的閔斗基，南開大學俞辛焞、廣東社會科學院黃彥等教授的支助，我終於 1996 年出版了《放眼世界的孫中山》與《孫文與日本史事編年》二書。先師為前一本書賜寫的「序」中，為我「又完成了一個有重要學術價值的課題而深感欣慰」；指出「孫中山的目光始終注視著廣闊的世界」，是「對近代中國與世界作出過偉大貢獻、產生過巨大影響的歷史人物。因此，在孫中山研究正在深入開展的今天，孫中山與世界的關係，很自然地就成了中外學者感興趣的課題」。同時，他認為這是一個「很大的題目」，在中國大陸，我這本書算是第一本，這個題目寫起來有較大的難度。他說了許多鼓勵我的話，認為：「可以預期，本書在出版後會引起同行的

注意，並對促進孫中山研究產生積極的影響。」最後，他又剴切指出；「孫中山放眼世界，觸及的問題很多，有待進一步研究的問題一定還有不少」。他期盼我「在這個大課題上繼續努力，深入和拓展自己的研究」，在他有生之年，能看到我「更多的新成果」。原汕頭大學副校長、著名的中國近代史研究專家李時岳教授為《孫文與日本史事編年》亦賜寫了「序」，內稱：「我為老朋友的新成果熱烈鼓掌、喝彩」。「孫文是中國歷史上劃時代的巨人。走出中世紀邁向近現代的中國民主革命運動是從孫文開始的。」「為了革命，他幾乎走遍全世界，尋求友誼和支助，日本是和他的關係最為密切的國家」。孫和日本的關係，「成為一幅繁複紛紜、撲朔迷離的長卷。顯然，要想全面地、清晰地展示孫文與日本的關係，是一件很不輕鬆的任務」。他在說了許多肯定該書的話之後，認為「這部書的出版，可望將孫文與日本關係的研究推上一個新臺階」。最後，他也指出：「為了總結歷史的經驗教訓，發揚中日人民的友好情誼，我期望在此基礎上將有進一步全面地、清晰地展示孫文與日本關係的論著問世，以饗讀者」。

然而，我卻有負先師和好友的期盼，因種種主客觀原因，我在上述二書出版後，沒有就此繼續研究，而轉向探究自感疑點頗多的另一課題。十餘年過去了，先師好友都已辭世西去，但言猶在耳，每思及此，慚咎交集。去年接到臺灣中央研究院近代史研究所前所長陳三井教授連發函電，告以臺灣中山學術文化基金會叢書編輯部約我撰寫此書，這既增我慚咎，又感惶恐。我已年屆八旬，又多病纏身，本想完成手頭正撰書稿，即告別史壇。但三井教授與我算是知交，前此賜惠良多，今以此相托，豈能違命。只好放下未竟書稿，先成此書。惟我因年邁力衰，外出搜集資料已勢所不能，僅主要利用自藏圖書和有關資料，以及我自己和同行的前此研究成果，根據

新的要求,撰成此書,不足和謬誤自所難免,尚冀方家、讀者不吝指正。

　　此書定名為《中山先生的世界觀》,理應著重闡明孫中山對世界看法的方方面面。其內涵十分廣泛且複雜多變,要講清楚,就必須把孫中山的有關言行置於具體社會歷史環境中考察其真正價值;並以之與前後左右人物的言行相比較,檢定其在歷史座標中的具體位置,還必須把他的言行放在歷史長河中察視其歷史和現實意義。但這樣做,勢必大大超過約稿字數。故本書稿力圖盡可能展示孫中山對世界各方面觀察的廣度、過程及所臻境地,而對其他方面則僅略述或點明,未予展開。其所存缺陷,作者自應承擔處理欠明欠當之責,亦請讀者諒解。

　　最後,讓我深切感謝臺灣中山學術文化基金會叢書編輯部的信任,陳三井教授的鼓勵和指點,原中山大學出版社負責人年逾八旬的劉翰飛先生對初稿的審閱和指正,以及老妻李金桂女士和我系博士研究生李鎮先生的支持和幫助。

目　次

緒論——順應世界潮流前進的軌跡

　　孫中山被讚稱為中國和世界的偉大民主革命家,其主要特徵就在於他認知「世界潮流,浩浩蕩蕩,順之則昌,逆之則亡」[1]和「適乎世界之潮流,合乎人群之需要,而為先知先覺者所決志行之,則斷無不成者也」[2];並秉此而進,不斷擴大識量,不斷「以行而求知,因知以進行」[3],逐步形成了合世情國情於一爐,推進革命事業的具有特色的世界觀。下面就試圖略述孫中山是怎樣昂首挺胸,壯志滿懷,不畏驚濤駭浪,順應世界潮流探索前進的軌跡。

一、從農村走向世界

　　當孫中山伸首探望西方世界時,中國和世界都正發生劇烈變化。西方列強在經歷資本主義迅速發展和資產階級革命或改革之後,一方面力圖向落後國家和地區輸出西方先進文明,迫使後者採用資本主義的生產方式和制度,創造一個西方模式的新世界;另一方面,它又發揮其剝削和壓迫落後民族和國家的本能,對後者肆行侵略乃至發動戰爭,掠占其領土和資源,奴役其人民;乃至和被侵

---

[1]　劉望齡輯注:《孫中山題詞遺墨彙編》,武漢,華中師範大學出版社,2000年,第 37 頁。

[2]　廣東省社會科學院歷史研究室等編,《孫中山全集》第 6 卷,北京,中華書局,1985 年,第 228 頁。

[3]　《孫中山全集》第 6 卷,第 199 頁。

略國家中的最腐朽最保守的勢力相勾結,竭力維持前資本主義的一些剝削方式和統治秩序,阻撓這些國家走向新生。19 世紀 40 年代後,顢頇腐朽的清王朝,就因落後而在西方列強發動的幾次侵華戰爭中遭到慘敗,演成主權喪失、領土被分割和財富被掠奪等等民族災難。以中國為天下的天朝觀破滅了,用先進物質文明和精神文明來衡量社會進步與落後的尺度,來改造舊中國、建設新中國的念頭,湧現在中國一些睜開眼睛看世界的先進人士的心中。他們為救國救民呼喚,還提出過不少按照西方模式改造中國的方案。然而,中國歷史形成的封建專制的制度和思想,以及故步自封的陳舊觀念,卻嚴重阻礙著先進人士追逐世界潮流的步伐。有利於推進中國近代化的洋務運動的步履既緩慢,其所獲成果很有限;維新思潮雖已初湧,但尚未成政治氣候。而列強入侵卻有加無已,國難日益深重,中國究竟該往何處走和如何走,越來越迫切地要求人們思考和抉擇。

　　就在這樣的時刻,原為農家子卻又性慕新奇的孫中山,從農村走向世界,進入當時向西方學習、謀求改造舊中國的先進中國人士的前列。這和他所處的環境和機遇有關。孫中山生長的廣東珠江三角洲地區,民族矛盾和階級矛盾一直十分尖銳;國內資產階級和華僑資產階級較早較多地生長在這裏,或者和這裏有密切聯繫,有如孫中山《上李鴻章書》裏所說:「鄉人多遊賈於四方,通商之後,頗稱富饒」[4]。加之,這裏瀕臨海洋,較早較多地接受西方的影響。從北宋熙寧年間(西元 1068-1078 年)開始,香山縣(現中山市)即逐漸成為東來西人寄跡之處。1557 年,香山縣南端的澳門,被葡萄牙侵佔後,更成為中西文化接觸的重要地點。所以,在香山青年中,早就產生了一種嚮慕西方文明的情緒,出現了中國最早的留

---

[4]　《孫中山全集》第 1 卷,第 17 頁。

歐留美學生（如順治年間的鄭瑪諾，1847 年出國的容閎等）。隨後
又在廣東出現了最早一批資產階級代表人物，並使廣東成為資產階
級民主革命的最早策源地。誠如孫中山 1895 年所指出的：「伏念我
粵東一省，於泰西各種新學聞之最早。縉紳先生不少留心當世之
務，同志者定不乏人。」[5]正是在這樣一種環境中，孫中山在少年
時就對停泊在毗鄰家鄉的淇澳島金星港外國輪船上發生的奇怪事
情覺得「值得研究」[6]；對死背經書和婦女纏足等陳規陋習表示不
滿；而且提出了「中國不是世界」，在金星港以外，還會有「『較清
明的生命』的地方」的新問題[7]。作為促進孫中山邁開腳步向西方
學習的另一重要因素，是由於他哥哥孫眉是華僑資本家，便於他對
華僑的情況和要求的瞭解，而且使他有更多機緣接觸西方世界。他
在 13 歲時，就經香港到檀香山，輪舟之奇，滄海之闊，使他大開
眼界，「自是有慕西學之心，窮天地之想」[8]。居檀五年，他熟練地
學會了英語，如饑似渴地接受了西方社會政治和自然科學的基礎知
識，並對西方資本主義社會作了初步觀察和比較。1883 年他從檀
香山回國後，又先後在廣州、香港、澳門接受較系統的西方資產階
級教育和行醫，進一步激起了他學習西方的興趣，更大地邁開了向
西方學習的步伐。

　　甲午戰爭前，孫中山逐漸懷疑和厭棄舊學、科舉制度，熱心接
受西學、新學。他從幼年的「志窺遠大，性慕新奇」[9]，進而對灌
輸封建思想意識的村塾及所傳授的「四書」、「五經」「感到沒有什
麼意思」，期待著「可以在這鄉村之外尋求到的別的真理」，以便從

[5]　《孫中山全集》第 1 卷，第 25 頁。
[6]　[美]林伯克著，徐仁植譯：《孫逸仙傳記》，上海三民公司，1926 年，第 2 頁。
[7]　《孫逸仙傳記》，第 22 頁。
[8]　《孫中山全集》第 1 卷，第 47 頁。
[9]　《孫中山全集》第 1 卷，第 48 頁

窒人的黑暗中解脫出來[10]；繼而在親身接觸中認識到外國「教法之善，遠勝吾鄉」，故勤奮攻讀西方社會政治學說和自然科學，成績優良，屢受褒獎。特別是他於 1887 年進入香港西醫書院學習期間，除認真學習醫學和漢學外，他還廣泛研究西方國家的政治、軍事、歷史、物理、農學等書籍。時值達爾文死後五年，其進化論主張，風靡一時，在該校擔任導師的康德黎等人，宣導實驗科學，對達爾文極為推崇。孫中山也深受影響，「雅癖達文之道」[11]。據憶述：「他常在夜中睡醒，起床讀書，讀的就是這進化論一類的新書，或者是法國革命史一類的書籍。」[12]達爾文在《物種起源》一書中闡述的「物競」、「天擇」學說，是 19 世紀自然科學上的一個重大發現，為辯證唯物論提供了自然歷史基礎，有其重大意義。而他把進化論推及到社會方面，把生存競爭說成是生物進化的決定因素則是錯誤的。這種進化論，對於飽受弱肉強食的中國人民來說，卻起了振聾發聵、促起人民要求變革現實、奮發圖強的作用。孫中山誠然認為人事進化與天然進化有別，不贊成社會達爾文學說，但他基於強烈的愛國心和變革現實的要求，接受了進化論裏面那種積極進取的變革思想。當時，他常以「中國現狀之危，我人當起而自救」[13]進行宣傳，並且著文鼓吹改造中國政治，吸納西方科學技術。這對於孫中山革命思想的育成有很大影響。後來他盛讚達爾文的進化論，使人「豁然開朗，大放光明，而世界思想為之一變」[14]。

同時，他通過實地觀察，領悟到西方的先進和中國的落後，深感必須「發奮自雄」，儘快學習和趕超西方資本主義列強，以結束

[10] 楊連達：《孫中山先生的童年生活》；吳相湘：《中華民國國父孫逸仙先生》，臺北，傳記文學出版社，1971 年，第 1 冊（上）第 23 頁。

[11] 《孫中山全集》第 1 卷，第 48 頁。

[12] 羅香林：《國父與歐美之友好》，臺北，中央文物供應社，1951 年，第 36 頁。

[13] [日]宮崎滔天：〈孫逸仙傳〉，載《建國月刊》第 5 卷，第 4 期。

[14] 《孫中山全集》第 6 卷，第 195 頁。

落後挨打局面。在 1894 年的《上李鴻章書》裏，他系統地提出了以西方國家為楷模，「人能盡其才，地能盡其利，物能盡其用，貨能暢其流」[15]，全面改革舊的制度，引進西方科學技術，迅速發展農工商業，使中國在 20 年內超越西方國家的近代化方案。

二、首闢中國民主共和道路

在孫中山取法西方政治制度時，面臨著兩種選擇，一種是當時中國已盛唱的以英國為代表的西方君主立憲制；一種是以美、法為代表的西方民主共和制。就西方而論，兩者都各有其生長土壤，都結繁榮富強之果。孫中山在甲午戰前，也曾徘徊於二者之間，有過上書李鴻章翹首於從上而下的革新之舉。然而，清王朝的專制腐敗無能的日益清楚暴露和孫中山的自身條件與感知，他又早就孕育著以資產階級民主政體取代封建專制政體的思想。長期以來，中國人民一直處在封建專制殘酷統治之下，孫中山曾作了這樣的概括：「在滿清之世，集會有禁，文字成獄，偶語棄市，是人民之集會自由、出版自由、思想自由，皆已剝奪淨盡，至二百六十餘年之久」[16]。「中國文明淪於蠻野，從來生民禍烈未有若斯之亟也。中華有志之士，無不握腕椎心。」[17]孫中山還在幼年時就對勞動群眾的疾苦和鬥爭深表同情。當他在村塾讀書時，就十分向慕洪秀全的反清革命，「慨然以洪秀全自居」。他在接觸西方世界後，把中國的專制腐敗情況同歐美的資產階級民主制做比較，又激發了他的「改良祖國、拯救同群之願」[18]。在這段期間，孫中山曾廣泛閱讀華盛頓、

---

15 《孫中山全集》第 1 卷，第 48 頁。
16 《孫中山全集》第 6 卷，第 412 頁。
17 《孫中山全集》第 1 卷，第 47 頁。
18 《孫中山全集》第 2 卷，第 359 頁。

林肯等資產階級革命家的傳記,他對為美國獨立作出貢獻的華盛頓特別推崇。在檀香山時,他又親眼見到夏威夷人民堅持不懈地進行著反抗美國殖民者的鬥爭。這些都滋育著孫中山的民族民主革命思想。這一思想因清王朝在中法戰爭中的喪權辱國以及民族危機的加深而進一步激發,認識到「醫術救人,所濟有限……無如政治」。「若欲救國救人,非鋤去此惡劣政府不可」,而代之以「人人皆免苦難、皆享福樂」的良好政府[19]。這種政府實質上就是西方資產階級所建立的那種政府。1894 年 11 月,他在上書李鴻章失敗後,就組織了資產階級革命團體興中會,提出了「驅除韃虜,恢復中國,創立合眾政府」[20]的革命主張,孫中山早期那以推翻帝國主義走狗清王朝、建立資產階級共和國為主要內涵的民族主義、民權主義,至此脫穎而出。這不僅是黑暗的封建專制統治的尖銳對立物,而且在彌漫當時的資產階級君主立憲氣氛中也煥發異彩。這是孫中山向西方學習的首要豐碩成果。從此他成了中國民主革命的先行者,義無反顧地為民主共和國在中國的實現而奮鬥不懈。孫中山在發動首次廣州起義之後,流亡英國倫敦,又蒙清使館拘禁之難,獲釋後,他於1896-1897 年間,更為民主革命努力探視西學。他在初步權衡西方文化、社會制度的利弊,並與中國現實需求聯繫考慮之後,得出了較多的理性認識,超越了他的同儕。他堅信推翻清王朝、再造中華是「應天順人」,「以應時勢之要求」[21],即合乎社會進化原理,適應世界潮流和中國國情的合乎邏輯的發展。此前孫中山組建興中會的消息透露出去後,就引發了一家英國報紙於 1895 年 3 月 12 日發表如下評論:「成功地改變現狀,在外國顧問的協助下按照現代的標準重新組織一個新政府……滿清政權將會從地球上消失後,……

---

[19] 同上書,第 359 頁。
[20] 《孫中山全集》第 1 卷,第 20 頁
[21] 《孫中山全集》第 1 卷,第 173 頁

只要中國人能向全世界證明他有誠意建立一個不再是壓迫和愚民的政府，列強將會承認並全力支持這個新政權」[22]。孫中山倫敦被難，頃使他名揚天下。他先後刊行的〈中國革命的起源〉、〈倫敦被難記〉、〈與《倫敦被難記》俄譯者等的談話〉、〈中國的現在和未來〉、〈中國之司法改革〉以及另一些談話、函件。其內容主要是向世人首先是向英人宣明以下幾方面：

其一，揭露了清王朝對中國人民的殘暴統治及其對外屈辱的行徑，指出：清王朝專制腐敗，刑法酷烈，統治黑暗，禍國殃民，且違背世界潮流，阻礙社會進步。因此，舉兵反清是正當的順勢而動。他訴稱：「中國現行之政治，……百姓均無發言或與聞之權；其身為民牧者，操有審判之全權，人民身受冤抑，無所吁訴。且官場一語等於法律，上下相蒙相結，有利則各飽其私囊，有害則各委其責任。婪索之風已成習慣，官以財得，政以賄成」。「至其塗飾人民之耳目，錮蔽人民之聰明，尤有可駭者。凡政治之書，多不得流覽，報紙之行，尤懸為厲禁，是以除本國外，世界之大事若何，人民若何，皆非其所聞。國家之法律，非平民所能與聞」。「是故中國之人民，無一非被困於黑暗之中」。「近者日本命將遣師，侵入吾土，除宅居戰地之人民外，罕有知中日開釁之舉者。彼內地之民，或並不知世界有日本國；即使微有風傳，獲聞一二，亦必曰外夷之犯順，而斷不信其為敵國之相侵也。」他曾寄望「其於外國憲政當必略有所知」的政要（按指李鴻章等）進行自上而下的維新變法，卻遭「寢閣不報」，朝廷且對上書者「加以譴責」。「吾黨於是憮然長歎，知和平之法不可復施，……積漸而知和平之手段不得不稍易以強迫」，故順民意而有乙未廣州興師反清之舉。[23]

---

[22] [澳]黃宇和：《中山先生與英國》，臺北，臺灣學生書局，2005年，第205頁。
[23] 《孫中山全集》第1卷，第50-52頁。

其二，首次向外宣佈了革命黨人的對外政策。他宣稱：中國「全體人民正準備著要迎接一個變革……準備著而且決心要進入公共民主的生活」，「如果是由真正的中國人自治，他們就會和外國人和平相處，並且也將和世界人民建立起友好關係」[24]。他鄭重表示：「我希望有一個負責任的、有代表性的政體。此外，還必須使我們的國家對歐洲文明採取開放態度。我不是說，我們要全盤照搬過來。我們有自己的文明，但是，因為無法進行比較、選擇而得不到發展，它也就停滯不前了。時至今日，這種文明已經和人民群眾完全格格不入了」[25]。照他的設想，這個新建的「賢良政府」，「由道地的中國人（一開始用歐洲人作顧問，並在幾年內取得歐洲人行政上的援助）來建立起純潔的政治」[26]。

其三，他對倫敦被難獲釋，對英國政府和「報界的及時幫助和同情」謹表謝忱；而且使他「對充溢於英國的寬大的公德心和英國人民所崇尚的正義，確信無疑」[27]。但他又指出：「歐洲人並沒有充分認識到腐敗勢力所造成的中國在國際間的羞恥和危險的程度，也沒有認識到中國潛在的恢復力量和她的自力更生的各種可能性」。而「在英國，有人以為只要說服李鴻章等人，使他們相信鐵路、電話、歐洲陸軍和海軍組織的效用，啟發中國人民，並設法把整套文明機器輸入中國，那麼中國的新生就會開始，這真是和使吃人的野獸改用銀質餐具，想藉此把它們改變成素食者是同樣的荒唐」。這「就會使得事情越來越壞，因為這就為勒索、詐騙、盜用公款開闢了新的方便的門路」。他「呼籲英國保持善意的中立」[28]。

---

[24] 《孫中山全集》第 1 卷，第 106 頁。
[25] 《孫中山全集》第 1 卷，第 86 頁。
[26] 《孫中山全集》第 1 卷，第 88 頁。
[27] 《孫中山全集》第 1 卷，第 35 頁。
[28] 《孫中山全集》第 1 卷，第 87-88，103-104 頁。

　　出於對孫中山倫敦被難有失公道的同情和他表現出的文雅風度，以及他的上述言論的發表，當時英國輿論對清使館綁架的野蠻行徑頗多譴責，而對孫則多有褒詞，有的人甚至表示「全體英國人民，堅決地當他的後盾」[29]。也有期盼和質疑交集的評論：「他們（按指中國人）當中還沒有一位眾望所歸的領袖。這樣一位領袖的出現，恐怕要等到事變以後，誰表現得最有領導才幹，誰才會令其他人心悅誠服」[30]。如果說，上述評論出於英國人民和輿論尚格於重洋之距和英國系君主立憲政體與孫中山所欲實行的民主共和政體的差別；那麼，這對深惡痛疾清王朝的中國先進人士來說，在瞭解上述情況之後，就對孫中山作出了明確的極高評價。他們稱讚孫為「近今談革命者之初祖，實行革命者之北辰，此有耳目者所同認，……有孫逸仙，而中國始可為」。其首舉義幟於廣州，係「舉國熙熙皞皞，醉生夢死，彼獨以一人圖祖國之光復，擔人種之競爭，且欲發現人權公理於東洋專制世界」[31]的驚世創舉。這就是說，孫中山不僅是振興中國的偉人，也是為亞洲和世界人民爭取實現人權公理而奮鬥的偉人。

三、提出凌駕歐美的三民主義

　　孫中山認為中國不僅要進化，而且要後來居上。他後來憶稱：他在1896-1897年留居倫敦「兩年之中，所見所聞，殊多心得，始知徒致國家富強、民權發達如歐洲列強者，猶未能登斯民於極樂之鄉也。予欲為一勞永逸之計，乃採取民生主義，以與民族、民權

---

[29] [澳]黃宇和：《中山先生與英國》第239頁。
[30] [澳]黃宇和：《中山先生與英國》第209頁。
[31] 中國近代史資料叢刊《辛亥革命》（一），上海人民出版社，1957年，第90-91頁。

問題同時解決」[32]。這段時間實際是孫中山三民主義綱領的醞釀階段。[33]

1900 年後，民主革命高潮正在醞成。孫中山的革命綱領亦初步成熟，乃在東京青山革命軍事學校，把已形成的主張概括為「驅除韃虜，恢復中華，創立民國，平均地權」[34]，正式作為革命志士奉行的宗旨。1905 年中國同盟會又把上述主張定為中國同盟會綱領，後概括為三民主義。從此，三民主義成了資產階級革命派進行鬥爭的銳利武器和勇於獻身的奮鬥目標。

孫中山提出三民主義時，自稱是「維歐美之進化」、「與群俱進，而擇別取捨，惟其最宜」[35]。換言之，即適應世界潮流，取鑒於歐美，結合中國歷史和現狀，「擇別取捨」，鑄成一個適宜於中國民主革命的綱領。至於「擇別取捨」了什麼，取鑒於歐美一些什麼東西，孫中山自己作了一些闡明，但尚欠具體。他常說：「天下之事，其為破天荒者則然耳。若世間已有其事，且行之已收大效者，則我可以取法而為後來居上也」[36]。他還提醒人們：「吾人眼光不可不放大一點，當看至數十年，數百年以後，及於全世界各國方可」[37]。為此，他廣泛閱讀西方圖書，並進行一些實地考察。僅據《上海孫中山故居藏書目錄》看，1911 年前，該藏書數目約 500 種，論及國別較多，包括歐、美、亞、非的許多重要國家，如美、英、法、俄、德、日、

32 《孫中山全集》第 6 卷，第 232 頁。
33 對此，澳大利亞學者黃宇和教授在《孫逸仙倫敦蒙難真相》(上海書店出版社 2004 年) 根據其訪查史實作了推論，首先是英國社會的現狀，其次是孫曾長時間頻繁地與康德黎討論和比較英國政制、中國將來應該走什麼道路。參見該書第 213-219 頁。
34 《孫中山全集》第 1 卷，第 224 頁。
35 《孫中山全集》第 1 卷，第 288 頁。
36 《孫中山全集》第 1 卷，第 296 頁。
37 《孫中山全集》第 2 卷，第 320 頁。

意、印度、朝鮮、菲律賓、埃及等近 20 國，其中以美（183 種）、英（148 種）最多。這與他當時的言論很相符。學習西方，實際上主要是學習美、英。還值得注意的是其中有介紹或論述中國的 50 種，可見孫中山很重視外國人是怎樣看待中國的。除一般性書籍外，可以初步辨認有助於三民主義形成的，分別為：屬於民族主義者 59 種，屬於民權主義者 81 種，屬於民生主義者 165 種。[38]僅此亦可見一斑。

照孫中山闡釋，三民主義綱領「要其一貫精神，則為自由、平等、博愛」[39]。孫中山又解釋為民有、民治、民享。其中心思想是要消除現實存在的民族、政治、經濟的私屬「專利」，即不平等，謀求建立一個真正平等的實則為資產階級自由平等和互助關係的大同世界。這是從理論上給封建等級制度和三綱五常觀念以根本否定。從社會發展規律來講，通過資產階級革命奪取政權，用資產階級的自由平等來取代封建等級制度和封建等級思想；然後又通過革命專政來保證資產階級自由平等的貫徹，導致資本主義的充分發展，從而為後繼者建立真正自由平等世界準備物質和精神條件，這在中國有其歷史合理性。它不僅為中國辛亥革命的進行提供了正確的理論導向，而且在東方許多國家也因面臨著爭取國家獨立、民主、富強的任務而視孫中山的三民主義為圭臬，或以此為基礎，結合本國情況研製自己的綱領，其影響確實深遠。

孫中山的民族主義，源出中國面臨兩種民族災難：「異種殘之，外族逼之」。而「異種」即清朝統治者。它既是「中國以千年專制之毒而不解」[40]的最為腐朽勢力的代表，又是在外敵入侵情況下「甘

---

[38] 上海孫中山故居編印：《上海孫中山故居藏書目錄》，1988 年。該藏書係孫中山晚年存藏之書，故本書所引其藏書；只能說是孫中山眼界之一隅，僅供參考。以下所引，均同此。

[39] 《孫中山全集》第 1 卷，第 296 頁。

[40] 《孫中山全集》第 1 卷，第 288 頁。

於棄地，日就削亡」[41]使以漢族為主體的中國人民降為「三等奴隸」的罪魁禍首。據此，他早年一再宣稱清王朝不是中國政府；發揚民族主義精神，就是「要在非滿族的中國人中間發揚民族主義精神」[42]；並且認定「故欲免瓜分，非先倒滿洲政府，別無挽救之法也」[43]。而這樣做又非常緊迫，他根據前述「物競」、「天擇」學說，指出「況當今為爭競生存之時代，天下列強高倡帝國主義，莫不以開疆闢土為心；五洲土地已盡為白種所併吞，今所存者，僅亞東之日本與清國耳。」「不爭競則無以生存，此安南、印度之所以滅也；惟爭競獨立，此美國、日本之所以興也。」[44]他不僅看到了中國面臨瓜分危機，而且看到俄、日、英、美對中國和遠東的爭奪以及列強對清王朝的支持。這些在上海故居藏書中也可以找到某些驗證，如有論述俄、英、美對外擴張、日俄戰爭和遠東、滿洲情況以及日本在臺灣的統治等方面的著作。

由此可見，孫中山的早期民族主義思想，已包含著對近代社會的最主要矛盾——帝國主義與中華民族的矛盾——的認定，他看到了帝國主義侵略是中國當前之大患，並在一定程度上認識到中國人民反帝意志和力量，提出了以革命制止列強瓜分中國、挽救民族危機的方案。基於他對弱小民族的同情，他的民族主義一開始就有包括聯合世界一切被壓迫民族共同奮鬥、爭取普世民族解放的內容。他表示中國人民須自求解放外，還要「雪除東亞黃種人之屈辱，恢復宇內之人道」[45]。這在當時中外志士中都是顯得識見宏遠，抱負非凡。

41 《孫中山全集》第 1 卷，第 222 頁。
42 《孫中山全集》第 1 卷，第 227 頁。
43 《孫中山全集》第 1 卷，第 234 頁。
44 《孫中山全集》第 1 卷，第 260-261 頁。
45 《孫中山全集》第 1 卷，第 174 頁。

　　為此，他努力向西方尋求鏡鑒，上海故居藏書中就有幾部關於論述中國、印度、朝鮮、埃及人民覺醒鬥爭情況以及標題為《遠東的新組合》、《亞洲的前哨基地》、《中國和日本》這類的書。美國《展望》雜誌通訊員凌奇也談到他於 1901 年在孫中山所住橫濱小房子裏，看到擺滿了包括非洲布林人與英國進行游擊戰爭之類的歷史、政治、軍事等方面的書籍。[46]

　　孫中山稱民權主義為「政治革命的根本」[47]，把他的早期民權主義表述為：「今者由平民革命以建國民政府，凡為國民皆平等以有參政權。大總統由國民公舉。議會以國民公舉之議員構成之。制定中國憲法，人人共守。敢有帝制自為者，天下共擊之。」[48]儘管孫中山力圖尋找中國早已具此雛形的歷史根據，究其實這是已盛傳於當世的資產階級的共和國理想，具有鮮明的近代國家特色。

　　孫中山曾將中國的湯武和華盛頓並列為其先驅，主要是認為他倆都是以推倒殘暴的現統治為職志。對於湯武也是專制皇帝這一點，後來孫中山也從民權主義的角度作了否定[49]。他常把民權和西方的平等相等同，但又提出不能照搬西方，而要看是否合乎中國國情。應該說，民權主義，主要取材於西方資產階級民主政治武庫，但也參用了中國的歷史經驗。

　　在西方，最耀目的自然要算共和國理想了。孫中山擇定這一理想並為之奮鬥不懈，是經過一番考察和比較研究的。他曾如此講述這一經歷：「渡太平洋而東至米國，見米國人物皆新。……即歐洲列強亦不能及」，更非中國所能及。後「又由米至英、至法、至德，

---

[46] [美]萊恩‧夏曼：《孫逸仙的生平及其意義》，斯坦福大學出版，1934 年，第 66 頁。

[47] 《孫中山全集》第 1 卷，第 325 頁。

[48] 同上書，第 297 頁。

[49] 《孫中山全集》第 9 卷，第 322 頁。

見各洲從前極文明者，如羅馬、埃及、希臘、雅典等皆敗，極野蠻者如條頓民族等皆興。中國的文明已有數千年，西人不過數百年，中國人又不能由過代之文明變為近世之文明；所以人皆說中國最守舊，其積弱之緣由也在於此。」但他相信中國人「將來取法西人的文明而用之，亦不難轉弱為強，易舊為新」，乃至「凌駕全球」[50]。及後，他在繼續審視世界潮流中，對此續有補充發展，力圖構築一種具有中國的乃至東方特色的民權觀。

孫中山的這種民權觀，顯然屬於歷史進化的產物，他曾廣泛研讀西方有關論著。就上海故居藏書看，屬於民權主義範圍的 81 種中，就有上述正反兩方面的論著，包括論及英、美、法、德、俄、羅馬、中國、朝鮮等國的政治狀況，尤以討論美英民主、憲政者最為醒目。舉其要者，有孟德斯鳩的《論法的精神》、《美國的憲政史》、《美國的共和政治》、《美國的憲法》、《英國立憲史》、《英國政體史》、《英國議會史》、《法國革命史》、《政治學與比較憲法》、《俄國的政治體制》、《世界政治》、《近代諸國憲法》、《新的社會民主》、《民主與自由》、《政治學說史——從路德到孟德斯鳩》、《國際公法》、《人民政府的教訓》、《民主主義與社會主義》、《中朝制度考》、《中國及其人民》、《大清律例》等近 50 部。

以土地問題為核心的孫中山早期民生主義思想，則是他對中外多種土地方案的嚴格選擇。

土地問題是中國封建社會長期存在的一個突出問題。圍繞著它，曾有農民的長期鬥爭，出現過多種企圖解決的方案。其中太平天國的「天朝田畝制度」要算是歷代農民所提方案最為完善而具體的了。但是，所有這些，只是在不同程度上揭露和打擊了封建制度，土地問題仍然沒有解決。到 19 世紀 80-90 年代，土地兼併又在很

---

50 《孫中山全集》第 1 卷，第 278-279 頁。

多地區加劇進行。一方面形成了封建地主和帝國主義者對中國城市土地的壟斷致富；另一方面資產階級在城市中得不到滿足自身發展的地盤，特別是廣大農民更是缺乏土地和不斷遭到掠奪。上述情況就成為激發城鄉人民群眾反帝反封建鬥爭的重要因素。不管上述鬥爭採取何種形式，多是以劫富濟貧為口號，而實際上仍寓存著「均貧富」的要求。然而，這些樸素的要求和陳舊的鬥爭方式，都已不符合時代發展的要求，都不能實現社會進步的目的。究竟該如何解決這個必須解決的嚴重課題，現在提到了新興資產階級代表的面前。

當孫中山考慮這一課題時，在歐美主要資本主義國家內，工人階級正在展開求生存、求解放、爭取社會主義前途的火熱鬥爭。在英國，除了連綿激蕩的工人運動之外，19世紀70年代後，以土地問題為中心的爭取民族解放的鬥爭，成為英國政治生活中的一個尖銳課題。目擊上述情景的孫中山從而認識到歐美列強雖然國家富強，民權發達，「猶未能登斯民於極樂之鄉」[51]，所以還有社會革命運動。在中國，照孫中山看來，「雖貧富不均的現象無是劇烈，然特分量之差，初非性質之殊也。」孫中山一則對這種方興未艾的社會革命運動予以深切同情；另則由彼推此，深感在中國「不可不為綢繆未雨之計」，防患於未然[52]。

孫中山怎樣解決這個問題呢？他經歷了一個多方瞭解、反復思考和艱難選擇的過程。

追跡孫中山對民生問題特別是土地問題的關心，最早應該出於他對中國農民困苦狀況的感受。1897年8月他到日本後，曾對日友宮崎寅藏談到，由於他出身貧農家庭，受到幼時貧苦境遇的刺

[51] 《孫中山全集》第6卷，第232頁。
[52] 《孫中山全集》第7卷，第61頁。

激，使他在自己「腦海中首先發生疑問，就是我自己的境遇問題，亦即是否將一輩子在這種境遇不可，以及怎樣才能脫離這種境遇的問題」[53]。太平軍老戰士講述太平天國故事時，也很可能談到農民分土地的計畫。他幼受儒學教育，稍長雖以習西學為主，間亦「勤讀中國書」[54]，「留心經濟之學」，對歷朝制度之沿革也頗有瞭解。在其早期幾篇著作中，都談到農事和土地利用的問題。從其當時言行看，他對歷代均平思想十分關注。在與西方世界接觸中，他又廣泛地接觸了西方各種理論、學說和解決社會問題的方案。僅從上海孫中山故居藏書看，有關民生問題的書最多，1911 年前出版的對孫中山民生主義似有育成作用的有馬克思著《政治經濟學批判》、亨利・喬治著《保護貿易或自由貿易》、《人道主義政治經濟學》、《科學社會主義原理》、《新社會主義》、《壟斷與競爭》、《英國村社》、《大洋洲的土地制度》、《土地、工業和稅制》、《土地國有化實例》、《社會的弊病》、《為徵稅對不動產進行估價》、《孔子及其學派經濟思想》、《中國農村生活》等。

又據稱：孫中山在 1896-1897 年旅居倫敦期間，讀過馬克思的一些書，並瞭解他們的一些活動[55]。他與俄國民粹派伏庫浮斯基等有密切聯繫，還有可能接觸當時僑居倫敦的著名無政府主義者克魯泡特金或其親近同志[56]。克魯泡特金當時正從事旨在修正社會達爾文主義弱肉強食論的《互助論》創作（該書於 1902 年刊行），孫中山後來是接受了這一互助理論的。對孫中山特別具有吸引力的是 19 世紀以來，隨著資本主義的急劇發展而出現的地租問題，特別

53 [日]宮崎寅藏著，陳鵬仁譯：《宮崎滔天論孫中山黃興》，臺北，正中書局，1977 年，第 6 頁。

54 陳少白：《興中會革命史要》，建國月刊社，1935 年。

55 參閱宋慶齡：〈孫中山和他同中國共產黨的合作〉，北京，《人民日報》1962 年 11 月 12 日。

56 吳相湘：《中華民國國父孫逸仙先生》第 1 冊（下），第 193-195 頁。

是圍繞著由於愛爾蘭土地幾乎全部為 300 個英國地主壟斷而造成的貧富極其懸殊，以及由此激起的尖銳鬥爭和討論土地問題的熱潮。李嘉圖的地租論、斯賓塞爾的論土地私有之弊、穆勒的土地自然增價歸公論、愛爾蘭「土地同盟」所提出的徹底廢除地主土地佔有權的主張，都曾經是當時議論的課題。特別是美人亨利・喬治的單稅論，它是由李嘉圖、斯賓塞爾、穆勒等人學說演變而來，在英國具有很大影響，其代表作《進步與貧困》於 1879 年在英國出版後，三年內即銷行 10 萬冊。亨利・喬治還親自到過英國宣傳他的主張，獲得熱烈反響。他 1897 年在競選紐約市市長的高潮中死去，而他的單稅論卻因而更引人注目。正在殫精竭慮地探究解決中國社會問題方案的孫中山，在經過實行單稅制的加拿大考察，又對古今中外曾有過的解決土地問題的方案進行比較之後，認為亨利・喬治的經濟主張「最適宜我國社會經濟之改革」[57]。

綜上可見，孫中山醞釀和提出三民主義的過程，就是他不斷探索西方真理，並力圖與中國實際相結合的過程。照孫中山解釋，三民主義綱領「要其一貫之精神，則為自由、平等、博愛」[58]；他又常解釋為西方的民有、民治、民享；他還力求從中國歷史上為這一綱領找到源頭和根據，以便更好地為中國人民所理解和接受。實際上，三民主義綱領確實體現了當時奔騰於世的民族、民主、社會主義三大潮流，也體現了中國人民渴望獲得獨立、民主、富強的強烈願望，確實「適乎世界之潮流，合乎人群之需要」的當時最完整的民主革命綱領。正由於這樣，它成了當時革命志士作為批判保皇黨的犀利武器和獻身於推翻清王朝的武裝鬥爭的信條與精神支柱。辛亥革命的成功，終於埋葬了綿延二千餘年的中國封建王朝，他於這

---

[57] 馮自由：《革命逸史》第 3 集，北京，中華書局，1981 年，第 206 頁。
[58] 《孫中山全集》第 2 卷，第 296 頁。

一革命勝利之際，宣佈要「完全貫徹此三大主義而無遺」，「造成圓滿純固之國家」[59]。

四、在逆境中堅信順昌逆亡

然而，中國新生共和國並不圓滿。辛亥革命後，逆潮流之事接踵發生。袁世凱竊奪民國大權後，又大肆出賣國家主權，演出稱帝鬧劇。袁世凱垮臺後，又出現段祺瑞等北洋軍閥秉政，為圖私利，外結列強，參加帝國主義爭奪世界霸權的第一次世界大戰；內釀張勳復辟，一再毀棄約法，昔日革命志士亦不少蛻化為軍閥、政客，為害人民。中國仍處在內憂外患頻仍之中。著名的民主革命志士譚人鳳於 1918 年如此慨歎：「大地無安寧，龍蛇鬥中央。宋因和局誤，唐以鎮兵亡。救世無雄傑，秉時悉虎倀」。「幾多故鬼皆為友，一代新人半是奴」[60]。在如上中外逆流交匯翻滾於中華大地之時，孫中山雖身處艱難困境，有志難伸，卻大書「世界潮流，浩浩蕩蕩，順之則昌，逆之則亡」以明志勗人，宣示了他的順昌逆亡觀。後來，他又作了這樣的闡明：「世界潮流的趨勢，好比長江、黃河的水一樣。水流的方向或者有許多曲折，向北流或向南流的，但是流到最後一定是向東的，無論是怎麼樣，都是阻止不住的」[61]。

袁世凱唆使刺殺宋教仁後，又屬行鎮壓反袁的二次革命，孫中山的「當應時勢之需要，以合乎世界之公理」[62]的民主政治設想，遭到毀滅性破壞。他當即發表宣言和通電，譴責「袁氏專為私謀，倒行不已」；宣稱：「今袁氏種種違法，天下所知，東南人民迫不得

[59] 《孫中山全集》第 1 卷，第 578 頁。
[60] 石芳勤編：《譚人鳳集》，湖南人民出版社，1985 年，第 29 頁。
[61] 《孫中山全集》第 9 卷，第 267 頁。
[62] 《孫中山全集》第 3 卷，第 1 頁。

已以武力濟法律之窮，非惟其情可哀，其義亦至正」[63]。在被迫流亡日本，革命開展和個人生活都窮厄失助之時，他仍慨然表示：「惟我輩既以擔當中國改革發展為己任，雖石爛海枯，而此身尚存，此心不死。既不可以失敗而灰心，亦不能以困難而卻步。精神貫注，猛力向前，應乎世界進步之潮流，合乎善長惡消之天理，則終有最後成功之一日。即使及身而不能成，四億萬蒼生當亦有聞風而興起者，毋怯也」[64]；並且「深信反動政府被永遠粉碎之日已為期不遠」[65]。其依據是：「依民意而建，逆民意而亡」[66]。袁世凱果因中國人民的群起反抗而垮臺而死亡，孫中山欣然認為「袁死而中國真可大治。此實吾國國民在歷史上世界上之唯一光榮，使世界各國認識我中華民族為愛國的文明民族，使國內政治上執權者皆知為惡必無善果，而樹一國民道德、政治道德之軌範，更為中國永久的幸福也」[67]。

　　1914 年 7 月爆發的第一次世界大戰，把中國捲進了空前劇烈而複雜的世界範圍的爭鬥。如何對待這場戰爭，是當時中國和世界人民面臨的很大難題。孫中山也就此進一步探視了世界以及中國和世界的關係，較清楚地看到了這場戰爭是為了重新瓜分世界，宰割中國和世界人民，他想利用「國際衝突」來推翻國內反動統治；利用戰後和平機會迅謀國家富強；並且期盼中國和世界人民因經受戰爭災難獲得新的覺醒，更勇於爭取和維護中國與世界的持久和平。其具體思路則顯得曲折、矛盾，呈現正確與誤識、期盼與幻想的交織，容在以下有關問題再作評論。這裏，只探討一下他在這個問題上的順逆觀。

---

[63] 《孫中山全集》第 3 卷，第 66-67 頁。
[64] 《孫中山全集》第 3 卷，第 74 頁。
[65] 《孫中山全集》第 3 卷，第 117 頁。
[66] 王耿雄等編：《孫中山集外集》，上海人民出版社，1997 年，第 618 頁。
[67] 《孫中山全集》第 3 卷，第 303 頁。

　　大戰將爆發時，孫中山就著文譴責已迫近的世界大戰為「白禍滔天」，「此誠進化前途之大厄」，志士仁人應「為人道作幹城，為進化除障礙」[68]。因此，他反對中國參加這場大戰。1917年，俄國人民發動二月革命，推翻其專橫而又熱衷於戰爭角逐的沙皇政府，退出大戰，孫中山高興地認為這是「世界之一大事件」，而且，「來日狂潮正難料也」；並由此「可見潮流進化順時則興」[69]。

　　與上述事件緊相連接，是如何對待繼袁世凱執政的段祺瑞政府的問題。他多次嚴厲譴責段政府罔顧國會約法，專恣自為，逆潮流而行。他選擇廣東為護法基地，就是因為「君主專制之氣在北，共和立憲之風在南」，望以南方之文明進化來推動北方之趨附[70]。即使在護法前途荊棘叢生之際，他仍認定「世界潮流趨勢，集於共和。吾信吾國將必成一光華燦爛之共和國」[71]。

五、進入新境地的新識量

　　孫中山晚年，國際國內發生了一連串重大事件，諸如俄國十月革命、國際巴黎和會、中國五四愛國運動、中國共產黨成立、國際華盛頓會議、蘇俄與共產國際代表的來華、陳炯明兵變、中國國共合作的建立和東征北伐、商團事件、北京政變、孫中山北上和訪日等等，匯成了一幅前所未有的新與舊、進步與反動交錯交織的極其錯綜複雜的新情景。這些都促使他繼續努力探視劇烈變化中的中國和世界，擴大新的識量，謀求新的應變方策，望與更加奔騰於世的民族、民主、社會主義三股潮流相適應，制定出改造舊社會建設新

---

[68] 《孫中山全集》第3卷，第95頁。
[69] 《孫中山全集》第4卷，第22、114、121頁。
[70] 《孫中山全集》第4卷，第125頁。
[71] 《孫中山全集》第4卷，第400頁。

社會的新方案，顯示了他進入新境地的新識量。而這是他晚年的識量和意境，因此，可以說：他的世界觀於此最終形成。

孫中山的晚年識量，可見於他晚年發表的一系列著作、演講、談話中，特別是在《建國方略》、《三民主義》、《中國國民黨第一次全國代表大會宣言》和《國民政府建國大綱》等重要文獻中，有較詳盡的表述。

1923年元旦發表的《中國國民黨宣言》稱：「本總理孫中山文，內審中國之情勢，外察世界之潮流，兼收眾長，益以新創，乃以三民主義為立國之本原，五權憲法為制度之綱領。」[72]實際上，不僅三民主義，包括《建國方略》在內的其他重要孫著，也都體現「內審」、「外察」和「兼收眾長、益以新創」的特點。

「內審中國之情勢」自是包括中國的歷史和現狀。見於上述著作中的人物132人，屬於孫中山前的歷史人物49人，包括從黃帝、大禹、伊尹、商湯、周文王、武王、孔子、孟子、秦始皇、陳涉、吳廣，直到洪秀全、左宗棠等歷代重要人物；提到的中國重大事件有湯武革命、太平天國、日清戰爭（甲午戰爭）、列強瓜分中國等；提到的民族、宗教、社會黨派團體如漢族、滿族、蒙族、回教、佛教、會黨、洪門、三合會、致公堂、革命黨、保皇黨、國民黨、共產黨等。這些表明孫中山對中國歷史特別是對歷史過程中的變革關鍵時期的人物、社團、黨派、事件有越來越多的注意和瞭解。就橫的方面看，孫中山為規劃國家建設已把目光投到全國各地，其列舉的國內地名1100餘處；為證明「知難行易」的理論，他就列舉了有關飲食、用錢、作文、建屋、造船、築城、開河、電學、化學、進化等大量事實。這又顯示了他那面向民間和類似「生活日用是道」的識量。

---

[72] 《孫中山全集》第7卷，第1頁。

　　「外察世界之潮流」顯然在孫中山視野中佔有更大的份量。見於上述著作中包括英、美、日、俄、德、澳、意等主要資本—帝國主義國家和印度、朝鮮、越南、緬甸、暹羅、阿富汗、印尼、埃及、南非等亞、非、拉主要殖民地、附屬國以及蘇維埃俄國，計55國；提及世界各主要人種、主要民族和主要宗教。列舉外國人士 117人，主要是歷史人物和對他有較明顯影響的當時人物，其中包括英、法、美、俄、希臘等國著名的政治家、思想家、科學家，如格林威爾、拿破崙第一、拿破崙第三、華盛頓、林肯、威爾遜、列寧、俾斯麥、哈美爾頓、遮化臣、伊藤博文、大隈重信、犬養毅、甘地、達爾文、牛頓、培根、愛因斯坦、阿里斯多德、德謨克里特、蘇格拉底、柏拉圖、斯賓諾莎、萊布尼茨、馬爾薩斯、盧梭、穆勒、亞當·斯密、亨利·喬治、馬克思、巴枯寧、蒲魯東、杜威、羅素、摩里斯·威廉等；提到的主義、思想、政治觀念更是紛然雜出，如很有影響的馬克思主義、共產主義、蒲魯東主義、巴枯寧主義、世界主義、帝國主義、軍閥主義、共和政體、代議政體、全民政治、農工專制、無產專制、自由戰爭、國際戰爭、商業戰爭、階級戰爭、扶弱濟傾政策、民族自決、戰時政策、軍國政策等；著稱於國際舞臺的第一國際、第二國際、國家社會黨、社會民主黨等國際組織和政黨以及一些對世界發生重大影響的事件如英國革命、法國革命、美國革命、日本明治維新、俄國革命、歐洲戰爭、凡爾賽會議等亦在上述著作中有所論列。這種遠勝於前此的「外察」，反映經過第一次世界大戰、俄國十月革命、巴黎和會等系列事件後，世界經歷了劇烈變化。中國被進一步捲進世界。孫中山為了適應變化著的中外情勢。重新革命，努力去進一步探視世界。上述就是劇烈變化世界在他著作中的投影。它反映了：第一，他的眼光已與時俱進地擴展到當時的世界上最新事物；第二，他對資本—帝國主義世界和蓬勃興起的亞非拉民族解放運動有進一步瞭解；第三，他對中國宜趁

世界大戰後和平時機迅速發展中國經濟有正確的審察；第四，他重視中西文化的比較和衝突問題，並提出了自己的見解；第五，總結革命經驗，重視社會心理，注目哲學問題。

實際上，納入這幾部著作中的「內審」「外察」素材，只是他在廣泛閱讀和接觸當中精心挑選出來的一部分。孫中山自稱：他手撰《三民主義》初稿時，「曾備參考之西籍數百種」[73]，其《民權初步》曾參考百數十種西方議會政治書籍後才擇取英國政治學者沙德等數種有關著作編撰而成。根據姜義華、夏良才、日本中村哲夫、臺灣楊日旭等教授對上海孫中山故居藏書和在日本發現的 1914-1916 年孫中山在日購書清單的研討文章[74]，可以證明他所說非虛。他們所列舉的書目，大致與上述著作的傾向性和主要內涵相符合。這些書籍包括：（一）有關第一次世界大戰和世界歷史的多部西文巨著；（二）有關政治方面的西文藏書約 500 種；（三）有關民生主義的西方藏書有 188 種，包括英國劍橋學派、奧地利學派及美國經濟學派的代表性論著；（四）孫中山購買了不少哲學著作，對柏格森、倭鏗的哲學尤饒興趣。而這些書目多數在孫的著作中沒有提及。但是這些書一則是出版、購置於這些著作成書前夕或在撰

---

[73] 《孫中山全集》第 9 卷，第 183 頁。

[74] 姜義華：〈孫中山的民族主義與中國近代民族形成的過程〉，《近代史研究》1991 年第 2 期；〈孫中山《實業計畫》戰略構想析評〉，《近代中國》第 1 輯；〈民權主義思想淵源一瞥──上海孫中山故居部份藏書疏記〉，臺灣《中山社會科學季刊》第 6 卷第 2 期；〈孫中山思想發展學理上的重要準備──跋新發現的一份孫中山購書清單〉，《近代中國》第 4 輯；〈論《孫文學說》人文精神的新構建〉，《學術月刊》1994 年第 1 期；夏良才：〈孫中山的基爾特社會主義〉，《近代史研究》1992 年第 5 期。[日]中村哲夫：〈試論孫文與美國經濟學〉。中山大學學報論叢《孫中山研究論文集》(9)；〈關於上海孫中山故居藏書〉。《近代中國》第 4 輯。楊日旭：〈為中山先生與哈密爾頓思想進一解〉，臺灣《中國社會科學季刊》第 7 卷第 4 期。本文所引上海故居藏書和購書均本此，不另注明。

書過程中，有的顯然在上述著作中呈現反應。可以說，這些書很可能都已進入孫中山的視野。也就是說，孫中山的識量要比上述著作中所已提及的還要寬要深。如果我們再仔細考究的話，這些藏書、購書也遠不足表明孫中山當時的整個識量。因為這些著作的成因，應追溯到 19 世紀 90 年代。從那時起到其書撰成，是孫中山辛勤地創造革命理論的長過程。如此，則孫中山晚年的識量應說是比在上述著作中嶄露的更要廣闊得多。而要準確地完整地測定這一識量，就必須通盤瞭解孫中山在這長過程中特別是關鍵時刻，諸如在香港、廣州、澳門求學從醫時期、倫敦蒙難後留居倫敦時期和流亡日本時期對書、人、事接觸的情況及其作出的反應，日本人在這方面所起的仲介作用及其本身學說所顯示的影響，等等，這顯然是一個很有意義、卻又是長期的艱難的探索使命[75]。而孫中山喜歡買書、看書，卻又長期奔波在外，常常隨看、隨買、隨丟；陳炯明兵變時，廣州越秀樓的藏書又毀於炮火；接觸過的一些重要人物不少缺乏翔實記述，這更給我們準確測量孫中山的識量，造成較多較大困難，乃至是難以填補的空白。

孫中山晚年識量具有以下特徵。第一，他以推進中國革命和建設為著眼點，力求中西優秀政治、經濟、思想文化相結合，希圖創獲一種反應世界潮流和中國歷史特點且具現實意義的主義和思想。第二，他對中西文化進一步作比較，力求更好地批判地繼承。他既不迷信固有文化，也不照搬西方思想。第三，由於近代中國社會是一個充滿矛盾交錯的社會，西方各種主義、思想又紛至遝來，往往給中國人的視野造成迷亂。孫中山限於主客觀條件，匆忙地從

---

[75] 澳大利亞學者黃宇和教授曾為此多次到英國倫敦訪查，欲藉殘餘斷片，神遊冥想，但迄未窺測到其實情。可參閱[澳]黃宇和：《孫逸仙在倫敦，1896-1897：三民主義思想探源》，臺北，聯經出版事業公司，2007 年，第46-51 頁，469-487 頁。

古至今，從外到中，擇其所需，抒發己見，自不免主客觀、前後間存在矛盾。但可貴的是孫中山有志於從重重矛盾中求真知，不斷探索「真知特識」。這樣，孫中山雖在內審外察過程中，有幻想有失誤，但他基本上是追逐世界潮流的先進人物。而其局限性，應予以歷史地理解。

孫中山的世界觀的形成的過程及所臻境地，體現在他對國內外許多問題的認知的不斷加深和採取對策的不斷提高上，比如：中國在近代世界的地位和應走道路；中國該如何取法乎上，速建一個超越歐美的頭等共和國和世界強國；對世界列強該如何看待和應對；對世界被壓迫民族該持何種態度；如何處理海外華僑與祖國革命和建設事業的義利情關係；如何將三民主義與奔騰於世的社會主義潮流和古代世界大同理想相溝通等等難題，孫中山都有一個較為複雜、曲折而又能與時俱進的認知和設想歷程。這些，我們將在下面分別論述。

■ ■ ■
中山先生的世界觀

第一章 取法乎上，速建一個超越歐美的頭等共和國和世界強國

第一節 中國在世界的地位與前進道路

隨著世界大潮帶著先進文明與侵略相並湧進中國大地，中國在世界上的地位和應走道路，應負歷史使命，就成了近代中國人十分關注並需認真考慮的大問題。一直懷有強烈民族自尊心和民族自豪感的孫中山，早在 19 世紀 90 年代，就宣稱：「竊以為中國之人力材力，而能步武泰西，參行新法，其時不過二十年，必能駕歐美而上之」[1]。隨後，他進一步認定：「中國土地人口，世界莫及，我們生在中國，實為幸福。各國賢豪皆羨慕此英雄用武之地，而不可得。我們生活在中國，正是英雄用武之時，反都沉沉默默，讓異族幾據我上游，而不知利用此一片好山河，鼓吹民族主義，建一頭等民主共和國，以執全世界之牛耳，實為可歎」[2]。他熱望「於滿洲顛覆以後，得從事於改造中國」，「由一民族之專橫宰製過渡於諸民族之平等結合」，「由專制制度過渡於民權制度」，「由手工業的生產過渡於資本制度的生產」，「循是一進，必能使半殖民地的中國，變而為獨立的中國，以屹然於世界」。然而，共和國雖在辛亥革命高潮中創建，但辛亥革命後的歷史卻不如所期，中國仍陷於帝國主義及其

---

[1] 《孫中山全集》第 1 卷，第 15 頁。
[2] 《孫中山全集》第 1 卷，第 279 頁。

羽翼下的中國封建軍閥的統治下，內爭不已，民族危機和半殖民地
化日益深重。20 世紀 20 年代後，孫中山終於進一步認清了中國的
現實地位及其主要問題所在，他認識到「中國內亂實有造於列強，
列強在中國利益相衝突，乃假手於軍閥，殺吾民以求逞。不特此也，
內亂又足以阻滯中國實業之發展。……其為禍之酷，不止吾國人政
治上之生命為之剝奪，即經濟上之生命亦為之剝奪無餘矣！」「中
國之情況不但無進步可言，且有江河日下之勢，軍閥之專橫，列強
之侵蝕，日益加厲，令中國深入半殖民地之泥犁地獄」[3]，稍後他
在民族主義演講中，甚至認為中國已成為列強共管的殖民地，因為
「其實中國所受過了列強經濟力的壓迫，不只是半殖民地，比較全
殖民地還厲害」，「是做各國的殖民地，……是做各國的奴隸」，而
且受奴役而又無助[4]。這就是說，帝國主義是阻礙中國新生、奴役
中國人民的元兇，中華民族和帝國主義的矛盾，是近代中國社會的
最主要矛盾。

那麼，中國究竟如何從這個泥犁地獄拔出呢？孫中山曾經正確
的認定：中國人民能夠「為風潮所激，醒其渴睡，旦夕之間，奮發
振強，勵精不已，則半事倍功，良非誇嫚」[5]。同時，他又錯誤的
認為：「若人心日醒，發奮為雄，一起而倒此殘腐將死之滿清政府，
則列強方欲敬我之不暇，況何有窺伺瓜分之事哉」[6]。關於寄望的
人民，就廣義上講，是指全國各族人民，而他和他領導的中國同盟
會當時依靠的主要是資產階級知識份子和會黨、新軍。在「五四」
愛國運動的啟迪下，他深感「一般愛國青年，無不以革新思想，為
將來革新事業之預備，於是蓬蓬勃勃，抒發言論，國內各界輿論，

3　《孫中山全集》第 9 卷，第 114-115 頁。
4　《孫中山全集》第 9 卷，第 201 頁。
5　《孫中山全集》第 1 卷，第 289 頁。
6　《孫中山全集》第 1 卷，第 234 頁。

一致同倡，……社會遂蒙極大之影響，雖以頑劣之偽政府，猶且不敢攖其鋒。此種新文化運動，在我國今日，誠思想界空前之大變動，……學潮彌漫全國，人皆激發天良，誓死為愛國之運動。倘能繼長增高，其將來收效之偉大，且久遠者，可無疑也。」[7]踵接而來的民族、民主、社會主義高潮的更高掀起和與此相關聯的工農運動的蓬勃發展，第一次國共合作的建立，更推動孫中山把國民革命勝利的希望寄託在廣大工農身上，這就為他脫中國於半殖民地深淵提供了更有力的力量保證。

　　像中國這樣有悠久歷史、富於傳統的國家，如何適應世界潮流，躍進到世界先進民族的前列，這是孫中山面臨的又一重要課題。他基於對世情國情的長期審視和中外正反歷史經驗的認真審辯和總結，逐漸認識到中國由於積弱而挨打，而招瓜分，其積弱又由於清朝封建專制和守舊思想及其往後的延續。因此，既要「維歐美之進化」，迅促中國近代化；又要結合中國的歷史條件和現實要求，走有中國特點的發展道路，才能屹立於世界。他舉步學習西方時，就以「遠觀歷代，橫覽九州」[8]以自律，把「泰西諸邦崛起近世」和中國「三代之遺風」相連接，以「駕歐美而上之」[9]為目標。隨後，更秉持「內審中國之情勢，外察世界之潮流，兼收眾長，益以新創」[10]，不斷探索前進。他鼓勵人民「取法乎上」，「猛進如潮」[11]。三民主義和五權憲法的制定，就是出於下述動念，即「上繼先人遺烈，大義所在」；俯察人民現實需求，外取歐美先進國家所採用的自由、平等、博愛精神，並與當時洶湧澎湃的世界潮流相

---

[7]　《孫中山全集》第 5 卷，第 209-210 頁。
[8]　《孫中山全集》第 1 卷，第 2 頁。
[9]　《孫中山全集》第 1 卷，第 9-15 頁。
[10]　《孫中山全集》第 7 卷，第 1 頁。
[11]　《孫中山集外集》，第 622 頁。

呼應，「取那善果，避那惡果」，「不但要做國民的國家，而且要做
社會的國家，這決是歐美所不能及的」[12]。1924 年 1 月發佈的中國
國民黨「一大宣言」，首先檢討過去，擺明現狀，再對國民黨之主
義作出新的解釋，「就是從新擔負革命的責任，就是計畫徹底的革
命。終要把軍閥來推倒，把受壓迫的人民完全來解放，這是關於對
內的責任。至對外的責任，有要反抗帝國侵略主義，將世界受帝國
主義所壓迫的人民來聯絡一致，共同動作，互相扶助，將全世界受
壓迫的人民都來解放。」[13]顯然，它切合新時期的中國人民和世界
人民都能掙脫舊的枷鎖，邁向美好新世界的願望；反映了孫中山對
世界新潮流的新認識和高瞻遠矚；也反映了中外古今經驗的某種集
萃和在此基礎上形成的新創。它較切合於中國社會的需要，具有較
前增強的實踐性格，而且為許多處於和中國類似情況的東方國家提
供了借鑒。

　　當然，還需對資本—帝國主義刺激中國資本主義發生發展而又
阻撓或扭曲它的運行；輸入近代化思想和科學技術而又竭力打上殖
民者奴役中國人民的烙印等等外因進行仔細估量。這些擺在孫中山
面前的內外充滿矛盾的難題，貫穿在中國近代化的各個方面，我們
將在下面繼續探討孫中山是如何辨析、解答的。

第二節　補歐美之短的中國政治民主化方案

　　中國政治民主化應包括近代意義的國家機器和社會結構的建
立、資產階級的民主統一局面的形成、人民的廣泛政治參與、資產
階級法制的確立以及為中國近代化提供一個好領導等等。而這些都

---

[12] 《孫中山全集》第 1 卷，第 296 頁，327-328 頁。
[13] 《孫中山全集》第 9 卷，第 126 頁。

是和當時的封建專制統治截然對立的。先進的中國人要改造自國政治，只有向成功地建設了資產階級民主政治的歐美國家學習；但又不能照搬，需按照中國實際補其所短。對此，孫中山確實超軼了他的前輩和許多同輩，主要在於以下幾方面。

他堅定地以建立民主共和國為奮鬥目標，而又與時俱進地補充世界先進思想、方案，整合社會力量，力圖更新國家機器和社會結構。

孫中山初創興中會時所提出的誓詞，首先提出了要在中國「創立合眾政府」[14]，就是基於他對美國獨立運動和美利堅合眾國的瞭解和信仰。從此，美、法式共和國一直是他創建中華共和國的最好參照。當時世界上已建的資產階級共和國尚寥若晨星，孫中山誓言要在延續兩千多年的封建專制統治的、遠遠落後於歐美先進國家的中國創建一個當時還算世界上最先進的資產階級共和國，自是一件石破天驚的事。更為難能可貴的是，他還不斷體察世界新潮流、新思想，「總要擇地球上最文明的政治法律來救我們中國，最優等的人格來待我們四萬萬同胞」，而且注重結合中國實際，「漸漸發明」、「易舊為新」，務期在中國「造起一個二十世紀頭等的共和國來」[15]。於是，他打算實行三種超越：第一，基於中國外受列強欺凌宰割內受滿清貴族專制統治而又民族眾多的情況，孫中山最初提出建立以反帝反封建為主要使命的以漢族為主體的共和國，隨後又適時改為「合漢、滿、蒙、回、藏諸地為一國，即合漢、滿、蒙、回、藏諸族為一人」[16]的共和國。這是對當時一般共和國的一種超越。第二，鑒於歐美列強雖臻富強，但「其民實困」，「社會革命其將不遠」，不能「追逐於人已然之末軌者之終無成」，須「睹其禍害

[14]《孫中山全集》第1卷，第20頁。
[15]《孫中山全集》第1卷，第278-281頁。
[16]《孫中山全集》第2卷，第2頁。

於未萌」,「舉政治革命、社會革命畢其功於一役」,使歐美「且瞠
乎後」[17],即以企圖營建的民族的民主的社會的共和國,來超越當
時儘管先進但難免於社會革命而遭殃的民族、民主共和國。第三,
在俄國十月社會主義革命爆發後的社會主義運動和東方民族解放
運動相架通的情況下,孫中山於 1924 年實行了聯俄、容共、扶助
農工三大政策,主張在反帝反軍閥的勝利後,「當組織自由統一的
(各民族自由聯合的)中華民國」。這一共和國將進行「健全之反
帝國主義」;它「為一般平民所共有」;它將實行耕者有其田,制定
勞工法,改善工農處境[18]。孫中山認為這是既超過歐美也有異於蘇
俄實行的「農工專制」國家的新式共和國。無疑,就這一宣言精神
及其實行的政策看,這確是孫中山的又一大自我超越,也堪稱當時
世界上共和國的一種新創。

上述過程還寓存著孫中山不斷加深對世情國情的認識,不斷整
合社會力量、更新社會結構的可貴意圖。他在《香港興中會章程》
裏宣稱:「聯絡中外有志華人」、「聯智愚為一心,合遐邇為一德」[19],
共策民族民主革命進行,以建共和國。但其時真正瞭解並信從共和
國理想、又為此堅持奮鬥者,只有極少數有過資產階級民族思想薰
染的資產階級、小資產階級知識份子、職員、華僑商人、工人等,
而且主要是在廣州、香港、澳門和檀香山地區,一開始就表明出自
歐美的先進理想與滯後的中國政治、經濟、文化及由此規定了的人
的覺悟水準的巨大差距,所以響應者寥寥,曲高和寡,也決定了孫
中山創建和捍衛共和國必然要經歷一個異常艱難的歷程。在辛亥革
命時期,孫中山雖通過多次武裝起義和運用批判武器擊敗保皇派,
並與其他民主力量相匯合,推翻了清王朝,但得不到其代表階級的

17 《孫中山全集》第 1 卷,第 288-289 頁。
18 《孫中山全集》第 9 卷,第 119-121 頁。
19 《孫中山全集》第 1 卷,第 22 頁。

有力支持和占全國絕大部分人口的農民的回應,加上帝國主義與中國舊勢力沆瀣一氣,其氣勢壓倒革命力量,使得這場革命有如曇花一現。隨後,孫中山又經過護法運動的失敗和「五四」愛國運動後工農運動的飆然興起,崛興的新社會力量得以吸住孫中山的目光,他在對世情國情深入觀察的基礎上,認識到須重新判斷和整合社會力量,通過國共合作,對內廣泛發起和吸納廣大工人、農民參加革命來壯大革命隊伍,對外聯合蘇俄及其他被壓迫民族以為國際支援,以實現打倒帝國主義和軍閥謀求中華民族的真正自由與獨立這一奮鬥目標。這樣一種由中國資產階級一階級的獨立革命到中國各民主階級的合力革命的演進,是第一次世界大戰以來國內外社會力量新發展新調度的結果,又必將促進中國舊的國家機器和舊的社會機構的破壞。這一新式的人民性共和國不僅一度作為由理想變為現實的雛形招引著中國人民去努力奮鬥,也為世界被壓迫民族提供了一個榜樣,使他們產生了新希望。

　　人民的政治參與方式和程度,是測試中國政治近代化的又一尺規。孫中山歷來十分重視人民對中國政治的參與。他早就鑒於「方今世界文明日益增進,國皆自主,人盡獨立」,因而首創推翻清廷,「力圖自主」[20]。他認定大多數中國人「準備著而且決心要進入公共民主的生活」[21]。參照西方憲法制定的中華民國第一部憲法──《中華民國臨時約法》,在總綱目中開宗明義地規定:「中華民國由中華人民組織之」,「中華民國之主權屬於國民全體」[22]。隨後反袁護法,都是為了維護主權在民這一根本原則。孫中山隨著外察內審的擴大和加深,對如何擴大和保證人民的政治參與,對原有的實施民主的方案至少作了三個重大補充修訂。第一個是,為糾正歐美政

---

[20] 《孫中山全集》第 1 卷,第 172 頁。
[21] 《孫中山全集》第 1 卷,第 106 頁。
[22] 《孫中山全集》第 2 卷,第 220 頁。

治已出現的弊端，把立法、司法、行政三權分立增補監察、考試為五權分立，形成五權憲法。這是孫中山擴大人民對政府行政的監督、更好地發揮人盡其才、調動人們參加國家事務的積極性的一種較勝於前此歐美憲法的憲法。第二個是，經過第一次世界大戰，帝國主義國家的政治弊端進一步暴露，孫中山進而深切認識到「外國人拿最新發明的學問來研究民權，解決民權問題，在學理一方面根本上也沒有好發明，也沒有得到一個好解決的方法。所以外國的民權辦法不能做我們的標準，不足為我們的師導」[23]。加上當時中國軍閥所炮製的賄選鬧劇迭演、議員賣身盛行，所以孫中山對歐美的代議政體十分失望，認為「中國學外國的民權政治，不但是學不好，反且學壞了！」[24]但他認為「雖然不能完全仿效歐美，但是要借鑒於歐美」[25]。他提出仿照瑞士那樣用直接民權即全民政治，取代間接民權即代議政體，讓人民掌握選舉、罷免、創制、複決四個權，「用四萬萬人來做皇帝」，用「這四個民權來管理國家大事」[26]。同時，他又主張學習德國加強政府職能卻又揚棄它「反對民權」的一面，提出「『權』與『能』要分別的道理」[27]。即用人民的上述四個政權來管理政府的五個治權（行政權、立法權、司法權、考試權、監察權），構成「一個完全的民權政治機關」。「凡此既以濟代議政治之窮，亦以矯選舉之弊」[28]。第三個是他總結了國內外行使民權的經驗教訓，特別是鑒於「近世各國所謂民權制度，往往為資產階級所專有，適成為壓迫平民之工具」這一嚴酷事實，他在國民黨「一大」宣言裏對民權主義作了新的闡釋：「國民黨之民權主義，

---

[23] 《孫中山全集》第 9 卷，第 317 頁。
[24] 同上書，第 319 頁。
[25] 同上書，第 321 頁。
[26] 《孫中山全集》第 9 卷，第 350 頁。
[27] 同上書，第 322 頁。
[28] 同上書，第 352、120 頁。

與所謂『天賦人權』者殊科，而唯求所以適合於現在中國革命之需要。蓋民國之民權，唯民國之國民乃能享之，必不輕授此權於反對民國之人，使得藉以破壞民國。詳言之，則凡真正反對帝國主義之個人及團體，均得享有一切自由及權利；而凡賣國罔民以效忠於帝國主義及軍閥者，無論其為團體或個人，皆不能享有此種自由及權利」[29]。孫中山不贊同俾斯麥的中央集權和蘇俄的「農工專制」，但他畢竟從革命實踐中領悟到民主和專政的關係，而賦予他前此的人民參與政治的觀念以符合當時實際的新內容。

改封建專制的「人治」為資產階級的「法治」，是保證民權實施的必要條件，也是孫中山謀求中國政治民主化的又一著眼點。在這一點上，資本—帝國主義既以其國內「法治」面目給了孫中山參照和促進；又以其支持中國軍閥在國內逞兇施虐、實行「人治」而激起孫中山的憤慨和反對。

1896-1897 年間，孫中山在倫敦蒙難獲釋後，在倫敦撰寫的〈第一次廣州革命的起源〉和〈中國之司法改革〉兩篇文章，就以西方國家施行法治為參照，尖銳地揭露和控訴了清朝政府「自行私法」、「欺壓百姓」，榨取民脂，藉以致富，其「酷刑枉法」令人髮指的情景，指出這就是「促使我從事中國改革事業以把我的同胞從水深火熱之中解救出來的主要動機之一」[30]。同時他一則因在這次被清駐英使館拘禁獲釋而讚揚英國「政仁法美」，決心「步泰西之法」[31]，要「更積極地投身於我那可愛而受壓迫之祖國的進步、教育和文明事業」[32]；另則也通過他被拘禁後，英政府曾默認將他密送回國處置之事，初步看到英國政府因支持清王朝實乃「讚許和支持」中國

---

[29] 同上書，第 120 頁。
[30] 《孫中山集外集》，第 3-11 頁。
[31] 《孫中山全集》，第 1 卷，第 46-47 頁。
[32] 同上書，第 36 頁。

現行法律。他怒斥這些法律「乃是在上帝所創的世界之上的一個污點，對我們共同的人性來說是一大恥辱」[33]。

　1912 年中華民國建立伊始，孫中山即非常重視立法工作，認為「立法事業，在在與戎機相待為用」。他切盼參議院議員加緊立法，「各盡乃智，竭乃力，以固民國之始基」[34]。在他主持南京臨時政府 90 天內，就頒佈了包括〈中華民國臨時約法〉在內的多項法律政令。它們多是依據西方民主原則參酌中國情況制訂的，成為廢除人治轉重法治的一個新起點。尤其是其效力「與憲法等」[35]的〈臨時約法〉，集中體現了資產階級的意志、利益和願望，是順應世界潮流和人群需要的。正由於此，它連同民國議會都為中外反動派所不容。袁世凱和踵隨其後的段祺瑞、張勳、曹錕等軍閥在帝國主義支持、慫恿或者默認下，都以廢棄國會、約法為其專制復辟的主要手段。孫中山也在反袁、護法的長期鬥爭中逐漸認識到造成這種情況的內外原因。他在 1918 年〈元旦佈告〉中指出：「吾國昔以君主專制國家，因人而治」，辛亥革命和民元建政，都是「受當世列強法治潮流之激盪」，「群謀更張，以備外競」，「實欲為法治植其基」。「不謂辭讓非人，終於反噬。〈約法〉毀滅，國會廢棄，燃人治已死之灰，播專制未盡之毒。」「綜過去六載之泯棼，何一非在上者弁髦法紀階之厲。」以致「僭竊繼起，叛變屢作，國無寧日」。他之高擎護法討逆義幟，就是要人們知道「國法不容妄幹，而人治斷無由再復也」。因此，「凡我忠勇國民與海陸諸將，當益奮前功，速圖戡定內亂，回復平和，使法治之效，與並世列強同軌。庶足以生存發展，保此民國億萬年無疆之庥」[36]。他多次譴責帝國主義支

---

[33]　《孫中山集外集》，第 17 頁。
[34]　《孫中山全集》第 2 卷，第 44-45 頁。
[35]　同上書，第 224 頁。
[36]　《孫中山全集》第 4 卷，第 285 頁。

持上述軍閥背棄國會、約法的行徑，1918 年 11 月在〈致美國總統威爾遜電〉中凜然聲明：「吾人不顧利害，曾挾民主主義盡力奮鬥，雖日本以金錢武力假手北方摧鋤吾輩，始終猶獲生存。設美國以道義物質之力為北方武力所假借以壓折人民，則中國民權發達之望，生機必絕。」但他表示：「雖北方武人援引任何強大壓力，吾人為民請命，皆所不顧」[37]。

　　掌握實施中國的共和國建立和近代化的領導權，是孫中山建黨的主要使命，表現在「以黨建國」和「以黨治國」[38]的系列構想中。

　　孫中山把建立興中會作為立黨領導中國共和革命之始，其以「創立合眾政府」為宗旨，以設立公所合議制為原則，顯然是他矚目美、法政治，具有議會民主的意味。在當時與資產階級君主立憲派分立競勝的情況下，孫中山及其領導的初生革命派雖影響尚小，但他深信他們「要為人民提供更好的領導者」，以期「安撫」遲早將要起來的中國民眾，推翻清王朝，改造中國[39]。為了達到上述目的，他反復強調革新各派聯合的必要性，但他堅定地認為：「革命為唯一法門，可以拯救中國出於國際交涉之現時危慘地位。」[40]即只有革命黨人的領導，才能解脫中國面臨的內外困境，才能建立當時世界上最先進的共和政體，「因為中國各行省有如美利堅合眾國諸州，我們所需要是一位治理眾人之事的總統……」[41]。到 1905年，孫中山鑒於「爭競獨立，此美國、日本之所以興也」和「各省革命風潮日漲，革命志士日多」，乃決志「聯合大群，團集大力，以圖光復祖國，拯救同胞」[42]。聯合各派民主精英的中國同盟會的

---

[37] 同上書，第 513-514 頁。

[38] 《孫中山全集》第 9 卷，第 103 頁。

[39] 《孫中山全集》第 1 卷，第 195-196 頁。

[40] 同上書，第 226 頁。

[41] 同上書，第 227 頁。

[42] 《孫中山全集》第 1 卷，第 261 頁。

創立即本於此。而它的創立，又確為當時中國民主革命提供了一個
領導中樞，儘管這個中樞內出現過風波、分裂，但它終於領導中國
人民推翻了封建帝制，創建了劃時代的共和國。

　　孫中山是一個有思想有主義並十分自信能以黨建國治國的革
命家，他相信他的黨是適乎世界潮流合乎人群需要的黨。所以他在
武昌起義勝利後回到上海，眼見各地立憲派人、舊官僚和革命黨內
一些右傾人士已開始合流，組成一些黨團，原同盟會骨幹劉揆一、
章炳麟等又放出取消從前黨會、「革命軍起，革命黨消」等放棄同
盟會領導的言論，乃立即召集同盟會本部臨時會議。在他主持寫成
的〈中國同盟會意見書〉裏，批判了上述錯誤言論，指出黨內「意
見不相統屬，議論歧為萬塗」的危害性；堅決表示要貫徹全部三民
主義，「造成圓滿純固之國家」；宣稱：只有同盟會才能肩負其責，
「舍吾黨其誰屬？」並且要把同盟會「改為最閎大之政黨，仍其主
義，別草新制，公佈天下」，以宣示崑崙山下，「中有偉大民族，代
產英傑，以維其邦國」，「以光吾國而發揮其種性」[43]。正是本著他
的黨能使中國屹立於世界的雄心和信念，有如不少作者論述的，他
所創建的南京臨時政府，雖有立憲派、舊官僚參加，但基本上實現
了革命派的領導。

　　讓位袁問題上，孫中山解釋這並非功成身退，「實欲以中華民
國國民之地位，與各國民之力量，與四萬萬人協力造成中華民國之
鞏固基礎，以冀世界之和平」[44]。為此，「凡政治、法律、風俗、
民智種種之事業，均須改良進步，始能與世界各國競爭」[45]。這裏，
孫中山想以讓位來換取國家的統一與和平建設、鞏固與加強共和
國，提高中國在世界的競爭地位，並以自己的繁榮昌盛，促進世界

---

[43] 《孫中山全集》第 1 卷，第 577-579 頁。
[44] 《孫中山全集》第 2 卷，第 318 頁。
[45] 同上書，第 317 頁。

的和平。而且，他不是以讓袁為止境，而是認為：「民國大局，此時無論何人執政，皆不能大有設施，蓋內力已竭，外患日逼，斷非一時所能解決。若只從政治方面下藥，必至日弄日紛，每況愈下而已。必先從根本下手，發展物力，使民生充裕，國勢不搖，而政治乃能活動」[46]；而且可以加緊在民間培植勢力[47]。1913年初孫中山訪日時與日本前首相桂太郎會談中就談到他在實業建設已取得相當成就、政治條件有所改善時將再出執政。由此可見，孫中山讓位於袁，實含有以退為進的意圖。如果我們再把制定〈中華民國約法〉並贊同建立革命黨人佔優勢的責任內閣等等聯繫起來，孫中山似有現階段假手袁世凱來貫徹革命黨政治經濟主張、到時機成熟時由革命黨再掌政權的潛在打算。

在政黨政治問題上，日本山田辰雄教授在《中國政黨史論》中論證：近代的國民國家的成立、共有體制的意識、制度化的政權交替的可能性、多數決定的原則以及尊重少數人的意見、被作為制度繼承下來的封建議會的存在等等，是政黨政治形成的條件，但這些在中國近代始終未具備，所以未形成「政黨政治」[48]。我認為這是有道理的。真正的「政黨政治」應是比較成熟的資本主義社會的必然產物。孫中山在辛亥革命前的著述中對資產階級政治觀念不乏論述，且有創獲，但未見提到「政黨政治」。顯然，他不是不知此物，或者出於疏忽，而是另有真因。他對中國當時出現的一些黨爭，或者以革命至上為視角，視其他黨派為依附於清王朝的敵黨，不看作為資產階級謀利益的競爭對手；或者以傳統家長式的眼光來對待本黨出現的派別分歧。更主要的可能如他後來和歐美政治所作的比較

---

[46] 同上書，第404頁。

[47] 1913年2月1日駐上海總領事有吉明致加藤外務大臣電，機密第10號。

[48] 中華書局編輯部編：《辛亥革命與近代中國》（上），北京，中華書局，1994年，第818頁。

那樣，認定當時出現的並非「政黨政治」。然而，武昌起義後的政黨紛起（有人統計達 300 餘）及其對中國同盟會領導權的明顯挑戰，逼使他去正視現實，謀求黨勢之恢宏和以黨建國治國主張的延續。上述〈中國同盟會意見書〉即其明證。這時，西方的政黨政治觀對他起了明顯的作用。他自述：南京臨時政府期間，「同盟會席革命成功之勢，若及時擴充規模，改組政黨，則風靡全國，亦意中事。同人等屢以是勸，而鄙人不為少動者，知政府之進步，在兩黨之切磋，一黨之專制，與君主之專制，其弊正復相等」[49]。此語誠為可信，據黃遠庸記述，當時胡瑛亦談到孫中山等對改組同盟會事「不甚主持，故致中止」[50]。這是因為他看到「國家之有政黨，原以促政治之進行，故世界文明各國，無不有政黨以維持之」[51]。他特別推崇英、美之兩黨制可為「後事之師」[52]。但是中國當時的政黨與西方先進國家的政黨畢竟產自不同的社會歷史土壤，西方國家的政黨係產生於已完成近代化的國家，同以資產階級利益為依歸，僅代表不同資本集團，故發生競爭；而且他們都具有上述山田辰雄教授所列舉的條件。孫中山說：西方政黨之爭「在大端而不在細節」，在政見而不在私見，而「皆以國家為前提」。黨之進退，按民心向背[53]。孫中山的上述評論雖過於美化，但可見他對西方政黨政治是重視的。而他對當時的中國政黨行為卻有不少指責，他於 1912 年 12 月 10 日在杭州共和、民主兩黨浙支部歡迎會上坦誠地指出：「今吾國政爭，淆公私為一途，不顧輿論，不論是非，……甚至政見不合，波及私交，攻訐讒害，無所不為，黨德至是，掃地以盡，

---

49 《孫中山集外集》，第 74 頁。
50 黃遠庸：《遠生遺著》，上海，商務印書局，1927 年，卷二，第 152 頁。
51 《孫中山全集》第 2 卷，第 410 頁。
52 《孫中山集外集》，第 75 頁。
53 《孫中山集外集補編》，第 96 頁。

前人之以黨救國者，今乃以黨亡國矣」[54]。本著形勢發展的需要和
這種中外比較，孫中山更加認識到加強革命黨建設的必要，贊成同
盟會與其他五個小黨合併為國民黨，並勖勉黨人「服從黨綱，修明
黨德」，「組織堅強之大政黨」[55]。孫中山雖聲稱反對「今之政黨，
往往爭奪政權」[56]，按其實，孫中山當時這樣做的目的，也是相
信自己的黨是真正革命的黨，可以通過選舉獲勝，組成國民黨內
閣，實現國民黨對國家的領導權。所以當1913年初國民黨獲國會
選舉大勝之後，孫中山也高興地認為：「此次選舉議員，得占多數
者，因有黨德，合人民之公意耳。」並聲稱：「我的國民，莫不主
張政黨內閣，視其議員為何黨之多數，以定國民之信用。」「是則
政黨內閣，可以代表民意。國家則為民意所成，胎（灼）然可見
矣。」[57]

　　孫中山原期待中國「黨爭為文明之爭，能代流血之爭」[58]；而
且認為「國治則軍人自不得干涉其間，搖動全局」[59]。然而，在政
權已捧讓給北洋軍閥頭子袁世凱的情況下，豈容國民黨人憑黨綱、
黨德來奪取領導權，更不會讓孫中山從容發展實業為下一步政治活
動打下基礎。恰正是北洋軍閥憑藉武力刺殺了熱衷於議會選舉、責
任內閣制的國民黨代理理事長宋教仁，摧折了孫中山等發動的二次
革命，文明之爭終歸屈壓於流血之爭。此後，孫中山不僅高擎武裝
鬥爭旗幟，而且直到逝世都未再提「政黨政治」，而是強化「黨治」
了。論者把中華革命黨時孫中山強調黨的領袖高於一切，要黨員絕
對服從，並實行以黨治軍、以黨代政為矯枉過正，這固無不可。但

[54]　《孫中山集外集》，第75頁。
[55]　《孫中山全集》第2卷，第408-409頁。
[56]　《孫中山集外集》，第75頁。
[57]　《孫中山全集》第3卷，第44-45頁。
[58]　同上書，第45頁。
[59]　《孫中山全集》第2卷，第410頁。

這種做法和西方政黨政治的試驗的失敗所產生的逆反心理與中國社會固有的家長制傳統的相得益彰顯然相關。

誠然，孫中山再次提出以黨建國治國不是前此的簡單重複，而是隨著中國和世界情勢的變化發展而出現螺旋式地往前推移。同盟會、國民黨追求黨員數量，不考慮品流之純糅，以致「內部分子意見紛歧、步驟凌亂，既無團結自治之精神，復無奉令承教之美德，致黨魁等於傀儡，黨員則有類散沙」。中華革命黨摒棄了這種錯誤做法，加強黨的紀律，重提民權革命，應該說，這是一種進步；但因糾正以往弊端而推崇義大利密且兒所作政黨社會學，強調黨員「不能不聽一人之命令」[60]，則是有悖他讚賞過的民主原則。但到反袁後期，在這方面已有所轉變。俄國十月革命後，他逐漸對蘇俄的建黨治軍經驗感興趣，認為「俄國完全以黨治國，比英、美、法之政黨，握權更進一步」，因而在反擊帝國主義及其支持的俄國反革命派的進攻中取得成功；而「其最初之共產主義，亦由六年間之經驗漸與民生主義相暗合。可見俄之革命，事實上實是三民主義。其能成功，即因其將黨放在國上」。他改組國民黨，也是要「把黨放在國上」，實行「以黨建國」[61]。他指出「以黨治國，並不是要黨員都做官，然後中國才可以治；是要本黨的主義實行，「以黨治國」、全國人都遵守本黨的主義，中國然後才可以治。簡而言之，以黨治國並不是用本黨的黨員治國，是用本黨的主義治國」。這裏，他強調必須「得人心」，「得人心的方法很多，第一是要本黨現在的黨員，人格高尚，行為正大，不可居心發財，想做大官，要立志犧牲，想做大事，使全國佩服，全國人都信仰」[62]。他進行一番中外比較之後，認為歐美政黨政治掌握「在知識階級手裏」，而「不在

---

[60] 《孫中山全集》第3卷，第92頁。

[61] 《孫中山全集》第9卷，第103-104頁。

[62] 《孫中山全集》第8卷，第282-283頁。

普通人民手裏」[63]。他「贊成專政的思想，重視黨的作用」[64]；認
為「俄國的革命所以成功，因為他的黨有黨的意志，黨員都犧牲自
己的自由，來承受黨的紀律。中國革命之所以失敗，就是缺乏這一
層。」至於為人民謀幸福，孫中山認為過去「美國最好，現在則不
然，比較上謀多數的幸福的，乃是俄國」[65]。隨著他對中國近代史
觀念的往前推移，他對領導這一近代化事業的黨的構成及其須加強
與人民聯繫的思想也有演進。他表示改組後的國民黨「為了謀求社
會的根本改革，還要努力喚起民眾的覺醒。歸根到底是要把它建成
一個群眾革命的先鋒組織」[66]。因此，要清除國民黨的腐敗分子，
要廣泛吸收工人、農民、青年參加[67]，以便形成健全的有為的領導，
這就是國民黨「一大」所建立的有中國共產黨人參加國民黨中樞所
形成的新領導。對此，1924 年 8 月 21 日中國國民黨中央執行委員
會頒佈的一項經孫中山裁可的訓令正確地闡述了：這一新領導是以
反帝反軍閥為歷史使命，「與國內角立之政黨，性質不同；故其（按
指共產黨）黨員之跨黨；亦與元年以來國內政黨黨員以跨黨為風氣
者，異其旨趣。且本黨為代表國內各階級之利益而奮鬥；中國共產
黨則於各階級中之無產階級，加以特別注意，於本黨之主義精神，
無所違反」[68]。這表明，孫中山在晚年仍然堅持他的黨的領導地位。
他之容許共產黨人參與這一領導中樞，是以國民革命需要為前提，
以贊同他的主義精神為條件，並不容許其他的黨派來爭奪其領導
權，甚至不接受國共兩黨在黨外的黨與黨的合作。而這在當時有其

---

[63]　《孫中山全集》第 5 卷，第 481 頁。
[64]　李玉貞等編譯：《馬林與第一次國共合作》，光明日報出版社，1989 年，第
　　373 頁。
[65]　徐永瑛〈見孫中山先生記〉，《近代史資料》總 68 號。
[66]　《孫中山集外集》，第 278 頁。
[67]　《孫中山集外集》，第 285 頁；《孫中山全集》第 9 卷，第 121 頁。
[68]　《孫中山集外集》，第 874-875 頁。

歷史必然性，並有過重大歷史作用。隨後一度蓬勃發展的國民革命
形勢表明：這種以當時國際情勢為背景、有國際力量促成的、以前
所未有的國共合作為特點的中國各革命階級聯盟的政黨，確是具有
當時可能有的人民性和民主決策性，能為中國民族民主革命的勝利
和中國近代化的發展提供必要的保證。

　　孫中山的上述謀求與世界先進國家同軌並驅的中國政治民主
化思想，終其一生未能實現，反映了理想與現實的差距。但是，這
種差距隨著形勢的發展和孫中山審辨能力的提高而在日趨縮小
中，也是灼然在目的。

第三節　另闢捷徑的中國經濟近代化設想

　　對待西方文明，孫中山特別讚賞其物質文明，曾說：「世界開
化，人智益蒸，物質發舒，百年銳於千載」[69]。為了趕上乃至超過
歐美先進國家，從 1894 年《上李鴻章書》到制訂出《實業計畫》，
基本上以歐美經濟近代化為楷模，但他不是沿著「西方文明之舊路
徑」，而是要「依西方已闢之路徑而行之」[70]，即要接受其成功的
新經驗，並考慮其面臨的新問題，如何更好地運用於中國，以便後
來居上。

　　孫中山張望世界時，中國正日益被捲進世界而又處於被迫改造
過程中，究竟是被動的按照資本─帝國主義的意旨改造成為利於它
們侵略和奴役中國人民的半殖民地，還是要主動地改革，使中國迅
臻富強，自立於世界民族之林？這是當時中國人民須作出的重要
選擇。

---

[69] 《孫中山全集》第 1 卷，第 288 頁。
[70] 《孫中山全集》第 6 卷，第 397-398 頁。

　　孫中山正是後者的傑出代表。他上書李鴻章，就是希望洋務官僚擺脫「船堅炮利，壘固兵強」這一套學習西方皮毛的被動做法，而去謀求「人能盡其才，地能盡其利，物能盡其用，貨能暢其流」，以達到「恢擴宏圖、勤於遠略，仿行西法以籌自強」的主動「駕歐洲而上之」的目的[71]。他之所以經上書失敗而決志革命，即因認為清王朝在時代要求影響下也不會「自我革新，並接觸歐洲文化」[72]。他在早年雖未看清帝國主義侵華的真正目的和手法，但也譴責了「歐洲人並沒有充分認識到腐敗勢力所造成的中國在國際間的恥辱和危險的程度，也沒有認識到中國潛在的恢復力量和他的自力更生的各種可能性」[73]。他認識到競爭與生存的關係，認為安南、印度亡於不圖競爭求生存，美國、日本則因競爭求存而興盛。從 19 世紀末以來孫中山提出振興實業、尤其是興築鐵路，都含有這種競爭求存的深意。帝國主義從 19 世紀 90 年代末開始，與力圖瓜分中國的步伐相配合，掀起了幾次攫取中國路權的高潮。圍繞著路權的鬥爭，寓存著控制中國生命線和維護這條生命線的激烈搏鬥。因此，孫中山早就提出要像歐美各國一樣，「視鐵路為命脈」，發展近代交通事業，建立「全國四通八達」、「流行無滯」[74]的交通網。辛亥革命後，他到處奔走演說，反覆申明：鐵路問題「實為中國生命存亡之問題」，中國「如欲立足於世界，惟有速修鐵路，以立富強之基」[75]。在談到鋼鐵製造業時，孫中山也強調：「今日為鋼鐵世界，欲立於地球之上，非講求製造不可。」[76]這裏，顯然都是以愛國救亡和與帝國主義作鬥爭為重要內涵。出於這種競爭求存、自我

---

[71] 《孫中山全集》第 1 卷，第 8-15 頁。
[72] 同上書，第 86 頁。
[73] 同上書，第 88 頁。
[74] 同上書，第 14 頁。
[75] 《孫中山全集》第 2 卷，第 435-436 頁。
[76] 《孫中山全集》第 2 卷，第 449 頁。

革新的自覺性和對帝國主義對此所作的阻攔破壞的瞭解，孫中山雖
因本身力量不足而一再呼籲外國支持與援助，內心裏卻認為這「是
沒有任何好處的」，因為「他們不至於笨到這般地步，實行商業的
自殺，來幫助我們擁有自己的工業威力而成為獨立的國家」；並且
認為：「如果我們稍微表現出要向這條道路的趨向時，那麼整個歐
美資本主義世界就會高嚷著所謂工業的黃禍了。因此，他們的利益
首先在於使中國永遠成為工業落後的犧牲品，這也是十分明白和容
易理解的」[77]。

　　孫中山的上述希求中國主動改革和帝國主義對中國的強制被
動性改造的矛盾，也體現在他和帝國主義幾乎同時提出的中國須行
門戶開放政策的矛盾上。

　　1897 年孫中山就明確提到對外開放，他說：在建立一個負責
任的、有代表性的政體後，就會「對歐美文明採取開放態度」[78]，
「也將和世界人民建立起友好關係。」而「中國天然富源的開發，
會增加整個世界的財富」[79]。1900 年六七月間由孫中山領銜的《致
港督卜力書》又提出了「公權利於天下」，「如關稅等類，如有增改，
必先與別國妥議而行。又如鐵路、礦產、船政、工商各業，均宜分
沾利權。教士、旅店，一體保護」[80]。這種有砧中國主權的開放，
反應了孫中山為推翻清王朝而饑不擇食地尋求強國支持的幼稚企
圖。比較真切反映孫中山經濟開放思想的是在 1904 年寫的〈中國
問題的真解決──向美國人民的呼籲〉裏所擺明的下列觀點：「中
國的覺醒以及開明的政府之建立，不但對中國人，而且對全世界都
有好處。全國即可開放對外貿易，鐵路即可修建，天然資源即可開

[77] 《孫中山全集》第 1 卷，第 322-323 頁。
[78] 同上書，第 86 頁。
[79] 《孫中山全集》第 1 卷，第 106 頁。
[80] 《孫中山全集》第 1 卷，第 193 頁。

發，人民即可日漸富裕，他們的生活水準即可逐步提高，對外國貨物的需求即可增多，而國際商務即可較現在增加百倍。」「一個從來也夢想不到的宏偉場所，將要向文明世界的社會經濟活動而敞開」；而且可以變「黃禍」為「黃福」。而在同篇文章中，他還談到中國已成為列強爭奪亞洲霸主的主要鬥爭場所和「一塊用以滿足歐洲野心的地方」，批駁了「中國人本性上是閉關自守」和「排外」的民族以及中國「覺醒起來並採用西方方式與思想，就會是對全世界的一個威脅；如果外國幫助中國人民提高和開明起來，則這些國家將由此自食惡果」等論調，期望歐美人士特別是美國能支持和幫助中國革命黨人推翻腐敗的保守的清王朝[81]。在民初，孫中山仍認為「瓜分之禍，迫在眉睫」，而又百廢待舉，為了鞏固國家，加快發展實業的步伐，他覺得「非用門戶開放主義不可」[82]。其目的是利用外國力量，即「我無資本，利用外資」，「我無人材，利用外國人材」，「我無良好方法，利用外人方法」[83]。總之，就是要引進外國資本和先進技術。在引進方向和方式問題上，孫中山除了歷來提出的「取法乎上」的主張外，還提出了四個原則：「一、必選最有利之途以吸取外資；二、必應國民之所最需要；三、必期抵抗之至少；四、必擇地位之適宜。」[84]他特別強調借債築路，認為中外合資、借資興辦和限期批給外人承築諸種方式中，「以批辦為最相宜」，這樣就可以「合數國之力以經營之」，收到「急求發達我國家」的大效[85]。

---

[81]　《孫中山全集》第 1 卷，第 248-255 頁。

[82]　《孫中山全集》第 2 卷，第 532 頁。

[83]　同上書，第 460 頁。

[84]　《孫中山全集》第 6 卷，第 254 頁。

[85]　《孫中山全集》第 2 卷，第 481 頁。

　　孫中山在把門戶開放政策付諸實踐時，更強調以獨立自主為前提。他鑒於清王朝大舉外債，招致喪權辱國的教訓，指出：過去中國人民反對借外債「實因條約不善，動輒妨害國權」[86]，現在必須堅決維護國家主權，「務期權操自我，而不妨利溥於人。所有條件及抵押，總求較勝於前，斷不令啟彼野心，致滋妨害，此則立法之要義也」[87]。並且把是否堅持發展主動權看作是關乎中國存亡的大事，「操之在我則存，操之在人則亡」[88]。他堅持：（一）事權不落外人之手，不失主權；（二）由民間而不用國家名義借外債，不用抵押；（三）要利息甚輕，而且到期收路，不出贖資。他也看到帝國主義在借款問題上「要求條件，必甚嚴酷」，指出如果帝國主義利用中國之困難，以阻礙中國之進步，「則國人必將發憤自助，設法在國中募集公債」[89]。同時，孫中山講的「門戶開放」，只是開放中國全境以供外人通商，但外人「應服從中國治權」和法律裁判[90]。值得注意的是，孫中山把借用外國力量作為加強自力更生、獨立自主原則的手段。比如借用外資，他認為「道路一經開通，物產既銷流，田土必漲價，將來由新政府徵取，民必不以為病，而債可立還矣」[91]。照孫中山設想，通過一段時間借用外資外才，輸進外國機器和科學技術，我們自己將能很快地熟悉大規模的生產，組織自己的現代工業。一個「利用自己的原料與自己的勞力，製造自己需要的物品的日子很快即會到來」[92]。

---

[86] 同上書，第 431 頁。
[87] 同上書，第 538 頁。
[88] 《孫中山全集》第 6 卷，第 248 頁。
[89] 《孫中山全集》第 2 卷，第 350 頁。
[90] 同上書，第 453 頁。
[91] 《孫中山全集》第 1 卷，第 568-569 頁。
[92] 孫中山：〈平白的話〉，轉見黃季陸等：《研究中山先生的史料與史學》，臺北，中華民國史料研究中心，1975 年，第 338 頁。

可是，列強並未因孫中山主張「中國向世界貿易開放門戶」而「贊成中國的現代化」[93]。1899 年美國國務卿海約翰提出的中國門戶開放政策和其他一些列強之在 20 世紀初贊成「保全中國」的政策，都是各有所圖。前者是出於企圖憑藉日益雄厚的經濟實力，通過中國門戶開放來達到稱霸中國和亞洲的目的。後者則多是在瓜分中國一時難遂所願情況下對現狀的暫時維持。其共同點都是力圖維持「洋人朝廷」──清王朝於不墜，使中國近代化在有利於列強控制中國的歪扭軌道上蠕動。共和國成立後，孫中山雖比以前更強調多方位地吸收外國資本、外國人才、外國技術，但由於他堅持「權操自我」[94]，自為帝國主義所不容，六國銀行團勒不借款。1913 年初，孫中山懷著「華日聯盟，大有可望」[95]的心願訪問日本，與日本財團商談借外債和合資興辦公司事，但立即在主權問題上發生嚴重爭執，到二次革命失敗，更一切化為烏有。1919 年孫中山為爭取國際上支持他的〈實業計畫〉，首先用英文發表取名為〈國際共同開發中國實業計畫書──補助世界戰後整頓實業之方法〉。他把所擬計畫大綱送請美駐華公使芮恩施、美商務總長劉飛爾、義大利陸軍大臣嘉域利亞以及寓居羅馬的美國名士軒特力·安得生等提意見，其設想堪稱近代中國最宏偉的建設方案，其用心亦可謂至苦。可是芮恩施認為孫親日親德不可靠[96]，難予支持，僅作表面敷衍。其他的亦無積極回應。實際上，那時帝國主義始終無意助長中國民族企業發達，它們多是通過貸款來操縱中國的政治，加劇中國的軍閥割據與混戰，造成孫中山深切感到的「官僚、軍閥填塞當途，不

[93]　《孫中山集外集》，第 144 頁。
[94]　《孫中山全集》第 2 卷，第 538 頁。
[95]　同上書，第 542 頁。
[96]　賴澤涵：〈廣州革命政府的對外關係（一九一七至一九二五）〉，胡春惠主編：《近代中國與亞洲》學術討論會論文集（下），香港，珠海書院亞洲研究中心，1995 年。

予掃除,莫能建設」[97]的局面。這又表明,中國在沒有完成民族民
主革命前,既要搞改革開放,又要獨立自主,是行不通的。為證明
自己所提改革開放主張的切要性,孫中山曾列舉美國、日本、暹羅
(泰國)等國為例,這固然有他的觀察所得,但他當時並沒有對中
國和這些國家的情況做切實的比較。這些國家之所以實現國家近代
化,是因各自具有的有利的國內國際條件。而中國則在眾多資本—
帝國主義湧入中國、並和中國當權的腐朽勢力達成勾結的情況下來
圖近代化,自是舉步維艱。到 1924 年 11 月 28 日孫中山在他一生
最後一次演講中,才對日本明治維新終獲成功,而中國卻未能,作
了基本正確的分析[98]。

　　自視為世界一平民、希圖世界大同的孫中山還力圖使中國的和
平發展、經濟近代化匯入並推進世界和平發展的洪流。還在 1904 年
的〈中國問題的真解決〉一文中,他已經認為帝國主義之在中國的
角逐,其「根源乃在於滿清政府的衰弱與腐敗,它正是由於自身的
衰弱,而有擾亂世界現存政治均衡局面之勢。」他舉日俄戰爭為例,
「如果不是由於滿清政府完全無力保持其在滿洲的勢力與主權,那
麼這次戰爭是可以避免的。」「顯而易見,要想解決這個緊急的問
題,消除妨害世界和平的根源,必須以一個新的、開明的、進步的
政府來代替舊政府。這樣一來,中國不但會自力更生,而且也就能
解除其他國家維護中國的獨立與完整的麻煩。」[99]因此,他企圖以
中國革新後所出現的對外開放的宏偉場所來爭取列強對中國革命
的支持。這裏既有外患自取的誤識,也意識到中國和世界的有機
聯繫。

---

[97] 《孫中山全集》第 5 卷,第 349 頁。
[98] 《孫中山全集》第 11 卷,第 410-411 頁。
[99] 《孫中山全集》第 1 卷,第 249-254 頁。

到 1919 年前後，孫中山對中國革命、建設和世界的關係的認識更見恢宏，他清楚地看到了「世界有三大問題，即國際戰爭、商業戰爭與階級戰爭是也」。他痛切指出：「國際戰爭者，無他，純然一簡直有組織之強盜行為耳，凡有心人莫不深疾痛恨之。」日本至今仍然推行軍閥政策，「又欲以獨立併吞中國」，中國軍閥則「行將以日本化中國」。商業戰爭即資本家之間的戰爭，相互傾軋，「常不顧人道」，其結果是「其損失、其殘酷亦不亞於鐵血競爭之以強力壓迫也」。階級戰爭即工人與資本家之戰爭，在各工業國已「極形劇烈」，「中國因工業進步之遲緩，故就形式上觀之，尚未流入階級戰爭之中」[100]，但須防患於未然。

如何解決這三大問題呢？孫中山認為：「捨國際共同發展中國實業外，殆無他策。此政策果能實現，則大而世界，小而中國，無不受其利益。餘理想中之結果，至少可以打破現在之所謂列強勢力範圍，可以消滅現在之國際商業戰爭與資本競爭，最後且可以消除今後最大問題之勞資階級鬥爭。如是則關於中國問題之世界禍根可以永遠消滅，而世界人類生活之需要，亦可得一絕大之供給源流，銷兵器為日月之光，化凶厲於禎祥之域」[101]。

無疑，中國的經濟近代化，對中國和世界都必「受其利益」，最終將對消滅帝國主義、消滅資產階級、最後消滅階級鬥爭和戰爭起促進作用。但孫中山把〈實業計畫〉的實現直接迅即取得上述結果，則是過高估計。就是在他作如此期待時，帝國主義者正在進行第一次世界大戰後你爭我奪的分贓活動，資產階級正和無產階級在許多國家開展激烈鬥爭，中國仍是帝國主義爭奪的重點和他們操縱的軍閥割據、混戰的火坑，廢督裁兵只托空言，孫中山的〈實業計

---

[100] 《孫中山全集》第 6 卷，第 394-397 頁。
[101] 《孫中山全集》第 6 卷，第 247 頁。

畫〉在帝國主義和軍閥眼前不屑一顧。1919 年後的殘酷現實,使他產生了新的認識,他說:「自德國解除武備和俄國取消在華一切特權之後,在中國看來,這兩個國家已成為站在『不侵略』地位了」,而「在目下中國『近代化』的當中,中國是很需要對他平等待遇和承認他有完全統治權的強國的幫助」[102]。因此,他堅決採取了聯俄政策。他極力從俄國的革命和建設事業中,尋找借鑒和鼓舞。他甚至把俄國當時實行的新經濟政策和他的「實業計畫」看成差不多一樣,並且從蘇俄實行這一政策獲得的顯著成效中,得到中國也一定能夠實行「實業計畫」的新希望。此外,他還有過中、俄、德結成親密聯盟,借用戰敗國德國的「人才學問,以最速時間,致中國於富強」的願望和設想[103]。這種想法雖未實現,但孫中山聯合一切被壓迫民族和國家共同獨立富強的思想卻閃閃發光。

這種閃閃發光的思想,實際上也寓存於〈實業計畫〉的具體構想中。這一構想之「必應國民所最需要」,以迅速臻中國於富強,已有不少論述,對它如何有利於中國和世界的交往互助和它們的共同發展,特別是它對促進亞非民族解放運動的寓意卻發掘不夠。從這一計畫的具體構想看,擬建的北方、東方、南方三大港都是溝通中外交通的樞紐。「北方大港之築,用為國際發展實業計畫之策源地;中國與世界交通運輸之關鍵,亦繫夫此。」[104]擬建於杭州灣中乍浦正南之地的東方大港將取代上海港成為中國最大商港和世界商港。將廣州改良而成的南方大港,將使之恢復其昔日「太平洋岸最大都市」和「亞洲之商業中心」的重要地位。而以這三大港為起點的向內地輻射的鐵路、公路和內河,即形成密如蛛網的國內交通網;不少又向國境延伸,擬與接壤國家的交通幹線相接。初步統計,

---

[102] 《嚮導》第 4 期,第 27 頁。
[103] 《孫中山全集》第 8 卷,第 137 頁。
[104] 《孫中山全集》第 6 卷,第 254 頁。

計畫建築的鐵路線總共 107 條中，有 65 條通往邊疆地區[105]。與之接壤的國家和地區中有朝鮮、蘇俄、蒙古、哈薩克斯坦、吉爾吉斯、錫金、尼泊爾、巴基斯坦、印度、緬甸、老撾、越南等十餘個。按計劃「倘將來多倫諾爾、庫倫間鐵路完成，以與西伯利亞鐵路聯絡，則中央西伯利亞一帶皆視北方大港為最近之海港與歐亞路線之終點」，「而兩大陸於以連為一氣」[106]。特別是西北鐵路系統中的由北方大港通往新疆伊犁的線路，將可由伊犁發出之支線，與未來的印度、歐洲線路（即行經巴格達、大馬士革、開羅者）聯絡成一連鎖，直達南非的好望角城[107]。這樣，中國將更緊密與亞、歐、非廣大地區相連結。孫中山認為「此為第一需要之鐵路」，「此不僅有利於中國，且有利於世界商業於無窮也」，是「中國今日必要而刻不容緩者也」[108]。

　　孫中山曾說他的民生主義的大目標「是要眾人能夠共產」，但指的是「共將來，不是共現在」[109]。可見他是有革命發展階段設想的。其經濟近代化構想也包含著依據中國和世界情況而訂出的分階段發展中國經濟的思想。他認為中國和歐美國家不同，面臨著「既廢手工採機器，又統一而國有之」兩種革命，而中國目前自身力量又不足，急需外國資本、人才和技術的投入，這樣就使中國原有的國有、集體所有、私人所有諸種經濟成分之外，又保持乃至擴大了外國資本主義企業。他表示，包括日本財政家在內的列強結成的新銀行團，若能「實行其現所提倡之主義，吾中國人素欲以和平改造中國者，必當誠意歡迎之。故為萬國互助者當能實現，為個人或一

---

[105] 同上書，第 261-376 頁。

[106] 《孫中山全集》第 6 卷，第 255-256 頁。

[107] 《孫中山全集》第 6 卷，第 262 頁。

[108] 《孫中山全集》第 6 卷，第 262 頁。

[109] 《孫中山全集》第 9 卷，第 389-390 頁。

民族之私利者自當消滅於無形矣」。而這樣做的目的，「蓋欲使外國之資本主義以造成中國之社會主義，而調和此人類進化之兩種經濟能力，使之相互為用，以促進將來世界之文明也。」孫中山認為這是發展中國工業的「不隨西方文明之舊路徑而行」的「最直捷之途徑」。其方法是：「不在競爭，而在互助」[110]。

孫中山崇尚的是國家社會主義，晚年他特別強調發達國家資本，節制私人資本。按照他的設想，實行平均地權，「就地抽稅，則國家即變成一大業主」[111]；又通過興辦交通事業，開發礦產，振興工業，把經濟命脈掌握在國家手裏，構成國家資本的主幹。至於外資企業，原則上規定和中國私人辦的帶有獨佔性質或規模過大為私人所不能辦者，都收歸國有。但為了加快建設速度而借資築路則規定「一、事權不落外人之手，二、國家不負債務，三、到期收路，不出贖資[112]。時間訂為 20 年至 40 年，必要時或者更長些，後來又說備價收回[113]。至於民辦，亦在 30 年後由政府收回[114]。這樣，國家資本將日益占主導地位，而私人資本則受到嚴格限制。這就不像美國等國那樣「大公司多屬私有」，因而「社會上實受無形之壓迫也」。而中國則「擬將一概工業組成一大公司，歸諸中國人民公有，但須得國際資本家為共同經濟利益之協助」。這樣，既可造福於中國人民，又可將世界市場上之商業戰爭，「自可消滅於無形」[115]。這就是上面引述的「使外國之資本主義以造成中國之社會主義」。照孫中山看，由於革命政權的建立，這樣做將使「政治與實業皆民主化。每一階級，皆依賴其他階級，而共同生活於互愛的情形之下」。「使國

---

[110] 《孫中山全集》第 6 卷，第 396-398 頁。
[111] 《孫中山全集》第 2 卷，第 371 頁。
[112] 同上書，第 404 頁。
[113] 同上書，第 464、500 頁。
[114] 同上書，第 460 頁。
[115] 《孫中山全集》第 6 卷，第 397 頁。

民對於國事發生直接之興趣，願全國人民皆享受其生產之結果。」
從而「生產將日益增加，以最少限度之窮困與奴役現象，以達到最
高限度之生產」，人民將處於安樂幸福的黃金時代[116]。

　　這樣一種國家社會主義實際上是國家資本主義，他取樣於德
國，但其性質卻與後者有異，這主要是掌握在哪個階級的國家，即
革命階級掌握的國家和壟斷資產階級掌握的國家的區別。

　　誠如前面已經論述的原因，在當時條件下，孫中山想使外國之
資本主義以造成中國之社會主義，並以此促進世界文明之發展，只
是一廂情願而不可能有實效；但這一思想遺產在中國人民真正掌握
政權和經濟命脈以及處於有利的國際環境等前提下，卻能顯示其真
正價值。

第四節　冶中外文化於一爐的中國新文化

　　孫中山謀求中國思想文化近代化，即興築中國新文化，也反映
了他深邃的世界眼光和欲冶中外文化於一爐的精心造詣。

　　照孫中山自己的說法，他是處在一個新舊交替交錯、相互激烈
爭鬥的時代，「簡單的說，便是因為新舊潮流的衝突。詳細的說，
便是因為舊思想要消滅新思想，新思想也要消滅舊思想」，而「就
人群進化的道理說，舊思想總是妨礙進步的，總是束縛人群的。我
們要求人群自由，打破進步的障礙，所以不能不打破舊思想」。要
打破舊思想，就要信仰和服從三民主義[117]。而三民主義，孫中山早
就認定它是「使最宜治法適應於吾群，吾群之進步適應於世界」[118]。
也就是說，新舊之別，在於是否適應世界潮流，合乎人群需要。

---

[116] 《孫中山全集》第 2 卷，第 492-493 頁。
[117] 《孫中山全集》第 8 卷，第 469 頁。
[118] 《孫中山全集》第 1 卷，第 289 頁。

孫中山自稱：「文早歲志窺遠大，性慕新奇，故所學多博雜不純。」[119]後來他又談到他作為革命家的治學原則：「凡一切學術，有可以助余革命之知識與能力者，余皆用以為研究之原料，而組成余之『革命學』也。」[120]孫中山的思維方式和價值取向，是以推進中國革命為著眼點，以當時世界上先進的、實際上是歐美的先進文化為主要研究資料，輔之以本國優秀文化，希圖創獲一種反映世界潮流和中國歷史特點的主義和思想。其可貴處在於他不是簡單的因襲中國固有思想或者照搬西方思想，而是博取兼收，益以新創，其視野顯示出新的開拓。不少論者把孫中山在因襲中國固有思想、規撫歐美先進思想的基礎上而進行的創獲稱之曰中西合璧。就其主流而言，固無不可，但嚴格講起來，則不夠全面。孫中山的著作中提到 70 餘個國家的各種思想、學說上百種，光是各種名目的主義就有 30 種以上。他多次提到巴比倫、埃及、印度、希臘、羅馬的文化，提到基督教、佛教、伊斯蘭教等世界主要宗教，提到的人物包括政治、經濟、文化、科技各方面的一些代表人物。就上海故居藏書看，思想文化方面的書籍也涵蓋中外古今，既有大量關於歐美的如《歐洲文明的發展》的書籍，也有如《不開化民族的物質文明與社會制度》、《印度教徒的聖書》、《印度教徒眼中的中國宗教》、《墨西哥社會的發展》、《儒家及其競爭者》、《遠東人物志》等書籍。就孫中山著作中的具體論述看，他固然稱讚歐美文明在近世的巨大進步，但他對東方文化也多有讚詞，他多次談到日本等國對中國文化的吸納和結合本國需要的新創，甚至連世界上學問最好的德國人不僅研究中國的哲學，「甚至於研究印度的佛理，去補救他們科學之偏」[121]。他還談到猶太、菲律賓等國家和民族之堅持民族獨立的精

---

[119] 同上書，第 48 頁。
[120] 《孫中山全集》第 5 卷，第 55 頁。
[121] 《孫中山全集》第 9 卷，第 231 頁。

神；在談到戰略戰術成果時，孫中山對非洲布林人所使用的「伏地戰術」也饒有興趣，並讚賞其和英國鬥爭的精神。如此等等，表明孫中山吸納的文化不是按地域來定取捨，而是按是否有利於他所進行的革命來定取捨。孫中山把自己的主義說成是「實在是集合古今中外的學說，順應世界的潮流，在政治上所得的一個結晶」，是恰切的。

　　有如孫中山所形容的，世界潮流像長江、黃河一樣奔流不息，他自己的思想也具有與時俱進、有時甚至是超前的鮮明特徵。他常挺立於近代中國思想解放浪潮的前列。

　　在 19 世紀末湧現的第一次思想解放浪潮中，雖以維新派為主角，但孫中山堅信革命進化論，取法乎上，以最耀眼的法、美革命為榜樣，既倡共和革命於舉國不言之中，又以實行人道主義於亞洲和世界為己任；他用較維新派的民權觀念具有更廣泛意義的民主觀念向君權宣戰，以適應「國皆自主，人盡獨立」的「世界文明日益增進」[122]的形勢；並以武裝推翻清王朝、建立共和國的堅定行動來表明他決志結束綿延二千餘年的中國封建帝制的意向。儘管孫中山格於形勢，當時在國內外影響很有限，但在當時是最先進的，體現著時代發展的方向。它雖似峽谷流轉的涓涓細流，卻奏出了誠然微弱，但很富生機，非同凡響的進行曲。

　　在 1903 年逐漸興起的第二次思想解放浪潮中，孫中山進一步接受了西方資產階級和社會主義思潮的影響，他提出三民主義「遞嬗變易說」，否定了康有為把民主革命推到遙遠將來的「三世說」；他以歐美物質文明的日新月異來駁斥君主立憲派的斷難躐等論；他聲言要創立一種既吸收西方文明精華又拋棄其糟粕的純正的集產社會主義以畢政治革命與社會革命於一役，超越歐美。1912 年南

----

[122] 《孫中山全集》第 1 卷，第 172 頁。

京臨時政府的成立及一系列民主政策措施的頒佈，更是對君為臣綱
的徹底否定和民主思想的初步試驗。當時出現的較前持久而熱烈的
民主革命場面，顯示出孫中山領導的中國革命與世界潮流在實踐上
的聯結與匯通。

　　1915 年後興起的新文化運動，是中國激進民主主義者追跡歐
美思想啟蒙運動，並作為辛亥革命失敗的反思的第三次思想解放浪
潮，孫中山雖不如激進民主主義者之勇敢沖決封建羅網、圖徹底完
成人的解放，進入思想解放的深層次，他仍停留於提高政治覺悟的
水準上。但他認識到必須「激揚新文化之波浪，灌輸新思想之萌蘗，
樹立新事業之基礎」[123]。他努力於著述，冀以喚醒民眾，發達民權，
勇於除舊佈新，鞏固民國。他還批判了新文化運動中出現的全盤西
化論和帝國主義者欲用以主宰世界的「世界主義」。這種側重於提
供政治覺悟的思路確有其很大缺陷，但在中國條件下，又有其必然
性。就是新文化運動的宣導者陳獨秀、李大釗、胡適等人，也是為
思想啟蒙吶喊了短短的三五年後，即投入了各趨一端的政治漩渦。
這一歷史現象該如何評價呢？看來不能刻舟求劍，按照西方由思想
啟蒙到資產階級革命的模式來作為評定孫中山在這方面是非的唯
一標準，而是要看到包括孫中山在內的中國先進人物在外患緊逼、
內政腐敗、加上中國是在東方式農業文明和類似板結的傳統社會結
構等大異於西方資產階級興起和革命時期的情況下，究竟能做什麼
和做了些什麼。如果是這樣，我們便不難發現，西歐資產階級從思
想啟蒙到大體完成資產階級革命，花了三百多年時間；而孫中山卻
在短短二三十年中，歷經了忍辱負重地向壓迫自己的歐美國家學
習，選擇和汲納當時最先進的思想（包括各種流派的社會主義）；
同時要對中國幾千年留存下來的先民遺業進行清理、繼承並極力按

---

[123] 《孫中山全集》第 5 卷，第 210 頁。

照現時需要加以改造利用，力圖創制一種順應世情合乎中國國情的
能有效解決中國問題的思想和方案。並且他集思想製作與革命實踐
於一身，將這種思想和方案迅速地百折不撓地試行於極其錯綜複雜
的現實鬥爭，在實踐中又不斷依據新情況更新思想和方案。這是一
個何等艱鉅複雜的工作！而緊迫的民族危機、專制壓迫和人民呼
救，也不容許中國先進人士從容地由較長期的思想啟蒙，再進到革
命，甚至於沒有給予這樣的條件，從戊戌變法到新文化運動的結
局，都清楚地顯示了這一點。魯迅就深有感慨地說，中國的問題，
就是「這許多事物擠在一處，正如我輩約了燧人氏以前的古人，拼
開飯店一般，即使竭力調和，也只能煮個半熟……」[124]。至於在這
方面的缺陷及其後遺症，我們在上章已有論述。

　　孫中山的思想文化近代化的行進方向是什麼呢？綜觀其行進
歷程及趨向，有三個方面。

　　一個是民族化。1890 年孫中山致鄭藻如書裏就提出他對人
才、風俗、教化、國家強弱的觀察著眼點是「遠觀歷代，橫覽九
州」[125]，即把中國歷史與世界進化相結合。此後，他談到中西文明
關係時，常以中華民族夙具悠久的燦爛的文化而自豪。他說：「幾
世紀以前，中國為現代世界上各文明國之冠。到了現在，中國文化
停滯，西方各國駕乎我上，我反瞠乎其後，這全由於中國政治背道
而馳。」[126]因此，他因羅素讚美中國文化超過歐美而稱他為「有很
大的眼光」的「極大的哲學家」[127]，因泰戈爾主張復興東方文化，
激揚民族精神，推進民族解放運動，而對他特別欽仰。他之強調民
族文化不是過去文化的簡單恢復，而是和西方先進文化相匯合，或

---

[124] 《魯迅全集》第 1 卷，北京，人民文學出版社，1956 年，第 416 頁。
[125] 《孫中山全集》第 1 卷，第 2 頁。
[126] 《孫中山全集》第 9 卷，第 151 頁。
[127] 《孫中山全集》第 9 卷，第 248 頁。

者說，為了更好地謀求思想文化近代化。他指出：「恢復我一切國粹之後，還要去學歐美之所長，然後才可以和歐美並駕齊驅。如果不學外國的長處，我們仍要落後。」而且正由於「中國人有了很好的根底和文化，所以去學外國人，無論什麼事都可以學得到。」這裏，他主要指物質文明，他說：「外國的長處是科學」，是物質文明，是發展生產力。他以日本學習歐美文化「不過十幾年便成為世界中列強之一」為鑒，認為「中國人的聰明才力不亞於日本，我們此後去學歐美，比較日本還要容易」[128]。總之，他要學外國物質文明，其目的也是為了振興中華民族，並且相信這也會「後來居上」。

對於心性文明，孫中山認為中西雖各有長短，但「勝彼者亦間有之」[129]。甚至想以「勝彼者」促進亞洲和人類的解放。他以「王道文化」和「霸道文化」來區分東西文化，並不科學恰切，但他本著把世界上的民族分為壓迫民族和被壓迫民族的劃分辦法，把文化思想也分成壓迫人的文化和受壓迫人的文化，對激發被壓迫人民的民族自尊心，奮起反對壓迫者、殖民者、霸權主義者，還是有意義的。由於東方除日本以外，絕大多數處於殖民地半殖民地和依附國的被壓迫地位，因此，東方民族主義思潮的興起，是 20 世紀世界政治文化中具有歷史意義的事件。那時或在這以後，不管各國興起的社會政治文化思潮具有各自的傳統特點，並有各自不同的發展歷程，但都在不同時期不同程度地具有反殖民主義、革命民主主義和社會主義的傾向或「現代化意識形態」。而上述傾向又必然和各個民族的發展特點及原有傳統相結合，形成多姿多彩的民族解放思潮和理論。孫中山在上述三者的結合方面雖在理論和實踐有不全如人處，但總的來說，他是結合得稍好的一個東方國家領袖人物。他力

---

[128] 《孫中山全集》第 9 卷，第 251-252 頁。
[129] 《孫中山全集》第 6 卷，第 180 頁。

圖振興並改造以儒家文化為主體的本國傳統文化，以便創造一種適應三者需要的新文化、新道德。他希望在恢復本民族地位後，「用固有的道德和平做基礎，去統一世界，成一個大同之治」，認為「這就是我們四萬萬人的大責任」[130]。這裏講的「固有道德和平」，就是他在 1924 年《民族主義》演講裏按照人與人、國與國之間應該平等和睦相處的原則重新闡釋過的「忠、孝、仁、愛、信、義、和平」。顯然，孫中山利用中國固有文化具有綜合的特點，在按照世界潮流進行過新的解釋後，想以此來涵蓋古今中外了，這不能不算一個十分可貴的嘗試。

　　孫中山這樣做的特殊意義還在於它和其時出現的「中體西用」以及全世界都要走「孔家的路」[131]的論調旨趣不同，也和他所推崇的羅素、泰戈爾等有同有異。孫中山的後期文化觀，是和他的堅決反帝反軍閥的激烈政治觀點和實踐緊相聯繫的，因而具有更令人注目的鮮明民族民主性，也更為帝國主義所忌憚，而為亞洲志士所敬重。曾和孫中山在東京、上海屢有交往的達斯（按可能係鮑斯）稱讚孫「為亞細亞之精神領袖」，「兼備孔佛耶之人格」[132]。日本持以對外擴張為主旨的大亞洲主義者，有的亦「主張應把儒教、佛教作為日、中、印三國提攜的連接點」[133]。但他們是把儒家的「忠」字作為宣導的主點，使它與對外擴張的武士道精神相結合；而對被侵略者則用儒家的「恕」、「中庸之道」等等進行說教。當孫中山於 1924 年 11 月北上反覆申明要堅決打倒軍閥及其後臺帝國主義的時候，《東京日日新聞》卻發表社論，警告孫中山：「切望自重」，要

---

[130]《孫中山全集》第 9 卷，第 252-253 頁。
[131] 陳崧編：《五四前後東西文化問題論戰文選》，中國社會科學出版社，1989 年，第 429 頁。
[132] 伍達光輯：《孫中山評論集》，上海三民出版部，1925 年，第 55 頁。
[133] [日]藤井昇三：《孫文之研究》，東京，勁草書房，1983 年，第 219 頁。

孫「以孔夫子之教『中庸』二字為經國之策」[134]。這自是和孫中山的思想南轅北轍。

另一個是大眾化。孫中山由於最初出身於農村的貧苦家庭，及長家漸富裕，但仍和下層群眾保持密切聯繫，代他們建言立說。他在要求改革時政時，就進行中外比較，痛切認為「天下之失教」，在於人民「不識丁者十有七八，婦女識字者百中無一。此人才[安得]不乏，風俗安得不頹，國家安得不弱？」主張興學會，辦學校[135]。他以歐美資產階級革命為榜樣，把自己進行的革命稱為「平民革命」、「國民革命」，即「一國之人皆有自由、平等、博愛之精神」[136]。他之撰寫〈孫文學說——行易知難（心理建設）〉，就是針對「國人社會心理」，以人民習聞樂見的「飲食」、「用錢」、「作文」等作為證明，引用古今中外的大量淺顯事例，來說明「行易知難」這一艱深哲理，「而出國人之思想於迷津」，以期達到「萬眾一心，急起直追，以我五千年文明優秀之民族，應世界之潮流，而建設一政治最修明、人民最安樂之國家，為民所有、為民所治、為民所享者也」[137]。到孫中山晚年，由於他已「以俄為師」，並對那時的社會主義運動和民族解放運動深切關注，因而對人民大眾的思想文化水準及其和世界潮流的匯通程度有著更高的估量。他不僅明確地制定了扶助農工、依靠廣大農工掀起國民革命高潮的政策，而且認定中國農民雖然沒有知識，「卻有一種成熟的智慧」，不僅比一些後進士人的文化高，而且「較西方各國的文化高的多」，他甚至認為「共和的概念」已成為「中國大部分人的基本文化，普遍於各方」。「他們雖不能寫讀」，但「他們很有瞭解政治的能力，經一度之說明，

---

[134] 同上書，第 210 頁。
[135] 《孫中山全集》第 1 卷，第 2 頁。
[136] 《孫中山全集》第 1 卷，第 296-297 頁。
[137] 《孫中山全集》第 6 卷，第 159 頁。

他們便恍然大悟」[138]。他認為「國民教育日益普及」，「勞動社會，業有所覺」，深信「今後農民亦能自覺，則中國之社會狀態，必能一新面目」。將來統一了的中國，「隨社會的進步，政治、產業、軍事、教育及其他方面，亦當漸次進步發展，當能成一大文明國，與日本並駕齊驅」[139]。上述估量雖有不切實之處，但確反映了孫中山對中國文化大眾化的一些思想。

　　第三個是科學化。孫中山在這方面也有一個知微而漸著的過程。從幼年搗毀神像，及長借用「無命無常」反對「君權天授」，舉起民族民主革命大旗；到撰寫《孫文學說》時，明確提出「夫科學者，統系之學也，條理之學也。凡真知特識，必從科學而來也。舍科學而外之所謂知識者，多非真知識也」。因此，任何事物「須以科學按之以考其實」[140]，即他在一則題詞所稱：「實事求是」[141]。

　　孫中山的科學化包括自然科學和社會科學的近代化。關於自然科學，孫中山不僅學醫，對其他學科諸如物理、化學、生物、工程建築、天文學、地質學等都有旁及，這可見於他的著作中。以《孫文學說》為例，列舉的就有分屬於英、法、德、美、希臘、日本等國的自然科學家 23 個。由於孫中山懂得自然科學，並力圖按照自然科學的本來面目去理解自然科學，乃至和人文科學相溝通，他不僅形成了進化唯物主義的自然觀，而且樹立了從物到思想的唯物主義認識論[142]。辛亥革命後，他日益明確地批判了尊孔、天命論和宗教神學相匯合的有神論，指出皇帝受命於天論，不過是「借此欺人，以證皇帝之至尊無上；甚或託諸神話鬼語，堅人民之信仰」[143]。他

---

[138] 《孫中山全集》第 9 卷，第 149-150 頁。

[139] 同上書，第 537 頁。

[140] 《孫中山全集》第 6 卷，第 200 頁。

[141] 〈謹謝孫中山先生賜字〉，上海《民國日報》1922 年 10 月 5 日。

[142] 參考蕭萬源：《孫中山哲學思想》，北京，中國社會科學出版社，1981 年。

[143] 《孫中山全集》第 6 卷，第 25 頁。

批駁命定論，指出：「至今科學昌明，始知人事可以勝天，凡所謂天數氣運者，皆心理之作用也」[144]。他指斥「俗尚鬼神等封建迷信」浪費財產，「其數較鴉片為尤甚」，國家當予嚴禁[145]。他以人類歷史進化的事實揭露了宗教神權思想的產生，否定了神創論，指出宇宙萬物是物質進化的產物；並且指出：「科學的知識，不服從迷信」，而「宗教的感覺，專是服從古人的經傳，古人所說的話，不管他是對不對，總是服從，所以說是迷信」[146]。誠然他在對待宗教神學上仍有某種保留，其批判也不如同時激進民主主義者鮮明犀利，但他確實在當時潮流中堅持了中國近代思想的科學性。

對於社會科學，孫中山雖有較明顯的歷史唯心成分，但他堅持歷史進化論，堅持「以行而求知，因知以進行」[147]。這樣，他能通過對中國和世界進行不斷地審視，增加瞭解，推進自己的認識，改善和提高自己路線、方針、政策和策略。他力圖適應第一次世界大戰後和俄國十月革命所引起的世界和中國的新變化，把目光從歐美轉向蘇俄，從資產階級獨力革命轉向吸收工農參加的中國各民主力量共同致力的合力革命。這一政治舉措雖和激進民主主義者所大力揭舉的民主和科學兩面大旗似不相同，但激進民主主義者在「科學」涵義上的反對「迷信」和「無知妄作」與中山不信天不信神、不戀棧過去，力圖實事求是地總結過去，策劃未來，還是相通的。當激進民主主義者日益把他們勇猛衝擊封建頑固思想堡壘的銳氣，逐步轉向於徹底反帝反封建的政治、軍事鬥爭時，又成為孫中山領導的國民革命運動的勇猛鬥士了。

---

[144] 同上書，第 222 頁。
[145] 《孫中山全集》第 1 卷，第 13 頁。
[146] 《孫中山全集》第 8 卷，第 316 頁。
[147] 《孫中山全集》第 6 卷，第 199 頁。

　　從以上我們可以看到孫中山的中國思想文化近代化的發展趨向，是取鑒於西方，但又不同於西方。就是與同時期東方一些國家相比較，孫中山古為今用，改造儒家教義來服務於現實鬥爭，和當時東方國家的政治家、思想家、文學家常利用宗教改革來鑄成新的政治文化觀似同出一轍；但仔細考察，孫中山所作比起那些尚耽於神秘宗教的同輩乃至後輩們所為還顯得世俗化、平民化，並顯得較為科學，確具有中國特色。它是我們這個民族的，帶有我們民族的特性；但它構成一種欲為世界人民共認的世界文化的意圖。

　　誠然，推陳出新必然有一個歷程。孫中山在文化觀上也有許多新舊矛盾。他在強調改造舊文化、舊道德之時，還說要利用「宗教團體」、「家鄉觀念」二者做基礎，來把全國人民聯絡起來[148]。究其實，上述二者是產生於古代亞細亞生產方式的東方專制主義的基礎。孫中山歷來主張大力發展工商業特別是交通事業，原本具有消除以家庭為單位的自給自足的自然經濟和人與人、村與村、地區與地區、國與國相隔絕的狀態，促使人民增強交往瞭解、團結禦侮和共同建設中國以及共建世界一體化的良好意圖；在政治思想上，孫中山也歷來強調消滅帝王思想。但是，由於中國的現實經濟狀況既不可能驟然改觀，傳統文化又特別悠久深厚；而正在奔騰前進的世界潮流，既有尚在發展的資本主義，又有策劃將來的社會主義。包括孫中山在內的許多先進中國人都想吸收世界上已有成果，制訂出拯救和發展中國乃至改造世界的最佳方案。因此他們的思想中往往更多地交織著過去、現在、將來三種成分，更常借取甚至有意美化過去歷史人物或事件，來證明其所進行事業的延續性和正當性。這樣製作的政治文化觀，既有正確選擇的傳統精華，也難免有缺乏正確瞭解或隨意解釋的現象，甚至有依附某種過時的傳統而與時代潮

---

[148]《孫中山全集》第 9 卷，第 238 頁。

流不相適應的情形。而就總的趨勢看，孫中山的政治文化觀始終處在探索前進中。

第五節　亟欲鑄造適應世情國情的新人

中國政治、經濟、思想文化的近代化自是要由人來宣導和實行，並且始終是以人的理解、支持的程度來決定近代化的進程，而中國的近代化又是以歐美先進國家為參照，因此，孫中山在積極謀求中國近代化時，就迫切要求近代中國人成為合乎時代需要的新人，並努力從世情發展中找鏡鑒。

早在 1890 年的〈致鄭藻如書〉裏，孫中山就根據中國和世界的歷史和現狀，深感於國家之所以衰弱，關鍵在於人才缺乏，人的滯後，因而必須多設學校、加緊培育人才，增長智力。隨後在〈上李鴻章書〉裏又認為歐美諸國之所以崛起近世，其重要原因之一是「庠序學校遍佈國中，人無貴賤皆奮於學」，「故人之靈明日廓，智慧日積也」，而且人才眾多，他們稽古推今，「翻陳出新，開世人無限之靈機，闡天地無窮之奧理」，窮新理，創新器，「此泰西各種學問所以日新月異而歲不同」。所以執政者必須「教養有道」、「鼓勵以方」、「任使得法」，達到「人能盡其才」，臻國家於富強的目的[149]。他在籌畫民主革命和建設的過程中，始終重視人的革命精神和近代化，他指出「革命為世界潮流，亦即為順天應人之事業」，「志士仁人不可不勉」[150]，因而人必須具有革命精神。他認為：「夫國者，人之積也。心者，人之器也。國家政治者，一人群心理之現象也。是以建國之基，當發端於心理。」[151]「是故政治之隆污，繫乎人心

[149]《孫中山全集》第 1 卷，第 9-10 頁。
[150]《孫中山全集》第 6 卷，第 10 頁。
[151] 同上書，第 214 頁。

之振靡」，為「應世界之潮流」，鑄造「民國建設之資材」，孫中山
特撰《建國方略》，其首部即為《孫文學說》，即心理建設[152]。孫中
山對國家和人的關係的看法自不全面，但他對人心及其導向──革
命化近代化之重視，於此已經凸現。

　　孫中山認為世界進化首先是「人同獸爭」、「人同天爭」[153]，即
人同自然爭。人類的生存和發展就是征服自然的過程。他作為受過
西方較完整的醫科教育的民主革命家，在看待人和自然的關係時，
既繼承了中國古代的樸素的唯物觀，更因其具有西方自然科學知識
基礎，而接受了西方進化唯物主義的自然觀[154]，即承認物質先於人
的認識而存在，人對自然的認識和由自然支配變為支配自然都有一
個過程，而且深信人終於能征服自然，成為自然的主人。比如，他
說：「元始之時，太極（此用以譯西名『伊太』也）動而生電子，
電子凝而成元素，元素合而成物質，物質聚而成地球」[155]，顯然是
接受了當時西方自然科學的研究成果。雖然後來「伊太」（今譯乙
太）為物質始初基因說被 20 世紀的自然科學實驗所否定，但孫中
山已明確地把自然看作先於人而產生的物質體，並指出隨之依次出
現的物種進化時期，人類進化時期是人類逐漸形成和征服自然的時
期，是人類不斷進化，逐步成為自然主人的時期。孫中山還進而看
到進入世界近代以後，在歐美更呈現出：「世界開化，人智益蒸，
物質發舒，百年銳於千載」[156]的情景。對於這種人和自然關係的日
新認識，孫中山自稱深受達爾文《物種起源》的啟發，「由是乃知
世界萬物皆由進化而成」，他還稱道了德國哲學家斯賓諾沙、萊布

---

[152] 同上書，第 157-159 頁。
[153] 《孫中山全集》第 9 卷，第 258 頁。
[154] 蕭萬源：《孫中山哲學思想》，第 33 頁。
[155] 《孫中山全集》第 6 卷，第 195 頁
[156] 《孫中山全集》第 1 卷，第 288 頁。

尼茲、天文學家拉巴剌、地質學家利里、動物學家拉麥等歐美科學
家之「為進化論開先河」。由此他認識到「夫進化者，自然之道也。
而物競天擇，適者生存，不適者淘汰，此物種進化之原則也。」[157]
這裏，孫中山不僅瞭解了人的原質、形成和發展過程，對自然的作
用和時人必須在征服自然、獲取物質財富中進行競爭，求得人的自
身的生存和發展等道理亦有領悟；而且，他據此制定了對付列強奔
競角逐於中國、迅謀中國人民免遭內外反動勢力奴役、為中國人民
謀求最大幸福的綱領和方案。這種思想在孫中山著作中多有反映；
而且隨著孫中山建設計畫的恢宏和細密，他對人的素質的要求也越
高，他提出同西歐近代人文主義者的「知識就是力量」相近的命題：
「學問為立國根本」，認為「東西各國之文明，皆由學問購來」，「世
界進化，隨學問為轉移。自有人類以來，必有專門名家來發明各種
專門學說，然後有各種政治、實業之天然進化」[158]。他除了提倡廣
興學校、大力培養人才外，還提出要利用外國人材和先進的外國方
法[159]，以增強中國人征服自然的力量。

世界既然在不斷進化，作為人，就必須承擔起不斷推陳出新，
即改造舊社會，建設新社會的任務。在這當中，人的價值觀的更新
尤為關鍵。不過，孫中山在中國的情勢下，主要是謀求人在集體中
價值觀的更新。與西方人文主義者追求個人的自由、平等，然後擴
及到民族和國家的自由、平等不同，孫中山因憤於社會不平等、民
族不平等，才產生要求改革和革命的思想。他早就認識到：「方今
世界文明日益增進，國皆自主，人盡獨立」，因此決不能「坐圈此
三等奴隸之獄以終古」，只有推翻清王朝才能「力圖自主」[160]。否

[157] 《孫中山全集》第 6 卷，第 194-195 頁
[158] 《孫中山全集》第 2 卷，第 423 頁。
[159] 同上書，第 460 頁。
[160] 《孫中山全集》第 1 卷，第 172 頁。

則,「又從何處發行這獨立的學說?又從何處培養起國民獨立的性根?」[161]它表明,在中國這塊既遭帝國主義鐵蹄蹂躪又受滿清貴族封建專制統治的土地上生長出的自由、平等要求,一開始就具有先圖解決國家民族生存權、先求國家民族自由平等的特點。孫中山在1895 年的〈香港興中會宣言〉中就明確表示,他之所以要進行民主革命,是因為「蓋中國今日政治日非,綱維日壞,強鄰輕侮百姓,其原皆由眾心不一,只圖目前之私,不顧長久大局。不思中國一旦為人分裂,則子子孫孫世為奴隸,身家性命且不保乎!急莫急於此,私莫私於此」。而其所提辦法,主要是圍繞著「振興中華,維持國體」[162]。他在早期雖也聲討譴責過清王朝「塗飾人民之耳目,錮蔽人民之聰明」、不讓人民與聞世事國事等等[163],但極少談到人們應享受人權的問題。1907 年 6 月,孫中山在河內接見《時報》記者羅德(Jean Rodes)時表示:「我們也要求人權,像法國大革命所作的一樣」,但同時又強調「目前中國思想和風俗的特性,這個計畫將會和歐洲的概念有很大的差別」[164]。這表明他在此處講的「人權」,是與反專制建民國相聯繫,與西方「人權」概念亦不全同。

誠然,孫中山對自由平等的解釋,根據各個時期的情況及其對中國實際適應程度的理解而顯有變化。但他一直肯定「平等自由的學說也是由歐美傳進來的」。他雖認為中國人早就獲得自由,而且「極其充分」,所以「中國革命不主張爭平等自由,主張爭三民主義」,但又說:「三民主義能夠實行,便有自由平等」[165]。實際上應該說,

---

[161] 同上書,第 281 頁。

[162] 同上書,第 22 頁。

[163] 同上書,第 51 頁。

[164] [法]巴斯蒂:〈法國的影響和各國共和主義者團結一致:論中國和法國政界的關係〉,中國孫中山研究學會編:《孫中山和他的時代》(上),北京,中華書局,1989 年。

[165] 《孫中山全集》第 9 卷,第 281、293 頁。

孫中山始終注重爭自由平等。不過，他宣稱要爭的「是人民的自由，
人民的平等，不是個人的自由平等」[166]。他認為「歐洲從前因為太
沒有自由，所以革命要去爭自由，我們是因為自由太多，沒有團體，
沒有抵抗力，成一片散沙」，因而無法抵抗帝國主義侵略，「要將來
能夠抵抗外國的壓迫，就要打破個人的自由，結成堅固的團體」[167]，
即要犧牲個人自由，去爭取國家民族的完全自由。據此，他強調：「中
國人現在所要的是紀律不是自由」[168]。對此他又解釋說：「從事革命，
成功而後，匪獨公眾之福，抑亦私人之利」[169]。也就是說，個人自
由能寓於群體、國家、民族自由之中。關於平等，孫中山早年主張
天賦的人人平等，晚年則把平等細分為人為的和天賦的兩種，他主
張人為的封建等級的不平等應該堅決剷除，因為「在特殊階級的人
過於暴虐無道，被壓迫的人民無地自容，所以發生革命風潮來打不
平」。但他反對美國〈獨立宣言〉、法國〈人權宣言〉所提出的「天
賦平等」論，認為「各人根據天賦的聰明才力自己去造就，因為個
人的聰明才力有天賦的不同，所以造就的結果當然不同。造就既是
不同，自然不能平等」。而強要實現「聖、賢、才、智、平、庸、愚、
劣」一律在地位上的平等，則是不應有的「假平等」[170]。據此，他
認為世界人類可按天賦分為三類：「有先知先覺者，有後知後覺者，
有不知不覺者，先知先覺者為發明家，後知後覺者為宣傳家，不知
不覺者為實行家。」[171]對於孫中山政黨自由平等觀，史學界多有論
述，看法亦有異。孫中山這種爭取國家人民的自由平等應高於爭取
個人自由平等、甚至應犧牲後者來實現前者的自由平等觀，確有異

[166] 《孫中山集外集》，第 305 頁。
[167] 《孫中山全集》第 9 卷，第 281-283 頁。
[168] 《孫中山集外集》，第 306 頁。
[169] 《孫中山全集》第 6 卷，第 39-40 頁。
[170] 《孫中山全集》第 9 卷，第 285-286 頁。
[171] 《孫中山全集》第 9 卷，第 298 頁。

於歐美，很值得研究。這必須結合中國國情和當時實際來全面考察。當時中國正面臨著緊迫的民族危機，民族國家確處於必須迅即奮起完成民族和政治、經濟解放的緊急關頭；而中國資本主義發展的較遲較弱和資產階級知識份子群的遲至 20 世紀初才出現（而且大多數資產階級知識份子還剛從封建知識份子中脫胎而來），近代思想啟蒙工作雖已開始，但受到很大局限；占中國絕大多數人口的農民則仍緊緊束縛於分散的自給自足的自然經濟和由此決定了的封建宗法思想羅網中，加上封建政府厲行愚民政策，因而他們不瞭解也無法關心國家和世界大事，確如「一盤散沙」，亟需增多促進其民族民主革命覺悟的凝聚劑。但在當時條件下，他們不可能也難於接受在知識份子中開始傳播的啟蒙思想。於是，就出現了時代緊迫需要與落後現實、少數有資產階級覺悟的社會精英與絕大多數理應充當民主革命主力軍卻仍是有如散沙的多數中國人民的一時難以克服的差距。結果，心懷時代緊迫使命感的孫中山等革命黨人也就首先號召中國人民革命救亡，而無暇做很多西歐式的思想啟蒙工作了。他們首先考慮的是爭取民族的自由、平等，而不是個人的自由、平等。在這方面，孫中山等革命派對思想啟蒙的重視還不如維新派嚴復、梁啟超等人，因為後者對付時局的緩進主張，尚容許他們在過渡時期想做一些「新民」的工作。不過，即是強調過「小己自由」的嚴復，也認為「小己之自由非今所急，而以合力圖……為自存之計」[172]；提出過「新民」的梁啟超也以孟子所提「新子之國」[173]為目標，後更附從國家主義，終歸置國權於人權之上。可見，這在中國幾乎是一種必然現象。儘管這種思想主張有其矛盾和局限性，但它曾在綿延不絕的政治鬥爭中起過牽動人心的作用。

---

[172] 嚴復：《法意》卷 18 按語。
[173] 《辛亥革命前十年間論選集》第 1 卷（上），北京三聯書店，1960 年，第 120 頁。

　　孫中山的自由平等觀，由「天賦人權、胥屬平等」[174]，訂定「中華民國人民一律平等，無種族、階級、宗教之區別」和人民得享有保有財產及營業之自由，言論、集會結社、居住遷徙等自由[175]，到國民黨「一大」宣言按照反對或效忠帝國主義、軍閥準則而決定是否享有自由及權利[176]。有人認為孫中山的民權觀揚棄了天賦人權觀，是在人權觀上的後退。實際上西方早期人權觀在歐美各國也按其實際不斷修訂補充。乃至今天，一些歐美國家尚視民族利益、國家利益為至上，而置別國人民權益於不顧。有如當年孫中山對列強的世界主義宣傳所譴責的那樣，實要以「做全世界的主人翁」自居[177]。

　　要謀社會進步，必須充分發揮人的獨立自主的人格和精神，需要自律而不是律於他人，需要自由地開拓和享受，富有競爭向上的熱望。孫中山主要地注重喚醒人的政治覺悟，力圖喚起人們對民族國家的忠誠和熱愛，作出奉獻和犧牲，而較少呼喚人們的深層次的倫理覺悟。但如果細加考察，還是可以看到他注重的政治覺悟裏含有不少倫理覺悟的要素。所謂「倫理覺悟」，主要是要衝破以三綱五常為經緯的封建現實羅網，獲得人性的解放，其中特別是忠君思想。而孫中山在決志革命之初，就是要推倒封建帝制，創建由人民當家作主的共和國。他對忠君思想屢加無情的揭露、鞭撻，並為推倒帝制而奮鬥不懈；他反覆在文告、演講、談話等等當中，不斷宣傳革命的主義、思想來批判和取代「謹庠序之教」、「克己復禮」[178]的儒家教條；他要人們努力研究革命道理，瞭解並信從他的革命主

---

[174] 《孫中山全集》第 2 卷，第 244 頁。
[175] 同上書，第 220 頁。
[176] 《孫中山全集》第 9 卷，第 120 頁。
[177] 《孫中山全集》第 9 卷，第 216、326-327 頁。
[178] 陳戌國點校：《四書五經》，嶽麓書社，1991 年，上冊，第 39、67 頁。

義，養成革命的道德，共同努力奮鬥，來為中國和世界人民打不平，創造一個美好幸福的大同世界。作為儒家修身之道——格物、致知、誠意、正心、修身、齊家、治國、平天下（《大學》）[179]，因其灌注上述革命精神而煥然全新；希望出現「由一家及一鄉、一縣、一省、一國，於數年中務使人人皆知共和之良美」；並可有效地抵禦外來侵略，實現世界大同[180]。孫中山還按照民主革命和建設的需要，並以世界或其他某些先進國家為例，重新解釋了儒家的其他修身教條，如儒家的三達德——「知、仁、勇」（《中庸》）[181]，他認為知應包括「別是非」、「明利害」、「識時勢」、「知彼己」，即應通曉世情國情，明白衛國衛民的道理和職責，國家要如「英、美之待軍人」，軍人亦如英、美之「爭以死力以衛國家」[182]。「仁」包括「救世之仁」、「救人之仁」、「救國之仁」。行「仁」就是實行三民主義，而三民主義又是感應於歐美曾有過的種族、政治、社會三種革命而產生[183]。「勇」係指「長技能」、「明生死」，即「須為有主義、有目的」、「有知識」之勇，即做既願為主義犧牲，又能適應時代要求應對時艱的勇士。他特別提到俄國軍人「皆有主義、有目的，故能與農工聯合而改造新國家」[184]。不過。孫中山談論到上述問題時，雖係關乎自律、人格、精神、自我開拓、開展鬥爭，但幾乎都是以服務於國家、民族為目的。比如他講人格救國，主要指「充分的團體人格」[185]。而沒有談到個性解放與個人人格獨立，不像西方近代人文精神那樣是追求自我的充分自由，然後以之實現於外界。

---

[179] 陳戊國點校：《四書五經》，上冊，第 1 頁。
[180] 《孫中山集外集》，第 62 頁；《孫中山全集》第 9 卷，第 249-253 頁。
[181] 陳戊國點校《四書五經》第 10 頁。原文為「知」，孫中山改為「智」。
[182] 《孫中山全集》第 6 卷，第 17-20 頁。
[183] 《孫中山全集》第 6 卷，第 22-29 頁。
[184] 《孫中山全集》第 6 卷，第 39 頁。
[185] 《孫中山全集》第 8 卷，第 324 頁。

就文化心態而言，孫中山顯然不滿足於「一簞食、一瓢飲」、居陋巷而不改其樂[186]的倫理樂觀主義，而是不僅具有近代資產階級功利主義的情懷，並且與更美好的社會主義理想相結合。他要求人民以科學的樂觀戰鬥的精神，爭取富裕而公平的未來。這些在前面已有論述。

綜上所述，孫中山要鑄造的中國新人，是既具有近代歐美人的某些一般特徵，又是近代中國社會歷史環境所能鑄造的、並望能適合中國現時亟需的人。不過，由於終孫中山之世，他要實行的革命和建設都遠未完成，鑄造中國新人的設想也遠沒有實現。而就其發展趨向看，在中國與歐美存在社會歷史條件較大差異的情況下，兩者新人的鑄造方式、途徑與成效亦有其不同，這是勢所必然的。對於研究者來說，就是要找出其異同，加以歷史地說明。

第六節　「和平，奮鬥，救中國」

「和平、奮鬥、救中國」，是孫中山臨終時針對「革命尚未成功，同志仍須努力」[187]的呼喚。它反映了孫中山和中國人民的夙願和理想，也反映了中國這個愛好和平的民族的自我認定和認識世界、期盼世界永久和平的出發點和崇高的理念。因為中國是一個歷史悠久、地廣人眾的大國，它和世界緊相關聯，且舉足輕重，故拯救中國於不平等、不和平的深淵，實為拯救世界於不平等、不和平和不斷爭鬥的惡劣國際環境，以臻於世界大同的主要組成部分，甚至可以說是關鍵部分。因此。這一臨終呼喚，喊出了中國人民和世界人民的心聲。

---

[186] 陳戌國點校：《四書五經》第 27 頁。
[187] 《孫中山題詞遺墨彙編》第 95 頁。

　　這一呼喚自非偶然，是孫中山適乎世情國情，在實踐中不斷總結歷史經驗，體察現實，並日益充實提高認識的結果。

　　孫中山觀察中國和世界的一個重要出發點就是：「愛和平就是中國人的一個大道德，中國人才是世界中最愛和平的人」。「我們中國四萬萬（人）不但是很和平的民族，並且是很文明的民族」[188]。所以，中國人很講求「順乎自然」的「王道」，反對以武力壓迫人的「霸道」；「我們要將來治國平天下，便要先恢復民族主義和民族地位。用固有的道德和平做基礎去統一世界，成一個大同之治」[189]。並強調「有道德始有國家，有道德始成世界」[190]。這些話是他晚年講的，追溯其早年，他就說過：「我國民之論古者，莫不傾慕三代之治」，也就是傾慕和平、和諧的治世；並表示：「余為世界一平民，而人道之擁護者」[191]。他在 1904 年撰寫〈中國問題的真解決〉中又宣稱：「中國人的本性就是一個勤勞的、和平的、守法的民族，而絕不是好侵略的民族，如果他們確曾進行過戰爭，那只是為了自衛……如果中國能夠自立，他們即會證明是世界上最愛好和平的民族」[192]。1912 年 1 月 1 日，他在《臨時大總統宣言》裏又莊嚴宣佈：新建共和國對內實行五個統一，以此圖國內之安定和平；對外「持和平主義」「且將使世界漸趨於大同」[193]。在這年 10 月，他所作關於社會主義的演說中，把社會主義等同於人道主義，它「實為人類的福音」，「普遍普及，地盡五洲，時歷萬世，蒸蒸芸芸，莫不被其澤惠。」「實欲使世界人類同立於平等之地位，富則同富，樂

---

[188] 《孫中山全集》第 9 卷，第 230 頁。
[189] 《孫中山全集》第 8 卷，第 186 頁，253 頁。
[190] 《孫中山題詞遺墨彙編》第 131 頁。
[191] 《孫中山全集》第 1 卷，第 172 頁。
[192] 《孫中山全集》第 1 卷，第 253 頁。
[193] 《孫中山全集》第 2 卷，第 2 頁。

則同樂」[194]，達到永久和平的佳境，即他多次演講或題詞所引用的
《禮運‧大同篇》「大道之行也，天下為公……」的大同盛世[195]。
這就是說，實現永久和平的理想，就是實現社會主義、世界大同。

　　在極其不平等自也是充滿爭鬥的中國和世界，要實現和平尤其
是永久和平，自是十分艱難的。這需要不斷的奮鬥，包括政治、軍
事、經濟、思想文化等方面的鬥爭，其方式有武裝鬥爭與和平鬥爭，
或者二者兼用。身處上述荊棘叢生、路多險阻且風雲多變的極其複
雜歷史環境的孫中山，正如他自己題詞所稱：「天地本逆旅，道義
憑仔肩」；「從容乎疆場之上，沉潛於仁義之中」[196]。他確為爭取和
維護中國與世界和平嘔心瀝血、艱苦奮鬥了一生。由於近代中國是
一個深受資本——帝國主義和封建主義雙重壓迫的國家而且壓迫
者極其兇殘而又頑固，故中國人民雖欲和平鬥爭而屢遭阻撓乃至招
致更加殘酷的迫害，所以通過武裝鬥爭以救國救民，獲得解放與和
平成為近代中國一大特點。孫中山之所以亟圖和平，卻又只能致力
於武裝鬥爭為主的國民革命，即由此決定的。也就是說，孫中山是
把迫不得已的武裝鬥爭，作為爭取中國和世界和平的一種手段。

　　1894 年 6 月前，孫中山雖已對清王朝極為不滿，仍圖通過上
書李鴻章，「冀九重之或一垂聽，政府之或一奮起也」。但李寢閣不
報，隨著清王朝又「悍然下詔」，譴責並禁止「陳請變法之條陳」，
使得孫中山等「憮然長歎，知和平之法無可復施」，「然望治之心愈
堅，要求之念愈切，積漸知和平之手段不得不稍易以強迫」[197]。從
此，孫中山毅然揭舉廣州乙未反清義幟，謀建共和國。就在此時，
孫中山仍意在謀求中國和世界和平。他於 1897 年與日本志士宮崎

---

[194] 《孫中山全集》第 2 卷，第 510、517 頁。
[195] 《孫中山題詞遺墨彙編》第 4 頁
[196] 同上書，第 30、85 頁。
[197] 《孫中山全集》第 1 卷，第 52 頁。

寅藏談話中稱：他之所以要改封建帝制為美式合眾共和政體，係「觀支那古來之歷史，凡國經一次之擾亂，地方豪傑互爭雄長，互數十年不能統一，無辜之民為之受禍者不知幾許。其所以然者，皆由於舉事者無共和之思想，而為之盟主者亦絕無共和憲法之發佈也。故各窮逞一己之兵力，非至併吞獨一之勢不止。因有此傾向，即盜賊胡虜，極其兵力之所至，居然可以為全國之共主。嗚呼！吾同胞之受禍，豈偶然哉！今求避禍之道，惟有行此迅雷不及掩耳之革命之一法；而與革命同行者，又必在使英雄各充其野心。充其野心之方法，唯作聯邦共和之名之下，其夙具聲望者使為一部之長，以盡其材，然後建中央政府以駕馭之，而作聯邦之樞紐」。即希冀通過建立聯邦制共和國，「必不至如前此野蠻割據之紛擾」，而臻中國於長治久安」[198]。同時，孫又對外宣稱：「如果是由真正的中國人自治，他們就會和外國人和平相處，並且將和世界人民建立起友好關係」[199]。假如我們再把在這同時他表示的要為中國、東亞人民雪除被侮受壓恥辱，並為實現宇內之人道而奮鬥的話聯繫起來看，孫中山在19世紀90年代就已經繪出了爭取中國和世界和平的近景和遠景圖案的雛形，特別是確定了以共和革命作為中國通向和平的正確途徑。

此後孫中山與時俱進地完善和細化這一圖案，並努力付諸實踐。在為和平而奮鬥的過程中，孫歷經曲折。比如，民元孫中山等希望通過讓位袁世凱以換取中國和平統一，而其結果卻是在列強支持下，袁血腥鎮壓革命黨人，進圖復辟稱帝，迫使孫中山等武裝反袁數載。袁世凱垮臺後，北洋軍閥繼之而起，又毀棄國會約法，共和國形同虛設，又迫使孫中山等放棄再興的和平建國願望，進行了

---

[198] 《孫中山全集》第1卷，第173頁。
[199] 同上書，第106頁。

綿延數年的護法戰爭。1924 年 10 月北京政變，孫中山北上，謀與重掌北京政權的段祺瑞商談南北和平統一，但段卻罔顧民意，不讓一些民意代表與會，不願廢除一切不平等條約，使得孫中山最後謀求和平的策劃又遭扼制。但是，我們從「和平、奮鬥、救中國」這一臨終呼喚中，我們仍可看到，孫中山仍然熱望和平，如果我們把這一臨終呼喚和〈國事遺囑〉、〈致蘇俄遺書〉等聯繫起來看，我們可以看到孫中山對中國和世界和平的超過前此的最終認識境界和他設想的進到這一境界所必需創造的條件。

首先，在〈國事遺囑〉中，孫中山莊嚴宣稱：「余致力國民革命凡四十年，其目的在求中國之自由平等」[200]。在〈致蘇俄遺書〉中，他囑咐中國國民黨積極參與完成「由帝國主義制度解放中國及其他被侵略國之歷史的工作」，建立一個全世界的「自由的共和國大聯合」[201]。這樣，就可解除帝國主義加諸中國和一切被壓迫民族的羈縛，使中國和世界人民獲得自由平等，也就可臻中國和世界於永久和平的境域了。

其次，他囑咐國民黨人：「現在革命尚未成功，凡我同志，務須依照餘所著〈建國方略〉、〈建國大綱〉、〈三民主義〉及第一次全國代表大會宣言，繼續努力，以求貫徹。最近主張召開國民會議及廢除不平等條約，尤須於最短期間促其實現。」[202]揆諸上述幾個文獻，提到中華民族是最愛好和平的民族，中國內亂實有造於列強，不平等條約就是損害中國獨立、自由、平等的條約，而且許多被壓迫國家亦同此遭遇，因而必須反對列強和本國賣國腐敗政府，爭得民有、民治、民享國家的建立，打不平以底於平。才能有中國和世界的安定與和平；在像中國這樣一類工業不發達的窮國弱國，要迅

---

[200] 《孫中山全集》第 11 卷，第 639 頁。
[201] 《孫中山全集》第 11 卷，第 641 頁。
[202] 《孫中山全集》第 11 卷，第 639-640 頁。

速富強，就必須實行對外開放政策，利用外資、外國技術、外國人才，以外國之資本主義來造成本國的社會主義，使資本主義和社會主義兩種經濟相互為用，共促世界文明之繁榮和進步；並以此消除所謂列強之勢力範圍、商業戰爭、資本競爭和勞資階級鬥爭。「以謀世界永久和平之實現」[203]。如此等等，可以看到孫中山囑咐貫徹上述文獻，顯然寓存爭取中國和世界永久和平的深意。

最後，遺囑指明：「深知欲達此目的，必須喚起民族及聯合世界上以平等待我之民族，共同奮鬥」[204]，即先組成國內人民大團結，進圖世界人民大團結，聯合起來奮鬥，打破世界的不平，實現公理戰勝強權，宇內人道得以發揚，永久和平得以實現，以臻世界於大同。19 世紀以降，隨著中國和世界人民的日益覺醒和民族解放運動的逐步高漲，孫中山為此發出的聲音日益高亢，其實踐亦益趨奮發積極，成為他的革命思想和革命實踐最具聲色並為世人欽仰的一個重要方面。對此，下面將作專門論述，茲不贅。

孫中山上述最終呼喚的發出，已歷八十餘年了，但直到今天，仍閃爍著奪目光輝，指引著人民前進的道路。

---

[203] 《孫中山全集》第 6 卷，第 247、397、398 頁。
[204] 《孫中山全集》第 11 卷，第 639 頁。

■ ■ ■
中山先生的世界觀

第二章　從寄望列強為主到實行健全之反帝國主義

　　19世紀末20世紀初，孫中山在諦視中國與世界現狀、並考慮中國的前途時，既有觸目驚心的列強瓜分中國和世界的情景，催促他速謀應對民族危機之策；而資本主義的文明現象，又使得他亟需參照列強的富強模式；加之，弱者常抱幻想，強者又善於耍弄陰謀手段，在列強奔走咆哮於中國和世界而又展開激烈角逐之時，孫中山要和眾多的帝國主義者和各種人士打交道，這確不是一件容易的事情，必然有一個認識不清到逐漸認清其真實面目、從難予對付到逐漸較好應對的過程。總的來說，孫中山對侵華列強的取向是由寄望為主轉到健全之反帝國主義。至於列強的範圍，孫中山曾解說：「歐戰以前，世界上號稱列強的有七、八國，最大的有英國，最強的有德國、奧國、俄國，最富的有美國，新起的有日本和義大利。歐戰以後，倒了三國。現在所剩的頭等強國，只有英國、美國、法國、日本和義大利」[1]。就這一時期與中國關係最大者而言，則以英、美、法、日、俄、德為主，本章亦本此稍多論述。

---

[1]　《孫中山全集》第9卷，第189頁。

第一節　辛亥革命預備時期對列強以寄望為主

　　孫中山自稱：他因憤於 1884-1885 年中法戰爭的失敗，「始決傾覆清廷、創建民國之志」[2]。鑒於 1894 年他還上書李鴻章，存和平改造中國之望，此語似有誇飾。但中法戰爭確實促成了他強烈要求改革、乃至萌發過革命的念頭。1894 年的中日甲午戰爭以及上述上書的失敗，則使他清楚地看到外則「強鄰環列，虎視鷹瞵，久垂涎我中華五金之富，物產之繁，蠶食鯨吞，已效尤於踵接；瓜分豆剖，實堪慮於目前，嗚呼危哉！」內則「中國積弱，至今極矣！上則因循苟且，粉飾虛張；下則蒙昧無知，鮮能遠慮，堂堂華國，不齒於列邦；濟濟衣冠，被輕於異族……夫以四萬萬人民之眾，數萬里土地之饒，本可發奮為雄，無敵於天下，乃以政治不修，綱維敗壞，朝廷則鬻爵賣官，公行賄賂；官府則剝民刮地，暴過虎狼。盜賊橫行，饑饉交集，哀鴻遍野，民不聊生。嗚呼慘矣」[3]。「於是憮然長歎，知和平之法不可復施」[4]，毅然發動反清武裝起義。這裏，孫中山確實道出了存在近代中國社會的兩大主要矛盾，即帝國主義與中華民族的矛盾和人民大眾與封建主義的矛盾。在清王朝已成腐敗政府和逐漸淪為洋人朝廷的情況下，革清王朝的命也就是革帝國主義的命。但是，如何看待和處理這兩大矛盾，也是當時包括孫中山在內的近代中國先賢的難題。孫中山雖認識到「蓋今日國際，惟有勢力強權，不講道德仁義也」，而「滿清政府今日已矣」，「終歸於盡而已」。但他深信中國「尚有一線生機之可望者，惟人民之發奮耳。若人心日醒，發奮為雄，大舉革命，一起而倒此殘腐將死之滿清政府，則列國方欲敬我之不暇，尚有何窺伺瓜分之事

---

[2]　《孫中山全集》第 6 卷，第 229 頁。

[3]　《孫中山全集》第 1 卷，第 21 頁。

[4]　《孫中山全集》第 1 卷，第 52 頁。

哉！」[5]他還有感於義和團民之勇於抗擊外國侵略，認為「然義和
團尚僅直隸一隅之民也。若其舉國一心，則又豈義和團之可比哉！
自保身家之謀，則支那人同仇敵愾之氣，當有不讓於杜國人民
（按：指南非洲的杜蘭士瓦人民的抗英戰爭）也。」他認定「分割
之日，非將支那人屠戮過半，則恐列強無安枕之時矣！此勢所必
至，理有固然也……所謂以民情而論，無可分割之理非以此哉！」
「且支那國土統一已數千年矣，中國雖有離析分崩之變，然為時不
久復合為一。近世五六百年，十八省土地幾如金甌之固，從無分崩
之虞。」[6]這些反映了孫中山對列強侵華的本質有所認識，對中國
的民族獨立和國家統一具有堅定的決心和信心。然而，在列強多次
對華侵略戰爭中，中國確處於落後挨打的弱勢；中國人民的覺醒和
奮起，特別是在謀建先進共和國方面的力量顯示，仍很不足，故孫
中山當時思想上產生了以下兩種傾向。一個是天真地寄望先進強國
能本著共謀進步的願望，理解和支持中國的民主共和革命。他表
示：「一旦我們革新中國的偉大目標得以完成，不但現在我們美麗
的國家將會出現新紀元的曙光，整個人類也將得以共用光明的前
景。普遍和平必將隨中國的新生接踵而至，一個從來也夢想不到的
宏偉場所，將要向文明世界的社會經濟活動而敞開」。這就不是「黃
禍」，而是「黃福」了，而且這將能「消除妨害世界和平的根源」，
「解除其他國家維護中國的獨立與完整的麻煩」。他還表示：「拯救
中國完完全全是我們自己的責任。但由於這個問題近來已涉及全世
界的利害關係。因此，為了確保我們的成功，便利我們的運動，避
免不必要的犧牲，防止列強各國的誤解與干涉，我們必須普遍地向
文明世界的人民，特別是向美國的人民呼籲，要求你們在道義上與

---

[5]　《孫中山全集》第 1 卷，第 234 頁
[6]　《孫中山全集》第 1 卷，第 223 頁。

物質上給以同情和支持……因為我們要仿照你們的政府而締造我們的新政府,尤其因為你們是自由的民主的戰士。我們希望在你們中間找到許多的辣斐德」[7]。另一個是針對列強在中國角逐、紛爭利益、瓜分中國的局勢。孫中山力圖運用策略,離間侵略勢力,減少中國民主統一的阻力。1897-1898年間,他就向日本友人宮崎寅藏如此透露心曲:「萬一不幸歐洲有聯之舉,鄙意必先分立各省為自主之國,各請歐洲一國為保護,以散其盟。彼盟一散,然後我從而復合之。其法以廣東請英保護,廣西請法保護,福建請德保護,兩湖、四川、中原為獨立之國。法、德一入我圈套,則必自解其與俄之從,然後我得以利啖之,使於專拒俄;或聯東西成一大從,以壓俄人東向之志。俄勢一孤,我可悠遊以圖治。內治一定,則以一中華亦足以衡天下矣!」[8]其策略運用方式雖與時俱變,但策略運用與幻想交織的情形,則貫穿在他的一生。就辛亥革命時期而言,上述兩種思想傾向都顯然可見,它體現在與一些主要列強的關係中,但因其多有幻想成分而多未奏效,乃至呈負面反應。

作為這一時期在中國擁有最大勢力範圍、對中國政局有重大影響的英國,既有眾所周知的從鴉片戰爭以來屢侵中國、割占香港的令中國人民屈辱的歷史記錄,又為孫中山最早接受西方教育和影響,並產生民主革命思想提供了主要場地。孫中山早年通過英國聖公會創立的檀香山意奧蘭尼學校接受了西方初等教育,繼在香港就讀數年,通過學習和觀察,他對香港殖民當局治理下的香港「秩序整齊、建築宏美、工作進步不斷,腦海中留有甚深之印象」[9];同時認識國政必須與商政並興,「英之能傾印度,扼南洋,奪非洲,

---

[7] 《孫中山全集》第1卷,第249-255頁。

[8] 《孫中山全集》第1卷,第181-182頁。

[9] 《孫中山全集》第7卷,第115頁。

並澳土者，商力為之也」[10]。以之與相距不遠卻很落後的家鄉相比
較，遂產生了要像英國此前之爭自由，「改革中國之惡政治」的念
頭[11]。1895年廣州起義時，英人康德黎、香港《德臣西報》主筆黎
德、《士蔑西報》記者鄧勤等均表支持這一起義。起義失敗後，孫
中山流亡英國倫敦，遭清王朝駐英使館拘捕。英國政府贊成「清使
館將其密送回國處置；而昔日英國人老師康德黎等則極力營救，並
得到英國輿論的支持，孫終於獲釋。事後，孫中山雖誤認為他因『賴
英政府之力，得蒙省釋』；但他對英國公民之『崇尚公德，好正義』」，
「益堪徵信」，「從此益知立憲政體及文明國人之真價值，敢不益竭
其愚，以謀吾祖國之進步，並謀所以開通吾橫被壓抑之親愛同胞
乎」[12]。孫脫險後，暫留倫敦一段時間，廣泛閱讀和考察該地政治
風俗，形成了三民主義的胚胎。上述經歷，就使得他立意規撫歐美
越過了英帝國給中國造成數十年屈辱的觀念，因而於1900年義和
團愛國運動發生時，出現了孫中山領銜上書英駐香港總督卜力的事
情，內稱：「深知貴國素敦友誼，保中為心，且商務教堂，遍於內
地。故士等不嫌越分，呈請助力，以襄厥成，願借殊勳，改造中國」；
並違心地表示：帝國主義與清王朝勾結鎮壓義和團為「平匪全交，
乃為至理」，請其「轉商同志之國，極力贊成，除去禍根，聿昭新
治」；並提出了以建立民主政府為內容的平治章程六則[13]；還望港
督促成革命黨人與時任兩廣總督的李鴻章合作，實行兩廣獨立。這
個平治章程僅提出建立「公權利於天下」的自治政府，並無共和民
主字樣，還商定由卜力暗中作保護人。卜力因擔心香港受三合會的
騷亂會引起華南的排外運動，故宣佈贊成兩廣獨立；但李堅持應詔

---

[10] 《孫中山全集》第1卷，第14頁。
[11] 《孫中山全集》第7卷，第116頁。
[12] 《孫中山全集》第1卷，第85頁。
[13] 《孫中山全集》第1卷，第191–194頁。

北上，卜力隨後也告誡「革新主義」的代言人，在廣東再謀起義，
「可能引起的對外國人的攻擊，會招致西方的干涉」;「建議他們不
要進行武裝起義」，並繼續不讓孫中山等在香港登岸[14]。孫只好折
回日本，另謀起事。他深感失望地說:「我不能在香港登岸，而我
本在香港受過教育」。並辯稱:「我們打算推翻北京政府，我們要在
華南建立一個獨立政府，我們的行動不會引起大亂。」[15]據記載:
當時孫中山說過港督及其政府曾放言，孫謀在南方起義，將會受到
義和團類似之重大打擊，所言「蓋係欲以兩廣為英國屬領，以擴展
其利益範圍」[16]。可見孫對英國政府的真實意圖是有所察覺，僅圖
通過策略運用來獲得英國的援助。隨後事實則表明這純屬一場幻
劇。惠州起義後「由於英國人偏袒清軍，在這裏逮捕了不少起義
者」[17]。此事件加以下面要論述的法國實際拒絕援助中國革命等事
件，使他認識到西洋之倡瓜分中國者，是深怕中國「若興新法，革
舊弊，發奮為雄，勢必至凌白種而臣歐洲」[18]。從 1900 年 6 月到
1905 年 3 月，孫中山六次想登岸進入香港，就近策劃國內革命，
均未被英國當局允准[19];加上，孫中山在 1903 年後，對康有為、
梁啟超等堅持的君主立憲制（亦英國現行政體）進行嚴厲批判，孫
對英國的態度已相當冷漠，經查閱 1900 年到辛亥革命爆發前的孫
中山言論其中僅一次提到英國。

在這一時期，孫中山和法國的關係則稍有不同。

---

[14] [美]史夫鄰著，邱權政、符致興譯:《孫中山與中國革命的起源》，北京，中
國社會科學出版社，1981 年，第 174-181 頁

[15] 《孫中山全集》第 1 卷，第 195-196 頁。

[16] 《孫中山集外集》，第 129 頁。

[17] 《孫中山全集》第 1 卷，第 209 頁。

[18] 《孫中山全集》第 1 卷，第 219 頁。

[19] 莫士祥:〈孫中山香港之行〉，張磊主編:《孫中山與中國近代化》（下），北
京人民出版社，1999 年，第 754 頁。

就在華利益而言，法國於列強中僅次於英、日、美、俄，而在德國之上，故對中國政局一直緊密關注，並極力施加影響。孫中山自述，其萌革命救亡之思，即起因於 1884-1885 年中法戰後中國之蒙受屈辱。但他在籌思改造中國方案時，他除崇尚美國民主聯邦制外，對法國之富強而又崇尚自由、平等、博愛，重視人權、人道，以及民主共和主義和社會主義思想先驅的層見迭出，十分欣羨、崇拜。[20]對法蘭西革命史亦早有閱讀，多有讚詞。因此，他因較長期抱著先進的民主共和國理應和必能支持中國共和革命的揣度和願望，於 1900 年 3 月首次聯繫法國政界人士，亟欲通過法國駐日本公使阿爾芒會見時任法駐印度支那總督韜美，並向法方送上一份〈我們的綱領和宗旨〉的文件。該文件稱：「由於法國的政體本身應作為我們的典範，法國在所有列強中是我們應向其要求幫助與支持的唯一國家」。承認和保證向法方提供較〈上港督卜力書〉更多的優惠，如允諾法國作為擬建的包括兩廣、滇、川、黔、湘、贛、閩諸省聯合建立的共和政府的保護者，對外商開放，取消釐金和出口稅，承認前期債務，尊重所有條約規定的權利，傳播西方文化和現代教育，吸收外資發展經濟和邀請外國專家在政府部門擔任顧問和指導員等。法國政府深怕孫中山親日疏法，但她又懷疑孫中山等革命黨人這樣做的能力，擔心與清王朝對立會有損已獲權益，故不贊成韜美與孫中山會商。孫的這一設想也隨著韜美的旋即離職回國而告寢。到 1905-1906 年，法國軍官布加卑等希圖改變法國政府對中國共和革命的保守消極政策，與孫中山及其追隨者多次接觸，他們代表法國欲乘支持中國革命之機，以取代日本在華地位的法國外交部和國防部的某些官員，欲乘機收集中國軍事、經濟情報，來實現上述企圖。孫中山等革命黨人時正策劃中國西南邊境起義，亟望

---

[20]　參見陳三井：《中山先生與法國》，臺北，臺灣書店，2002 年，第 1-25 頁、87 頁。

法國的印度支那殖民總督給予支持和援助。他向法國記者表示要在中國建立一個「社會主義共和國」;並宣稱:「總之,我們也是要求人權,像法國大革命所做的一樣」,但上述接觸又遭到對孫中山及其領導的共和革命持否定態度的法國外交部和殖民部高級官員的反對,無果而終[21]。孫中山誤認為布加卑係奉其陸軍大臣之命來助,是「當時外國政府之對於中國革命黨,亦多刮目相看。故法政府有贊助中國革命事業之好意」。可是,「未幾法國政府變更,而新內閣不贊成是舉,遂將布加卑等撤退回國」[22]。正是本著上述誤識,此後,他對法國仍多有讚詞,認為法國政府仍「大表同情於吾黨」[23],囑咐在法革命黨人多弘揚歐洲「科學、政理及歐洲時事(此門便可多引革命之事實)」以「銷於法人之留心東方時事者,並可招徠法商廣告,以補助報資」;對留法黨人「更擬在巴黎設一機關,以為聯絡法國有心人以助中國之革命,如土耳其人之得法人之助者」[24]亦表讚賞。他亟於借法人之助或容許中國革命黨人,發動西南邊境起義。可是法國殖民者卻對革命黨人在印度支那的活動諸多扼制。1907 年 9 月,革命黨人欽州防城起義失敗後,法國政府即因清王朝「許以重酬」,將在印度支那活動的革命黨人永久性拘留,孫亦被永遠驅逐出境。孫對此十分氣憤,認為這「適成為比較世界三大列強(按指日、英、法)的最好準尺」[25]。但是,正直的普通法國人對中國革命事業的真誠資助,孫始終銘記在心,在其後來所撰《有志竟成》中有所表彰。

---

21 參見[法]巴斯蒂:《法國的影響及各國共和主義者團結一致:論孫中山和法國政界的關係》,中國孫中山研究學會編:《孫中山和他的時代》上冊,北京,中華書局,1989 年。
22 《孫中山全集》第 6 卷,第 237-238 頁。
23 《孫中山全集》第 1 卷,第 512 頁。
24 《孫中山全集》第 1 卷,第 416 頁。
25 《孫中山全集》第 1 卷,第 359 頁。

與英、法比較，孫中山對美國的看法和交往都勝一籌。

孫中山一登上民主革命征途，即以建立美國模式的合眾國為奮鬥目標，直到晚年，才改崇中央集權制。初步統計，孫中山到過檀香山和美國大陸七次，周遊美國各地近百次，停留時間約九年半[26]。以辛亥革命前後最頻繁，因而對美國的歷史和現狀都有較多瞭解。早在 1896 年 10 月，他在《復翟理斯函》中表示他要步泰西之法，即首仰美國之華盛頓[27]。同時，他接受了美國的小資產階級社會主義者亨利‧喬治的土地問題的方案，成為他的民生主義的主要內容。他常把他的民主革命綱領──三民主義等同於西方國家宣揚的自由、平等、博愛和美國林肯提出的民有、民治、民享，更可見其對歐美政治、經濟的鮮明取向。他之一再宣稱要以美利堅合眾國為建國楷模，是因為「中國各大行省有如美利堅合眾國諸州，我們所需要的是一位治理眾人之事的總統」[28]。他稱讚美國文明、富強在列強中的領先地位。他說：「渡太平洋而至米國，見米國之人皆新，論米人不過由四百年前哥倫布開闢以來，世人漸知有米國；而於今的文明，即歐洲列強亦不能及」[29]。1900 年列強紛紛派兵來華鎮壓義和團運動。最富的美國擔心各國藉機變前此已擅占的在華勢力範圍為其殖民地，有礙美國藉其富強，施行經濟擴張的強烈貪欲。因而於這年 7 月 3 日發表了美國第二次門戶開放照會，聲稱美國尋求在「保持中國的領土與行政完整，保護各友邦受條約與國際法所保障的一切權利」的前提下，「維護各國在中國各地平等公正

---

[26] 陳三井：《中山先生與美國》，臺灣，學生書局，2005 年，第 2 頁，並參照秦孝儀主編：《國父全集》，臺北，近代中國出版社，1989 年，第 12 冊「地名索引」。

[27] 《孫中山全集》第 1 卷，第 46-48 頁。

[28] 《孫中山全集》第 1 卷，第 227 頁。

[29] 《孫中山全集》第 1 卷，第 278 頁。

貿易之原則」[30]。實際上美國和其他列強在強迫中國簽訂辛丑合約
之後,繼續施行和平擴張戰略,強迫清王朝與之簽訂保障其經濟權
益得以擴大的條約。孫中山雖對隨後日俄戰爭所顯示的列強對中國
武力爭奪有所認識,但對美國上述意圖卻缺乏認知,他於 1904 年
8 月發表了《中國問題的真解決》,呼籲美國人民認知因清王朝的
衰弱與腐敗,才出現「擾亂世界現存政治均衡局面之勢」;聲稱:「中
國人中還沒有絲毫排外精神的跡象」;中國共和革命勝利後,將建
立一個開明政府,實行對外開放政策,「國際貿易即可較現在增加
百倍」,美國和其他列強都會獲得「一個從來也夢想不到的宏偉場
所」為其銷售市場。這幾乎是對美國門戶開放政策的回應。但究其
實,如前所揭,此二者卻有以自主開放救中國和強迫中國開放以博
取更多權益的原則區別。

孫中山對美國的特別好感,還在於他在美國獲得較早較多的支
持者。當時作為美國屬地的檀香山是他恃以開展革命活動的最早基
地,興中會在這裏首先建立,就有約一百三十人入會,並盡可能地
捐助了一萬三千餘港幣[31],為隨後的廣州起義做了重要準備。20 世
紀初,他未受阻攔地在美國一些地方建立興中會分會並首先在美國
改造華僑洪門組織——致公堂,其後又擴展到他國,從而大大增強
了美國和世界各地區華僑對國內民主革命的信仰和支持。還令他欣
喜的是,他在美國真正找到了他熱切期盼的像辣斐德那樣的關懷和
幫助弱國爭取自由與民主的某種戰士。荷馬李就是一個典型的代
表。荷馬李於 1876 年初生於美國科羅拉多州的丹佛城,後搬到洛
杉磯,從中學開始,即關心中國情勢。他熟讀歷史,視英國詩人拜
倫援助希臘為美舉,認定「中國將是我的希臘」。他在美國加入了

---

[30] 復旦大學歷史系中國近代史教研組編:《中國近代對外關係史資料編輯
    (1940-1949)》,上海人民出版社,1977 年,第 2 分冊,上卷,第 136-137 頁。
[31] 馮自由:《革命遺史》第 4 集,第 4 頁。

致公堂，1900 年首次到中國實地考察，一度支持康有為、梁啟超的保皇活動，擬在美國建立維新軍。1904 年結識孫中山後，經致公堂重訂章程，他轉而支持孫中山和中國革命事業[32]。從此，與孫志同道合，深得倚重。孫於 1917-1919 年所撰《革命方略》中特書其援助中國革命黨人籌款事，稱之曰「美人同志」[33]。通過荷馬李，孫中山認識了美國退休銀行家布斯，1910 年 3 月，孫與荷馬李、布斯在洛杉磯附近長堤市三次會談，制訂了《長堤計畫》（又稱「紅龍計畫」），這個計畫的內容主要有：（一）中國革命黨暫行中止長江流域及華南地區準備未周的起義行動，改行厚積實力、充分準備、集中人力財力發動大規模起義的策略。（二）由孫中山以中國同盟會總理名義委任布斯為國外財務代辦人，向紐約財團洽商貸款，以應大規模革命起義之需；並由孫中山辦理各省革命代表簽署之檔，以為貸款之一項證據；（三）運送在美訓練之軍官若干，以充實革命武力；（四）貸款之總額，總計為三百五十萬美元，計分四次支付。」[34]又據另一記載稱：這一計畫還決定委任荷馬李為「司令」，有權統領由天地會員編成的五支革命軍和革命黨，且委任布斯為中國同盟會「唯一外國代表」，被授予「代行處理貸款和購買一切陸海軍需品的權利。支助這一行動的辛迪加保留了准予美國支持者貸款修建鐵路、開採中國礦區的批准權以及在臨時政府組成後重建中國經濟的貸款讓與權」[35]。為實施這一計畫，孫中山通過黃興徵詢同盟會同仁的意見。黃興於同年 5 月 13 日復孫中山函中，對此提出了質疑和意見，認為上述計畫「與此間所已得手運動之情

---

[32]　參閱陳三井：《中山先生與美國》第 68-71 頁。
[33]　《孫中山全集》第 6 卷，第 245 頁。
[34]　參閱陳三井：《中山先生與美國》第 72-73 頁
[35]　參閱陳錫祺主編：《孫中山年譜長編》，北京，中華書局，1991 年，上冊，第 492-493 頁。

形略有不同」，以及廣東必可由省城下手，且必能由軍隊下手；「聯絡他省之軍隊及會黨，此最宜注意者」；「軍人擬聘武員及各種技師，預備充組織及教練之用」，「頗有難處」；同時提出以廣州灣作為實現計畫中「訓練兵卒、接受器械之處」[36]。實際上，黃興是主張應倚恃自國力量，不贊同讓外人掌握革命大權。不過，孫中山此後一段時間，與荷馬李、布斯仍多有函電往返，商行該計畫，但布斯籌款計畫迄無法履約，這一計畫終成泡影。孫中山等乃轉而獨立籌集資金，旋在檀城召開會議，決計舉行廣州起義。紅龍計畫雖然告吹，但孫中山和荷馬李、布斯的友誼卻仍保持，布斯後來對他的兒子這樣說道：「孫中山先生是我一生中最使我難忘的朋友，也是我所見到最具有智慧、勇氣與毅力的偉人」[37]。可見，布斯與荷馬李一樣，堪稱孫中山革命事業的真誠支持者。誠然，這件事也表明孫中山過分依賴外力的失誤。

孫中山對日本的看法，則因其撲朔迷離的情景而顯得極為矛盾複雜。

孫中山終其一生，和日本人士打交道最多，有人統計 400 人以上[38]，包括日本軍、政、財、學界和民間人士。居留日本時間亦較任何一個外國為長，累計長達八九年。其革命進行和建設籌畫也對日本寄望最多最殷切，幾乎他經歷的一切重大事件都與日本有直接或間接的關係。其情節之錯綜複雜，也非其他國家可比，乃至今天，此中仍有不少疑團或懸案。因此，探討孫中山對日本認識的演進，不僅從中可以看到孫中山和日本這個至關重要的國家的關係及其對中國民主革命進程的影響，而且可以看到與這種關係相依存的廣

---

36 湖南省社會科學院編：《黃興集》，北京，中華書局，1981 年，第 17-21 頁。
37 陳三井：《中山先生與美國》，第 77 頁。
38 李廷江：《日本財界與辛亥革命》，北京，中國社會科學出版社，1994 年，第 152 頁。

泛國際背景以及孫中山據此作出的日本與其他列強的比較,從而促進著孫中山對列強的兩副面孔和包括聯合日本人民在內的民族民主力量共同反對包括日本侵華勢力在內的整個帝國主義的認識,日益貼合世界進步潮流和人群需要。

　　孫中山的早期對日觀,是指孫中山在辛亥革命準備時期對日本的看法。1894-1895 年的中日甲午戰爭以中國慘敗、被迫簽訂喪權辱國的《中日馬關條約》為結局。從此,日本崛起為東方侵略強國,臺灣和朝鮮淪於其鐵蹄之下,列強緣此掀起了第一次瓜分中國的狂潮,中國半殖民地化日益加深。孫中山於 1894 年春夏擬成《上李鴻章書》之時,正是朝鮮半島風雲日緊、日本侵奪朝鮮的野心已為路人皆知之際。在這一上書裏,孫中山表示要亟亟於「修我政理,宏我規模,治我軍實,保我藩邦」[39]。其後二者,更被視為當時之急務。這固然本於 19 世紀中葉以來的整個邊疆危機,而弦滿待發的朝鮮危機,顯系更現實的促動因素。他自稱:「中國之初醒,實在中日戰役之後,是時鄙人始倡政治改革之議,漸有和者」[40]。他於上書失敗後,決志革命,到檀香山組建興中會,在其於 1894 年11 月擬訂的《檀香山興中會章程》中,怒斥日本發動甲午戰爭是「剪藩壓境」;驚呼「蠶食鯨吞,已效尤於接踵;瓜分豆剖,實堪慮於目前」;申明創立興中會,就是為了「亟拯救斯民於水火,切扶大廈之將傾」,「振興中華,維持國體」,「以申民志而扶國宗」[41]。到 1895 年 2 月制訂《香港興中會章程》時,清朝軍隊又連遭慘敗,北洋艦隊已全軍覆沒,清王朝已決定屈辱求和,割地賠款。因此,在章程裏,孫中山對清王朝進行了更嚴厲的譴責;同時,更強調民族危機的深重和緊迫,指出:「中國一旦為人分裂,則子子孫孫世

---

[39] 《孫中山全集》第 1 卷,第 15 頁。
[40] 《孫中山全集》第 3 卷,第 19-20 頁。
[41] 《孫中山全集》第 1 卷,第 19 頁。

為奴隸」，「倘不及早維持，乘時發奮，則數千年聲名文物之邦，累世代冠裳禮儀之族，從此淪亡」[42]。他在 1897 年撰寫的《倫敦被難記》裏，也明確地稱這次戰爭是「日本命將遣師，侵入吾土」，「為敵國之相侵」[43]。

然而，歷史現象卻往往很矛盾。日本發動侵華戰爭，激使孫中山誓志於革命救亡；可是在其革命之初，即謀求日本援助中國革命。1895 年 3 月，甲午戰爭的硝煙未散，孫中山因聞「日本駐港領事言中國革命黨如果舉事，日政府可以暗助」[44]，乃到日本駐香港領事館訪晤中川恒次郎領事，表示他屬於「振興中國之會」，要求日本為他們籌措步槍 25000 枝，手槍 1000 枝，以便發動反清起義，「在兩廣獨立城立共和國」[45]。1897-1898 年間，孫與日本志士宮崎寅藏討論局勢時，贊同其所提建立「中東合同（意指中、日同盟）以為亞洲之盟主」，「用其方新之力阻西勢東漸之凶鋒」的建議[46]。這和 1895 年 3 月李鴻章與伊藤博文議和談判時所談：中、日提攜，「藉以與泰西爭衡，防止白色人種之東侵」[47]似無軒輊。1902 年孫在《支那保全分割合論》裏稱：他「曾親見有海諏父老，聞旅順已失，奉天不保，雀躍歡呼者」，甚至說是「我漢人遭虜朝荼毒二百餘年，無由一雪，今得日本為我大張撻伐」[48]。這和甲午

---

[42] 《孫中山全集》第 1 卷，第 21-22 頁。
[43] 同上書，第 52 頁。據澳大利亞學者黃宇和考證，《倫敦被難記》係康德黎代寫（見黃宇和：《孫逸仙倫敦蒙難真相》第 167-174 頁），但這裏提到的看法，較可信，當係孫中山與康德黎討論問題時所說。
[44] 馮自由：《中華民國開國前革命史》，革命史編輯社，1928 年，上編，第 13 頁。
[45] [日]狹間直樹等譯：〈中川恒次郎報告孫中山革命活動的信〉，《歷史檔案》，1986 年，第 3 期。
[46] 《孫中山全集》第 1 卷，第 181 頁。
[47] 轉引戚其章：《甲午戰爭史》，北京，人民出版社，1990 年，第 456 頁。
[48] 《孫中山全集》第 1 卷，第 181 頁。

戰爭在中國東北進行時，日本軍方情報人員宗方小太郎起草的《告十八行省豪傑書》內所說日本打進中國是「應天從人」，代中國人「問罪於北京朝廷」[49]亦似屬同調。而且，甲午戰爭後，與孫中山有交往的日本人士中不少是參加和支持發動甲午戰爭者。已可查明的近 50 人，如政界的井上馨，伊藤博文、松方正義、大隈重信、副島種臣、板桓退助、犬養毅、三浦梧樓、後藤新平、原敬、大石正巳、山座圓次郎、田鍋安之助、尾崎行雄、菅原傳、小池張造等，軍界的山縣有朋、桂太郎、寺內正毅、山本權兵衛、上原勇作、兒玉源太郎、長谷川好道、福田雅太郎、青木宣純、辻村楠造、多賀宗之等，財界的大倉喜八郎、澀澤榮一、山本條太郎、平岡浩太郎等，知識界的福澤諭吉、吉野作造、陸實、福本誠、柏原文太郎、伊東知也等，大陸浪人中的頭山滿、內田良平、曾根俊虎、島田經一、山田良政、高橋謙、岡本柳之助、的野半介、鈴木天眼、末永節、武田範之等，還有朝鮮親日派首領、曾任朝鮮內務大臣的朴泳孝等[50]。而像宮崎寅藏兄弟那樣堅持支那革命主義、拒不應徵參加侵華戰爭者則寥若晨星。可喜的是孫中山在中日甲午戰爭期間就結識了真誠援助中國的梅屋莊吉，首次見面時，孫就說：「我從康德黎老師那裏得知你是愛中國，關心亞洲前途的人，我明白這是真實的」。他們都反對中日戰爭，主張「中日兩國國民互相協助，以求避免中國和亞洲國家成為西歐的奴隸」[51]。隨後，孫中山還展示其抱負「是發動一次有如三十年前日本所發生的革命，希望中國實現日本化」[52]。

[49] 轉引《甲午戰爭史》，第 193 頁。
[50] 據段雲章參加主編的《孫中山辭典》（廣東人民出版社，1994 年）及其所著《孫文與日本史事編年》（廣東人民出版社，1996 年）中的資料整理所得。
[51] 《孫中山集外集》第 121 頁。
[52] 《孫中山集》第 1 卷，第 210 頁。

■ ■ ■
中山先生的世界觀

　　1900 年 9 月，孫中山攜一些日本人由日抵達臺灣，望由台轉至內地指揮惠州起義。他指望日本前首相伊藤博文「暗助一臂之力」，藉以士官，供給兵械[53]；並望日駐臺灣總督兒玉源太郎在孫中山應允助其平息當地叛亂的條件下，予以支助，在福建廈門接應起義軍。其結果則如孫中山後來回憶所稱：日本新內閣「禁止臺灣總督不許與中國革命黨接洽，又禁武器出口，及禁日本軍官投效革命軍者，而予潛渡之計畫乃為破壞。」而日本援華志士山田良政潛入海陸豐發動起義，被清兵捕殺。孫中山深為痛惜，稱「此為外國義士為中國共和犧牲者第一人也」[54]。後來，又親撰碑文，盛讚他為人道而犧牲，係「東亞之先覺」[55]。

　　日本參加了八國聯軍鎮壓義和團愛國運動，接著又與列強激烈爭奪在華權益。其時日本政界有立即參與瓜分中國和保全已淪為洋人朝廷的清王朝以維護和擴大在華權益兩種主張。與孫中山有密切關係的由日本官僚、政客、軍人、資本家和日本浪人組成的日本半官方團體——東亞同文會即把「保全中國」列入其綱領，孫對此頗表讚賞和期待。他於 1900 年 9 月 19 日答復日本記者說：他「既恨滿清之無道，又恨列強之逞雄，聯軍之進北，守文明之道者獨貴國耳」。他還表明中國「有識之士，甚畏分割也，且更畏外國之分割也」。他們「方期夫王土恢復，所以喜聞保全之論」[56]。該記者很可能是日本《東邦協會會報》所屬，而東邦協會創辦於 1890 年，其創辦宗旨內稱：「當此時際，以東洋先進自任之日本帝國，尤非詳審近鄰諸邦之現狀，對外擴張實力，藉以講求與泰西各國在東洋保持平衡之計不可」[57]。故 1901

[53] 《孫中山全集》第 1 卷，第 201 頁。
[54] 《孫中山全集》第 6 卷，第 235 頁。
[55] 《孫中山全集》第 3 卷，第 28 頁。
[56] 《孫中山年譜長編》，第 1 卷，第 243-244 頁。
[57] [日]東亞同文會編：胡錫年譯：《對華回憶錄》，北京，商務印書館，1960 年，第 468 頁。

年孫中山所寫《支那保全分割合論》亦首刊[58]於 1901 年出版之《東邦協會會報》。到 1903 年才為《江蘇》第 6 期轉載。

　　孫中山在這篇文章中，列舉了東西洋保全和分割中國的兩種論調，並聲明主要是就日本論調來談，指出其「兩無適可」。他在介紹保全論時雖也認為其持論是認為「支那為日本輔車唇齒之邦，同文同種之國」，「設使支那分裂，豈啻唇亡齒寒，是真鋤吾根本，傷我命脈，……為日本計，是宜保全支那，而保支那即自保也。若他國有懷併吞之心、肆分割之志者，吾日本當全力以抗之。」但對這種當時日本「保全論」者的用冠冕堂皇言詞裝飾起來的企圖有朝一日獨佔中國的論調沒有揭明和批判，這主要是尚認識不清，可能也有不便明說的隱衷。不過，孫中山還指出其保全清王朝之非。他指出：「就國勢而論，無可保全之理也」。其故在於清王朝既係腐朽專制政體，又係「異種入主中原」，使得政府與人民之間宿怨很深，隔膜尤甚，不可能朝野一心，上下一德，共同圖治，改變清朝政府「甘於棄地，日就削亡」的趨勢。但就中國民情而論，又「有無可分割之理者」。因為：第一。清朝政府導致國家削弱，愛國志士更因其惡跡昭彰而「思脫異種之厄」，即亟圖掙脫滿清貴族統治；「況今天下交通，文明漸起，光氣大開，各國人民唱自由之義，講民權之風，以日而盛，而謂支那人獨無觀感奮發思圖獨立者乎！」即絕不肯甘受列強之分割，再負他族之新軛而必出死力對抗。第二，就歷史看，中國統一已數千年，「中間雖有離析分崩之變，然為時不久復合為一」，「是支那民族有統一之形，無分割之勢。」「若要合列國分割此風俗齊一、性質相同之種族，……吾知支那人雖柔弱不武，亦必以死抗之矣」。他以義和團的視死如歸為例，指出：「然義和團尚僅直隸一隅之民也，若舉國一心，則又豈義和團之可比哉！」

---

[58] 據日本狹間直樹教授贈送之該報影本。

「分割之日，非將支那人屠戮過半，則恐列強無安枕之時矣。」最後指出：欲籌東亞治安之策，「惟有聽之支那國民，因其勢順其情而自立之，再造一新支那而已。」也就是說，支持和援助他正在領導的反清共和革命，才因勢順情。

根據現有資料，我們還可以看到孫中山和東亞同文會的真實意圖的巨大鴻溝。東亞同文會對於孫中山等革命黨人聯繫並予以照顧的真意，還在 1898 年 2 月 3 日犬養毅致隨後的東亞同文會幹事長陸實的信裏就有真切的透露：犬養告以孫中山抵日之初，即作計畫，認為孫等「雖是一批無價值之物，但現在願以重金購置之」，「願吾兄將彼等掌握住，以備他日之用。」[59] 1899 年 11 月，近衛篤麿至武昌訪問湖廣總督張之洞時的談話中，輕蔑地把孫中山等說成是一群不足掛齒的小毛賊[60]。1900 年 6 月 19 日日警視廳致外務省的《清國流亡者孫逸仙等之行動》內談到東亞同文會中最通曉遠東情勢者稱：孫中山等其時「常懷不滿於同文會，同文會亦不以彼等為有利用價值之輩視之；因而未曾互開胸襟，共論東洋之策。」至於「瓜分中國一事，已在早晚必至之形勢，目前應堅持不出師之策，宜沉著自重，以待時機成熟，然後鵬翼一搏，進佔南方目的地可也」[61]。這裏談的是 1900 年惠州起義前的情況，但東亞同文會對中國革命黨人的看法，以及等待時機瓜分中國的野心由此可見。

誠然，東亞同文會是一個半官方團體，其辦事方針係貫徹政府、軍方和財界的意圖，以對中國、朝鮮和東亞侵略為主旨。但其中也有像宮崎寅藏那樣一些懷抱真正興亞思想，瘁心於說明中國共

[59] [日]《犬養毅給陸實信》（1898 年 2 月 3 日），臺北，《大陸》雜誌，第 52 卷，第 3 期。
[60] [日]東亞文化研究所編《東亞同文會史》，霞山會，昭和 63 年，第 2 章，第 63 頁。
[61] [日]《宮崎滔天年譜》，《辛亥革命史叢刊》，北京，中華書局，第 1 輯。

和革命的日本志士，不過他們在會內不僅無法抒展其志向，而且受到歧視和打擊。早在 1898 年 12 月，宮崎發表〈評伊藤博文的演說〉一文，對伊藤聲稱要支持清王朝提出批評，認為：「如就國民的觀點來說，除非非常的英雄奮起仗義持劍，以革命的事業一掃多年的腐敗政權，顯然不可能維持今日的老大帝國。」他以戊戌變法失敗為例，指出：「此君此臣既不足以用，究竟應以什麼來挽救中國的時局？舍革命莫屬。目前南方革命黨的領袖孫逸仙正在隱身日本」。他批評「獨日本的外交心膽如粒，眼孔如豆」，而不是立於有所作為的最佳地位和環境，大膽選擇對中國的最好方策。其意實指文中所提：「團結民間的革命黨，推行大革命，以一新中國大陸」[62]。由於這樣，宮崎的行動受到日本官府警方的日趨嚴密的監視，也受到東亞同文會內當權的保守派的十分嫉視。他被會內當權者如陸實、國有重章、佐佐友房等視為「準進步派」，許多事比如派赴中國調查，宮崎往往遭到摒斥，不讓參與。因宮崎與該會主張歧異，貌合神離，還曾經對人發洩過不滿：「吾等最終之希望在於扶助孫逸仙遂其素志。吾為一介書生，無信望於海內外，而欲成全此事，故不得已而借助東亞同文會之勢力；然而，如果該會之一舉一動，均需與政府商量，則終不能成事。」結果，該會以宮崎「參與孫文獨立計畫的過激派」為名，於 1900 年可能將其除名；同時，該會還懲罰了其他有關人員，如解除該會上海支部（同文學堂）幹事山田良政職務、該堂學生被禁止外出一個月等[63]。1901 年後，宮崎因所懷難伸，又因中村彌六事件受屈，決心轉入下層社會，以唱浪花為業，以此來謀求解決個人生活和繼續為中國革命盡力了。孫中山稱之曰「今之俠客也，識見高遠，抱負不凡，具懷仁慕義之行，發

---

[62] 陳鵬仁：《論中國革命與先烈》，第 18-21 頁。
[63] 《宮崎滔天年譜》。

拯危扶傾之志。憫支那削弱,數遊漢土,以訪英賢,欲共建不世之奇勳,襄成興亞之大業」[64]。

與此同時,日本在「保全中國」幌子下與俄抗衡及對俄作戰的活動卻在加緊進行。還在 1898 年秋,孫中山與早就醉心於同俄國爭奪朝鮮、中國滿蒙並鼓吹與俄開戰的內田良平首次晤談時,內田就提出先與俄開戰,取勝後再「支持」中國革命;孫中山則認為「支那革命倘若成功,恢復俄國之侵地當為易事」[65]。這樣的爭論在 1900 年策劃惠州起義時再次發生,孫中山等計畫「以江蘇、廣東、廣西等華南六省為根據地,建立一獨立的共和政體,然後逐漸向華北方面伸展勢力,推翻愛新覺羅政權,最後統一支那十八省,在亞洲建立一大共和國」;而內田等「則計畫糾集土匪,給予暗助,在華北舉事,佔領朝鮮,以此引發日俄衝突之導火線」。為此就需要孫中山等「自華南調集其幕下同志,相繼發難」,以為呼應[66]。這兩次爭論表明的遠不是中國革命和日俄戰爭的發動孰先孰後的程序問題,而是中國創建獨立統一的共和國還是由日本逐步侵奪朝鮮、滿蒙最終由日本主宰中國的問題。孫中山堅持上述原則立場,無疑是正確的。1901 年 2 月內田良平為實現上述目的而建立了黑龍會,更表明了他進一步推行積極對外擴張政策的帝國主義立場。根據日本制定的侵華步驟,次年 1 月英日同盟條約訂立,1904 年 2 月,得到英國支持的日本對俄不宣而戰。

就在這場以中國東北為戰場、反映列強在華角逐的日俄戰爭進行的過程中,孫中山於 1904 年 8 月寫成的〈中國問題的真解決〉,對日俄戰爭發表了具有相當靈敏度和穿透力的可貴看法。

---

[64] 《孫中山全集》第 1 卷,第 216 頁。
[65] 《硬石五拾年譜・內田良平自傳》,葦書房,昭和 53 年,第 52 頁。
[66] 明治 33 年 8 月 26 日福岡縣報,高秘第 848 號。

　　第一，孫中山清醒地看到「全世界的注意力現在都集中在遠東」，「中國終究要成為那些爭奪亞洲霸權的國家之間的主要鬥爭場所」。歐洲列強在把非洲瓜分完畢之後，繼續尋找新的地方，以增大其領土和拓展殖民地，「長期以來被認為是『東亞病夫』的中國，自然而然地就成了這樣一塊用以滿足歐洲野心的地方」。

　　第二，孫中山正確地指出日俄戰爭是兩國爭奪霸權的戰爭。這次戰爭充其量也「只能決定兩國之間的霸權問題」，而英、法、德、美等國的利益，這次戰爭是絕對無法解決的。因此，「從中國的立場看來，這次戰爭所引起的糾紛，要多於其所解決的糾紛」。「這次戰爭只不過是在中國問題上利害有關各國間勢將發生的一系列衝突的開端而已」。

　　第三，孫中山還認為由於清王朝的衰弱，使得它易於受外國的操縱利用，「而有擾亂世界現存政治均衡之勢」，甚至「會成為對世界和平的威脅」。他以日俄戰爭為例，指出：「如果不是由於清政府完全無力保持其在滿洲的勢力與主權，那麼這次戰爭是可以避免的。」但是，直到 1913 年，孫中山卻仍惑於中日同文同種，地域相接，有「唇齒相依之利害關係」，誤認為日本發動「日俄之戰，雖為保護本國在朝鮮之勢力起見，然亦未嘗非為中國之領土而戰」[67]。

　　1907 年後，孫中山為策劃西南邊境起義，亟望得到日本方面的援助，對願參與起義的日人池亨吉等寄託尤殷，希望他們以「日本的吶喊自任」[68]。宮崎寅藏、萱野長知等確也真誠地盡力於中國革命事業。孫中山讚揚他們「為他人國事，堅貞自操」、「固窮不濫，廉潔可風」的「血性男子」[69]。然而日本政府卻於 1907 年 3 月徇清王朝之請，對孫中山下驅逐令，中國同盟會機關報──《民報》

---

[67] 《孫中山全集》第 3 卷，第 51 頁。
[68] 《孫中山全集》第 1 卷，第 333 頁。
[69] 《孫中山全集》第 1 卷，第 403 頁。

旋亦被封。孫中山在 1910 年 7 月函中這樣慨歎：他「欲久駐日本，以聯絡北中各省為一氣，後因清政府大向日本政府騷擾，以致居住無一刻之寧，故於七月終捨日而南圖」[70]。隨後，他在致宮崎寅藏函，既希望宮崎「能設法向陸軍大臣處運動，能得許我到日本居留」，但又稱「恐貴國政策已變，既吞高麗，方欲並支那，自不願留一革命黨在國中也」[71]。後事果然如此。但孫中山對日本政府仍未絕望，他在 1911 年 3 月與日本記者談話仍表示：「他積極支持日本某些政治家提出的召開亞洲各國會議，以建立亞洲各國同盟計畫。並且呼籲日本率領亞洲各國反對英、美、德和沙俄。……實行亞洲門羅主義」[72]。

在這一時期，孫中山很少提到沙俄，但是幾乎是每提必然是揭露和譴責，未見讚詞。這主要是因為是它啟瓜分中國之端和它自身本就是君主專制，因而對清王朝歷表支持。早在 1891 年前後，孫中山所寫〈農功〉中，在譴責「今之悍然民上者」不管人們去來生死的同時，特別以「俄國移民開墾西北，其志不小」[73]為警語。他在 1894 年〈上李鴻章書〉又特別提到擬「再行遊歷內地、新疆、關外等處，察看情形……招民開墾，集商舉辦」[74]，亦顯防俄之意。他還曾談到 1895 年後，列強所掀起的瓜分中國始於「俄德試行其瓜分政策於膠州、旅順」[75]。1897-1898 年間他與宮崎寅藏的筆談中，談到列強忌憚中國革命時，又以「俄人力任救清之責」為特例，甚至主張聯合其他列強，「自解其與俄之從」；「或聯東西成一大從，

---

[70] 《孫中山全集》第 1 卷，第 469 頁。
[71] 《孫中山全集》第 1 卷，第 508 頁。
[72] 段雲章：《孫文與日本史事編年》，廣東人民出版社，1996 年，第 194 頁。
[73] 《孫中山全集》第 1 卷，第 6 頁。
[74] 《孫中山全集》第 1 卷，第 18 頁。
[75] 《孫中山全集》第 1 卷，第 382 頁。

以壓俄人東向之志。俄勢一孤，我可優遊以圖治」[76]。即視沙俄為中國的首敵和必除之敵。1899 年他所寫〈《支那現勢地圖》跋〉中，「於感慨風雲、悲憤時局，憂山河之破碎，懼種族之淪亡」之中，尤注目「中國地圖，以俄人所測繪者為精審，蓋俄人早具蕭何之智，久已視此中華土地為彼囊中之物矣！」[77]。這就是說，俄國更存覬覦侵佔中國領土之心。1901 年，他所撰〈支那保全分割合論〉又揭露沙俄與清王朝「密約旋廢旋立，將有抗不勝抗之時也」；「將來露（按即俄國）之收蒙古，舉新疆，天下亦若視為固然矣」[78]。

孫中山對德國更少提及。他對其侵佔膠州灣，開瓜分中國先河稍有譴責，對「德國烈支多芬所測繪之北省地文、地質圖各十二幅，甚為精細」[79]抱有警惕。但他對馬克思、俾斯麥政策以及德駐膠州總督在膠州試行單一稅制和德國的哲學思想傳統則抱有好感，並從中獲取鏡鑒。

第二節　辛亥革命爆發後對列強的新認識

孫中山上述對列強的觀察，在武昌起義爆發、中華民國初建後的一段時間，受到檢驗；並促使他對列強進行新的審視，得出新的認識。

武昌起義爆發後，日本即圖出兵援助清王朝鎮壓革命，並乘機搶先鯨吞滿蒙、威壓華北、佔領長江口及大冶等地，欲圖掠奪在華更多權益；並與英、俄協商欲採共同行動。日、俄的武裝干涉中國野心，卻受到英國等國的牽制。英國視長江流域為其勢力範圍，又

---

[76] 《孫中山全集》第 1 卷，第 181-182 頁。
[77] 《孫中山全集》第 1 卷，第 187-188 頁。
[78] 《孫中山全集》第 1 卷，第 221-222 頁。
[79] 《孫中山全集》第 1 卷，第 188 頁。

深恐在此燃起的革命烈火，危及它在這裏的權益，因此不敢公然袒
護清王朝，壓制革命派，而是一開始就標榜中立，當然也反對日本
乘亂向長江流域擴張。在對待中國已選擇共和政體的問題上，英國
也不像日本那樣因害怕中國共和革命會影響日本現行君主立憲政
體，故採取稍為放任的態度，只是加緊扶植已轉向親近英美的袁世
凱，通過南北議和，實現由袁來代替清朝統治者統一和主宰中國。
這樣的昭彰於當時世人之目的情況，孫中山自有所聞知。因此，當
時在美國的孫中山得知武昌起義勝利的消息後，在其視為首要的爭
取列強承認和財政援助的外交活動中，首先選擇美、英、法三國。
據孫中山後來追述：「按當時各國情形，美國政府對於中國則取門
戶開放、機會均等、領土保全，而對於革命則尚無成見，而美國輿
論則大表同情於我。法國則政府、民間之對於革命皆有好意。英國
則民間多表同情，而政府對中國政策，則惟日本之馬首是瞻。德、
俄兩國當時之趨勢，則多傾向於清政府，而吾黨之與彼政府民間向
少交際，故其政策無法轉移。惟日本則與中國最密切，而其民間志
士不獨表同情於我，且尚有捨身出力以助革命者。惟其政府之方針
實在不可測，按之往事，彼曾一次逐予出境，一次拒我之登陸，則
其對於中國之革命事業可知」。但他認為外交之關鍵，「可以舉足輕
重為我成敗存亡所繫者，厥為英國；倘英國右我，則日本不能為患
矣」[80]。他當時認為：「近日中國之事，真是央央大國民之風。從
此列強必當刮目相看，凡我同胞，自當喜而不寐也。今後之策，只
有各省同德同心，協力於建設，則吾黨所持民權、民生之目的，指
日可達矣」[81]。為此，他在美國發表了《通告各國書》，宣稱承認
武昌起義前清王朝所訂條約，償還前此賠款、保全租界、保護外人

---

[80] 《孫中山全集》第 6 卷，第 244-245 頁。
[81] 《孫中山全集》第 1 卷，第 546 頁。

及其財產；但「各國如有助滿政府以攻我軍者，即視同敵人」[82]。隨後，他又一再表示要效法美、法，建立共和體制，尤重視美國的民主聯邦制[83]。為建立統一的強有力的共和政府，他認為一則需要外交承認；二則需要外國貸款，以策革命進行，故未即回國，而是先在美國後往歐洲遊說。其時，美國的公眾輿論、教會對這場革命的反應主要是支持，把中國革命喻為美國革命，認為革命黨人與美國懷有同樣的民主理想，這一理想又是因美國民主政治思想而激起。有的雜誌明確表示：「在這千載難逢的機會，美國應準備爭取在亞洲市場上的適當貿易，加強對這個前進中的偉大民族的影響⋯⋯中國無疑將在未來二十世紀的歷史中扮演一個極重要的角色。」但也有持懷疑態度，認為「中國革命進展速度過快，而且地方性過強，很難說在短期內取得很大的勝利」。美國官方則認為，如果美國在華權益不受侵害，應嚴守中立；但也有提出：如果列強佔領沿海各省過久，美國也應在長江下游占一港口。因此，美國國務卿諾克斯拒不接受孫中山在華盛頓秘密會見的要求[84]。

　11 月 11 日，孫中山由美到英活動，據孫後來自述稱：他向英外相格雷要求止絕清廷一切借款、制止日本援助清廷和取消各處英屬政府對他的放逐令，以便其取道回國三事[85]。均得到英政府允許，實際上，據澳大利亞學者黃宇和考證，除最後一項因恐孫回國真成為中國共和政府的大總統後，對英國懷恨在心，將不利於英國在華利益，因而擬「讓他取得訪問香港的權利」外，餘均屬孫虛張聲勢之語，查無實據。而孫中山想通過活動，成立一個與英、美合

---

[82] 《孫中山全集》第 1 卷，第 545 頁。

[83] 參閱：《孫中山全集》第 1 卷，第 560-563 頁；《孫中山集外集》第 154 頁。

[84] 以上均引自[美]薛君度：〈武昌革命爆發後的美國輿論和政策〉，載中國孫中山研究學會編：《孫中山和他的時代》上冊。

[85] 《孫中山全集》，第 6 卷，第 246 頁。

作的盎格魯、撒克遜聯盟的設想，更屬單相思[86]。孫中山還通過馬克沁機槍製造廠主道生與英國外相格雷會談，擬向英借貸一百英鎊，許以英美在華若干優先特權，亦未被接受[87]。因此，可以說，孫中山此次倫敦之行實無多少成果。

11月23日，孫中山抵達法國巴黎，歷時三天。他向法國政界、財界及新聞界一些人士求助。雖有的對這場革命持同情態度，但卻認為中國「現在採用共和政體的條件還不成熟，如果建立共和，只能導致無政府狀態」，因此「從這場革命方面，我們得不到任何好處」，「繼續保持清王朝，仍是最好的可能解決辦法」。有影響的法國東方匯理銀行，從中國革命一開始，「就不斷向法國外交官員和清政府表明他們對袁世凱的偏愛」，希望清王朝把權力交給這個「強有力的政治家」[88]。其時，清王朝因財政瀕於破產，竭力請求四國銀行團給予貸款，正是在這種情況下，袁世凱應詔再起。而孫中山亦於此時求助於法國，和東方匯理銀行西蒙談論貸款和外交支持問題。其結果是西蒙以四國銀行團和他們的政府遵守所謂「嚴守中立」為藉口，予以拒絕。孫中山還希望法國對一直扶助清王朝的俄國施加影響，勸俄國勿同日本沆瀣一氣，干涉中國革命。西蒙卻為俄國辯護，要孫中山相信「俄國的誠意」[89]。就這樣，孫中山的法國之行一無所獲。

1911年12月25日，孫中山抵達上海。此前，中外各報盛傳孫將攜鉅款回國。至此他的回答卻是：「予不名一錢也，所帶回者，革命之精神耳」[90]。可貴的是，孫中山雖在國外求助無獲，他仍力

---

[86] [澳]黃宇和：《中山先生與英國》第303-321頁。
[87] 陳錫祺主編：《孫中山年譜長編》上冊，第576頁。
[88] 參見吳乾兌：〈1911至1913年間的法國外交與孫中山〉，中國孫中山研究學會編：《孫中山和他的時代》，上冊。
[89] 吳乾兌：〈1911至1913年間的法國外交與孫中山〉。
[90] 《孫中山全集》第6卷，第246頁。

圖改變革命的困境。他於1912年元旦就任南京臨時政府臨時大總統
宣言書中，在強調新建共和國必須實行民族、領土、軍政、內治、
財政五個統一的同時，還對外承諾：「臨時政府成立以後，當盡文明
國應盡之義務，以期享文明國應享之權利。滿清時代辱國之舉措與
排外之心理，務一洗而去之；與我友邦益增睦誼，持和平主義。將
使中國見重於國際社會，且將使世界漸趨於大同」[91]。未幾，又發佈
〈對外宣言書〉，較前詳細地擺明了清王朝勢必要推翻的理由，再次
宣明共和國仍承認前此與各國所訂條約、償還賠款、保護其已獲權
利等等；「更深望吾國得列入公法所認國家團體之內，不徒享有種種
之利益與特權，亦且與各國交相提攜，勉進世界文明於無窮」[92]。他
對美國傳教士的談話中，又坦然表示：「我們很喜歡交朋友，外國朋
友也一樣，只是交朋友要從心裏交，不能嘴裏心裏不一致呵！」[93]隨
後，他與美國記者麥考密克的談話中，駁斥了美國在中國一分為二
的情況下承認共和國的主張，而對美國延不承認共和國深表不滿[94]。

可是，列強對中國各懷鬼胎，或主張武力分割，或主張經濟壓迫，
或施政治誘惑，終於在高唱不干涉政策的幌子下逐漸協調成逼清帝退
位，迫孫中山讓位，把當時清廷起用、已重兵在握的大地主大賣辦階
級的代表袁世凱捧上總統寶座的方針，以求取得在華更多更大的特
權。孫情知列強已串通為祟，為維護革命成果，他在致南方談判代表
伍廷芳及各報館電中除提出清帝退位、袁世凱須宣佈絕對贊同共和主
義等內政條款之外，還提出須得外交團或領事團通知清帝退位佈告後
才辭職[95]。這就是說，要列強承認和保證中國的共和制度。

---

[91] 《孫中山全集》第2卷，第2頁。
[92] 《孫中山全集》第2卷，第8-11頁。
[93] 《孫中山集外集》第169頁。
[94] 《孫中山全集》第2卷，第140-141頁。
[95] 《孫中山全集》第2卷，第34-35頁。

　　孫中山於 1912 年 4 月 1 日辭去臨時大總統後，他認為隨後國家面臨的重要任務是：第一，「民國共和，略有頭緒；但國際外交，相形見絀，應當好好研究」，擬「親赴歐美，到海牙進行外交活動，研究、擬訂新的條約，確保國權」[96]。第二，他認為：「今日滿清退位，中華民國成立，民族、民權兩主義俱達到，唯有民生主義尚未著手，今後吾人所當致力的即在此事」；並認為這是「比政治緊要的事」。這裏面還含有利用和平時機實現超越歐美的意圖。他以為「歐美諸國因文明已進步，工商已發達，故社會革命易」，且「不必用武力」；他強調：「吾人眼光不可不放遠大一點，當看至數十年、數百年以後，及於全世界各國方可」[97]。由於孫中山已退出政壇；加之，前此外交活動無果而終，故前者不再提起，而擬瘁心於解決後一問題。為貫徹其計畫，他雖多次強調要實行平均地權，以求避免歐美已出現的社會弊端，並使得國家成為一大業主，私人大資本家「將以資本盡投之於工商」[98]，因而為發展工商業和交通事業創造條件。但這一設想的推行需要時間，緩不濟急。而「時間即金錢」，為解決「國家欲興大實業，而苦無資本」的困難，「則不能不借外債」[99]。而他的完整設想就是實行對外開放政策，指望利用外助。即「一、我無資本，利用外資，二、我無人材，利用外國人材。三、我無良好方法，利用外人方法」[100]。

　　為迅謀中國「能為世界第一富強之國」，他以鐵路建設為首著。按其用意，就其對世情觀察而言，第一，「各省之省會均將成為鐵路中心，路線將由此種重要之城市向各方分射而出，從某一省會出發之路線，將多至八、九條不等……完成目前之鐵路計畫，即所以

[96] 《孫中山集外集》第 175 頁。
[97] 《孫中山全集》第 2 卷，第 319-320 頁。
[98] 《孫中山全集》第 2 卷，第 355 頁。
[99] 《孫中山全集》第 2 卷，第 321-322 頁。
[100] 《孫中山全集》第 2 卷，第 460 頁。

促進商業之繁盛，增加國富，市場因以改良而擴大，生產得藉獎勵而激增。尤其重要者，則為保障統一之真實，蓋中國統一方能自存也。一旦統一興盛，則中國將列於世界大國之林，不復受各國之欺侮與宰割。今時機已至，中國將能自立以抵禦外來之侵略矣」[101]。因此，「修築全國鐵路，實為中華民國之存亡大問題」[102]。第二，「現在以國防不固，俄在北滿及蒙古進行，日本在南滿洲進行，英國在西藏進行，我國兵力若能保護邊圍，斷無此等事實。」尤其「蒙、藏風雲轉瞬萬變，強鄰逼視，岌岌可危」[103]，更急需修鐵路以固邊防。因此，孫中山建築鐵路之設想係首建三條幹線，均從中國內地或沿海直通華北和西北，而以「直穿外蒙古，以達烏梁海」之北路為「更急」[104]。並指出：「我國若不急急將鐵路修成，則俄國人必欲奪我之蒙古鐵道路線，日人必奪我閩浙鐵道路線，英人必奪我之雲貴鐵道路線。鐵道為人所奪，國即為人瓜分」[105]。第三，孫中山一再宣稱：實行門戶開放政策，「仍須保持主權」[106]，即「務須權操自我，而不妨利溥於人。所有條件及抵押，務求較勝於前，斷不令啟彼野心」[107]。「即准日、俄投資，亦未嘗不可，不過關係主權之事，不能喪失，即如保路兵應由我自派」[108]。為防止國家主權流失，他提出了借款修路三項條件，三者均不由政府出面，而由鐵道建築公司簽訂。這樣，就不會「路權一亡，主權隨之」[109]。而且，照他看來，前清以閉關為事，列強通過強佔租界等方式「強我開

---

[101] 《孫中山全集》第 2 卷，第 491 頁。
[102] 《孫中山全集》第 2 卷，第 456 頁。
[103] 《孫中山全集》第 2 卷，第 433、412 頁。
[104] 《孫中山全集》第 2 卷，第 383-384 頁。
[105] 《孫中山全集》第 2 卷，第 435 頁。
[106] 《孫中山全集》第 2 卷，第 530 頁。
[107] 《孫中山全集》第 2 卷，第 538 頁。
[108] 《孫中山全集》第 2 卷，第 461 頁。
[109] 《孫中山全集》第 2 卷，第 464 頁。

放」，使我不斷喪失主權，而今可「由我自行開放，即有完全主權」，「開放門戶，正所以收回法權地步」[110]。他還認為：實行門戶開放，「借外債以興實業，實內外所同贊成的」[111]。故從他卸任臨時大總統後一年，熱衷於實業建設特別是建築鐵路的籌畫，曾被推舉為其時一些實業經濟團體的董事長、董事等職，並於 1912 年 9 月 9 日接受「籌畫全國鐵路全權」的政府任命，旋在上海成立鐵路公司，興致勃勃地奔走大江南北，鼓吹和宣傳自己的主張和計畫，深信「能開發其生產力則富，不能開發其生產力則貧。從前為清政府所制，欲開發而不能。今日共和告成，措施自由，產業勃興，蓋可預卜」[112]。而且，他對廣東寄望更為殷切，「思以我粵為一模範省」[113]。

然而，世情國情卻與孫中山願望相背馳。列強決不允許中國振興，更不願新生共和國凌駕於他們之上。就國內言，袁世凱當時主要是謀求鞏固自身統治地位，對實業建設僅空口應付，或以「財政困難，借債非易」[114]來堵口。就列強而言，他們正掀起瓜分中國路權的又一次高潮，而對袁世凱政府的承認，尚各視利益所歸，遲遲未行；對孫中山在維護主權的前提下希求外援的建設計畫更不會理會。還在孫中山臨時大總統任內，由於美、英、法拒不貸款應急，孫中山為解決燃眉之急，轉求貸於日本，在付出嚴重損害國家領土完整和主權的巨大代價後，換得日本財閥參與中國設立中央銀行、允予銅官山借款、招商局借款、漢冶萍借款，既曾遭時人非議，事亦未成。至此，他又向法國主導的六國銀行團尋求貸款，擬開辦中

[110] 《孫中山全集》第 2 卷，第 483、499 頁。
[111] 《孫中山全集》第 2 卷，第 321-322 頁。
[112] 《孫中山全集》第 2 卷，第 322 頁。
[113] 《孫中山全集》第 2 卷，第 352 頁。
[114] 《孫中山集外集》第 188 頁。

西商辦銀行，列強則要求財政監督權，並有其他苛刻條件。孫堅持反對，指責銀行團「要脅太甚，條件太苛」、「要脅過甚，深可憤慨」[115]。由是又萌國內籌款之思。但手中無權，自難推行。

　　於此期間，又發生了兩宗嚴重刺痛孫中山神經的事情。一件是從辛亥革命爆發到 1912 年 6 月，由法、英、美、德後來又加入日、俄共同成立的六國銀行團，本著所屬各國政府的意圖，既不贊同孫中山創辦中西銀行以策中國鐵路建設的創議，又不顧孫中山等國民黨人的多次抗議，以「善後大借款」的名義，換取袁世凱的讓與更多特權，先後付給袁世凱總達一千二百一十萬兩的五筆貸款，「用作維持中國中央政府的繼續存在，並結束危險的內亂」[116]，實即支持袁世凱鎮壓革命力量。為此孫中山於 1913 年 5 月 2 日，通過康德黎發表告各國政府與人民書，指出這次借款是「突然採取非法行動」，它「立即加劇了由於宋教仁被陰謀殺害所激起之強烈義憤」，「隨時都可能爆發成燎原烈焰」[117]。但列強仍不予置理。另一件是沙俄策動外蒙獨立。1912 年 11 月 3 日，將外蒙置於沙俄保護下的〈俄蒙協約〉簽訂。孫中山認識到這是「非常之變」，他於 11 月 16 日和 12 月 3 日兩次致電袁世凱等，斬釘截鐵地表示：「俄蒙之約萬不可承認，當出以最強烈之抗議。」指出：「今日民國成立已一年，無一國肯首先公[正]式承認，而蒙古一域之獨立，俄乃首先承認之，各國不以為難，此非故為瓜分之餘地乎！與其俯首而聽人之瓜分，何如發奮一戰以勝強俄，而固我國基於千萬代之為愈也。況當此民氣正盛，國體方新，戰有必勝之道，不戰為必亡之階……。今日戰亦亡，不戰亦亡。與其屈於霸道強權而亡，不如一殉人道公理而亡。一戰不獨不亡，而更可揚國光、衛人道、伸公理於世界也」。

---

[115]《孫中山全集》第 2 卷，第 385、465、534 頁。
[116] 參見吳乾兌：〈1911 至 1913 年間的法國外交與孫中山〉。
[117]《孫中山全集》第 3 卷，第 58 頁。

為此,他對內循著前已表明的外援難求即發動國民自籌自救的思
路,提出實行錢幣革命以解決軍餉問題,「毅然以非常之力,應非
常之變」。外則認為「華日聯盟,大有可望」,即聯俄之宿敵日本以
抗俄[118]。至此,孫中山不禁慨然興歎:「民生日蹙,何以蘇之?邊
患日棘,何以紓之,外侮日逼,何以鉏之?我有財政,紛如亂絲;
我有路政,蕪葳不治,我有軍政,窳敗不支」[119]。正是在上述情況
下,日本又耍弄手段,望能從孫中山身上撈一把,並扼制英、美、
俄等列強在華影響。日本三井、大倉財閥以及一些日本人士如桂太
郎、頭山滿、犬養毅等繼懷日本擴大在華權益之望,從 1912 年 6
月起,即多方敦促日本政府邀孫訪日,幾經周折,至此更力策進行。
到 1913 年 2 月 11 日,孫訪日終於成行,歷時 40 餘天,受到日本
各界人士的熱烈歡迎。他宣傳開放政策,鼓吹中日同文同種,理應
互親互助,爭取日本援助,作為此行力圖實現的大目標。日本《東
京日日新聞》於孫中山訪日前夕即發表文章稱:「孫文訪日目的,
旨在建立經濟同盟,試圖將日本各種企業的資本、人材,用於中國
的產業勃興。因此,此次來京,以和我國資本家、實業家交歡為第
一要望。」[120]在東京,孫與日本財閥澀澤榮一以及三井、大倉等財
閥的重要人物如山本條太郎、大倉喜八郎、安田善三郎、益田孝、
倉知鐵吉等多次商量中日合辦中國興業公司的計畫。在商談中,孫
中山堅持既要門戶開放,中外合作,又要「權操自我」。他在東京
實業家聯合歡迎會上明確地指出:「政治有國界,至於經濟、實業
本無國界可言,此國之人可以投身於彼國之實業界,而圖其發展。
比鄰之國,關係尤深。」「從長遠考慮,中國經濟如不發達,勢必
給日本招來許多不利;同時,日本實業之發達,將更有利於中華民

[118] 《孫中山全集》第 2 卷,第 544-549 頁。
[119] 《孫中山全集》第 2 卷,第 558 頁。
[120] [日]藤井昇三:《孫文之研究》,第 80 頁。

國之發展。」但要使發達國家「自由輸入其新方法於中國,合力圖大陸上實業之發達,中國乃能實行開放門戶主義」。其必要前提是剗除中國向來所受的兩種「政治障害」,一為「國內的政治障害,為法律不良,保護不周」,使之隨著革命成功而逐漸除去;二為「國際的政治障害,為中國向來與外人所訂條約不良,喪失主權」,這些嚴重影響了外資輸入與企業的自由經營。他希望日本實業界「出其數十年之經驗智識,以助中國也」[121],排除外加的條約束縛。

　　正由於孫中山是在置國家的獨立和民主於首位的前提下談門戶開放與中外合作,因而同在華擴張企圖日熾的日本主要軍政財界人士的對華投資出現尖銳對立。澀澤等提出中國興業公司須依據日本法律創設,孫中山堅持依照中國法律,因為,一、現在中國有公司設立法律;二、根據中國法律,可以在中國內地營業,現行之中國公司法律,將可由國民黨佔優勢的國會加以修正;三、今如以日本法律創設,我恐歸國後難以向國民交代責任,甚至會弄出誤解來[122]。結果,這一主權歸屬問題懸而未決。孫中山訪日歸國後,在上海中國鐵路總公司舉行的籌畫中國興業公司的第三次會議上,這一問題被再次提出討論。孫中山等仍堅持公司在中國營業,自應按照中國法律創立;若從日本法律,則成為外國公司。在發生爭執時,只據日本法律解決,事實上諸多不便。直到二次革命爆發前夕,日方以孫中山無法繳納所承擔的資金,迫使孫中山同意暫依日本法律創立公司,但孫仍堅持待將來中國新法律制定後,必須立即根據中國法律而改之。二次革命失敗後,孫中山更為情勢所迫,將自己所認股票轉讓給北京當局,袁世凱的親信楊士琦補任該公司總裁。日

---

[121]《孫中山全集》第3卷,第18-19頁。

[122] [日]彭澤周:《近代中國之革命與日本》,臺北,商務印書館,1989 年,第75 頁。

本財閥和袁世凱政府勾結後，將孫中山原擬公司計畫書條文進行了
大幅度修改，公司名稱改為中日企業有限公司，總公司設立地點由
上海轉到東京，公司之國籍屬於日本，但與中國享有同樣之待遇與
權利，不可視為外國公司[123]。這就和孫中山所持的創辦中外合資企
業的原則完全背離了。因此，此行實際上未取得成果，但孫中山通
過此行，卻又對日本從失望轉存寄望。

第三節　二次革命前後聯日反袁的籌算

正當孫中山亟謀「以當年經營革命之精神，用溫和穩健之手段
共謀建設民國之事業」[124]之時，就發生了袁世凱憑藉列強尤其是
英、美的支持和陸續提供的善後大借款，磨刀霍霍地積極策劃鎮壓
以孫中山為代表的革命力量。1913 年 3 月 20 日，袁黨秉承袁世凱
旨意，暗殺了熱衷於通過議會向袁世凱爭權的國民黨代理理事長宋
教仁，其時尚在訪日的孫中山迅即趕回上海。鑒於英、美等西方列
強支持袁世凱，「將撥專制之死灰，而負民國之負托也，於是誓必
去之。所定計劃，厥有兩端」，即「聯日」以制英美西方列強；「速
戰」以成「迅雷不及掩耳」之功[125]。對於前者，照孫中山的觀察是：
經過訪日，「始知日人對於民國並無惡意。」「現在日本在野在朝之
政客，均有世界的眼光與知識，且抱一大亞洲之主義」，當為己助，
共謀東亞和平；而且認為「只要內治完善，共和告成，外人對於民
國亦絕不敢存侵略野心，以擾亂東亞之和平」[126]。他致電各國政府
和人民，「奉懇各國政府、人民設法禁阻銀行團，俾不得以鉅款供

---

[123] 《近代中國之革命與日本》，第 90 頁。
[124] 《孫中山全集》第 3 卷，第 2-3 頁。
[125] 《孫中山年譜長編》上冊，第 793 頁。
[126] 《孫中山全集》第 3 卷，第 51-52 頁。

給北京政府，」為其與人民宣戰之資[127]。他還分致函電給美國新任總統威爾遜、日本政界元老井上馨等，望他們重視中國民意，制止大借款[128]，但所望都無回應。在這一時期，孫中山對日本寄望尤為殷切，據有人初步統計，1913 年 3 月下旬到 7 月下旬的四個月中，孫會見日本人 24 次，其中與日本駐上海總領事有吉明會商 14 次；黃興也會見日本人 12 次，其中會見有吉明 7 次[129]。所談都是為了取得日本的同情和支持。但事與願違。當時正是第一次世界大戰爆發前夕，國際力量正在進行新的調整，日本很想乘歐美列強集目於歐洲而無暇東顧之際，擴大在華利益。1913 年 2 月，日本山本權兵衛內閣取代桂太郎內閣後，決定與支持袁世凱政權的英美列強協調動作，維持袁世凱政權，以便於他們利用現政權與一定的安定局面，來擴張正在增長的對華貿易；力圖把中國各派注意力引到抗俄方面，以便有利於日本在俄國忙於在西線準備對付德奧匈帝國之際，謀求在中國東北和蒙古擴張勢力；同時乘機攫奪德國在華地盤，脅迫袁世凱政權出讓更多權益。而且，他們還在軍事上估定革命黨人無法戰勝袁世凱。所以，有吉明等就遵照日本政府命令，多次勸告孫中山等放棄武力討袁的籌畫，並且阻止日本財團借款給中國革命黨人。4 月 7 日，孫中山會見日本橫濱正金銀行上海支店長，以中日合辦日華銀行為條件，要求正金銀行給予貸款；4 月 25 日，孫中山會見有吉明總領事時再次提出這一要求，均為日方拒絕[130]。4 月 5 日，黃興派其部下楊廷溥赴日向日本軍部的宇都宮少將等爭

---

[127] 《孫中山全集》第 3 卷，第 56-67 頁。

[128] 《孫中山年譜長編》第 2 卷，第 796 頁。

[129] 參見俞辛焞：〈二次革命時期的孫中山與日本〉，北京，《歷史研究》1988 年第 1 期。

[130] 1913 年 4 月 7 日和 26 日日駐上海總領事有吉明致牧野外務大臣電，第 48、67 號，日本防衛研究所藏。

取援助，亦未獲答應[131]。這樣，就在內力未能發動、外援又無法
獲致的敵強我弱的形勢下，孫中山所策動的二次革命，於 1913
年 7 月開始，歷時月餘，即宣告失敗。孫中山等於 8 月初又逃亡
日本。

由於孫中山等革命黨人需要以日本為立足點，就近策劃討
袁，因而仍以聯日討袁為主要方策。他們與日本各方面人士相周
旋，爭取他們的支持和幫助。而當時的日本軍、政、財界和東亞
同文會、黑龍會等具有政治影響的團體，幾乎都是以侵略中國為
職志。他們為和英、美等國爭奪主宰中國的地位，把孫中山等革
命黨人留在日本，作為一個政治籌碼，迫使袁政府出讓更多權益，
乃至建立一個完全親近和依靠日本的政府。他們揚言不能把孫中
山等「交給美國」、「交給洋人」[132]。又由於當時正值第一次世界
大戰爆發前夕，歐美各國逐漸把注意力集中於歐洲，對中國侵略
稍有放鬆，惟獨日本有乘機擴大侵華的力量。因此，袁世凱也日
益重視對日外交，希望通過許給日本新的特權，結好日本，驅走
在日革命黨人。1913 年 10 月 5 日，袁政府和日本政府達成滿蒙
五路歸日建築、實即承認日本政府在南滿至蒙古東部擴張權力
的秘密協議。因這並未滿足日本的更大貪壑，故日本政府仍讓孫
中山等留住日本，不過加強限制孫中山等的活動，使孫等「一直
受著形同監禁的待遇」[133]。但在逆境中的孫中山，仍視頭山滿等
亦懷侵華意圖的日本浪人幫助他留日，是「日本的諸同志同情我，
是亞細亞人不願被白種人壓迫的同情。我們應該早一點將英國及
其他的國家根深蒂固的勢力從中國驅逐出去，除亞細亞民族團結

[131] 1913 年 4 月 6 日日駐上海總領事有吉明致牧野外務大臣電，第 46 號，日
本防衛研究所藏。
[132] [日]藤本尚則：《頭山滿翁傳》（未定稿），第 253 頁。
[133] 《孫文與日本史事編年》，第 380 頁。

116

以外，別無他途」[134]。為能繼續反袁，孫中山還要與參與發起中日合資的興業公司的三井財團、日陸軍省經理局局長辻村楠造以及和軍部要人有密切聯繫的日本精神團總裁飯野吉三郎等爭取日本軍政財界的支持，不過亦均因日本政府和軍部反對而中輟。至此，孫中山開始「懷疑日本人，而且非常抱怨日本政府，說日政府以保護為名，利用員警對亡命者一行加以束縛」[135]。但孫仍未絕望。他於 1914 年 5 月，孫中山致函日本首相大隈重信，動以利害，要求日本政府扶助革命黨人反袁。函稱：袁世凱對日本是在耍手段，「外佯與日本周旋，而內陰事排斥，雖有均等之機會，日本亦不能與他人相馳逐。」如果日本援助中國革命成功，「支那可開放全國之市場，以惠日本之工商，而日本亦不啻獨佔貿易上之利益」[136]。但日本政府當時正向袁政府頻施壓力而取得現實效果，自然不會捨袁助孫。孫的聯日反袁謀劃又成泡影。

在這封信裏以及孫中山和上述人士打交道過程中所提出的中日同文同種理應互相提攜並以國家利權來換取援助的做法，無疑是前此孫中山對列強、特別是對日本的策略運用與幻想交織的重複。此前，孫中山雖知日本想要整個中國[137]，但又認為「日本政府或許尚需十年時間經營朝鮮和滿洲。因此，在新的征服者準備動手之前，我們尚有餘裕改造中國」[138]。在現實困難面前，孫中山的策略運用，雖屢遭挫折，但仍圖僥倖成事。故在這段時間，他對扶植袁世凱的英、美列強雖增多揭露和譴責，而聯日反袁的幻劇，仍繼續上演。

---

[134] 《孫文與日本史事編年》，第 381 頁。
[135] 《孫文與日本史事編年》，第 385 頁。
[136] 《孫中山全集》第 3 卷，第 84-85 頁。
[137] 參考密克：《中華民國》，紐約 1931 年，第 289-290 頁。
[138] 《孫中山全集》第 1 卷，第 533 頁。

1914 年 8 月，第一次世界大戰爆發前夕，孫中山認為「將來世界戰爭，必是黃白人種之爭，我希望不要只談中國或日本之一國和平，要謀求東亞之和平」[139]。日本對德宣戰次日，孫中山走訪犬養毅，與談世界大勢，再次表示：「東亞問題之解決，歸根結蒂在於人種問題。黃種人應團結對抗白種人」；並稱：「刻下歐洲戰亂確為中國革命之空前絕後之良機」。「此時若在中國內地發生動亂，必給日本外交帶來絕大好處，為此日本政府務必支持中國革命」[140]。然而，日本政府卻和袁世凱政府頻商取締革命黨人在日活動，換取袁政府對日本乘機強佔山東半島的承認；但又暫留孫中山等於日本，欲藉此進一步壓迫袁政權就範。孫中山等對此頗有察覺，他們指出：「歐戰後，日本政府已對中國流亡者持非常之壓迫主義，其實例不勝枚舉，此甚為不當，希望日本政府以遠大眼光，維持東亞和平」[141]。當革命黨人陳中孚在中國遼東發動革命，卻遭到駐在該地的日本官憲干涉。孫中山對此憤甚，指出：「日本政府對於我們的運動總是懷有惡感」[142]。1914 年 11 月，日英聯軍攻佔德國租借之青島後，日本內閣即通過「對華交涉案（二十一條）」，日駐華公使日置益向日外務相提出謀取交涉成功的六點意見，其中一條是：「在訴諸以上最後威壓手段前，在引誘條件中，對袁世凱最有力之一為取締革命黨及宗社黨自不待言。……希政府對此問題做根本性研究，為使袁更為滿意，應研究具體方法」[143]。孫中山等認為可以乘機在內地進行起義，一些日本人士亦表支持，但日本陸海軍部的某些人曾壓制和安撫革命黨人，聲稱在青島陷落之前，不可輕舉妄動，日本政府更

[139] 俞辛焞等：《孫中山在日活動密錄（1913.8-1916.4）》，南開大學出版社，1990年，第 638 頁。
[140] 同上書，第 688 頁。
[141] 《孫文與日本史事編年》，第 414 頁。
[142] 《孫文與日本史事編年》，第 422 頁。
[143] 《孫文與日本史事編年》，第 426 頁。

不願提供起義需要的軍用資金，使革命黨當然「最為痛心」[144]。孫中山因而認為「日本政府的態度，則因為英日同盟的關係，對我們並不友善。日本人民對我和我們的事業卻極為同情」[145]。

　　1915年1月18日，日本駐華公使日置益代表日政府向袁世凱面交「二十一條」，消息傳出，舉國憤慨。孫中山等當時處境非常窘困，但對日方此舉深表不滿，他對陳其美等說：「民黨向主聯日者，以彼能發奮為雄，變弱小而為強大，我當親之師之以圖中國之富強也。不圖彼國政府目光如豆，深忌中國之強，尤畏民黨得志而礙其蠶食之謀，故屢助官僚以抑民黨，必期中國永久愚弱，以遂彼野心。彼武人政策，其橫暴可恨，其愚昧亦可憫也。倘長此不改，則亞東永無寧日，而日本亦終無以倖免矣。東鄰志士，其有感於世運而正之者乎！」[146]而且，他還認識到：「二十一條」「其足以令我國民恐慌者，即為今日中日交涉問題，再推遠視之，則將來歐洲之戰爭完結之後，列強相繼而來，效尤日本，則中國瓜分之禍立至，尚何疑義！苟中國目前之交涉一旦退讓，則其後中國亦難再有革命圖存之機會矣！職此之故，我國人當速即起事，以救亡於未亡之際；否則，日本之吞併中國，如英之吞併埃及，同一破亡，永無復見天日之望矣！」[147]

　　可是，孫中山為解除現實困境，仍圖對日本實施策略利用。他致函日本外務省政務局長小池張造，違心地說：正在進行的中日交涉「其要點以日華親善及東亞和平為目的」，此與他所宣導的主張一致，但對日本貫徹此目的的手段與方法則略失所望。他希望日本政府「尋求有助於真正提攜之途徑」，即支持革命黨人建立政權取

---

[144] 《孫文與日本史事編年》，第426-427頁。
[145] 《孫中山全集》第3卷，第136頁。
[146] 《孫文與日本史事編年》，第433頁。
[147] 《孫文與日本史事編年》，第441頁。

代袁世凱政權來實現上述目的。他將此前自己和陳其美與日本犬塚
信太郎、山田純三郎所簽中日盟約十一條提請小池考慮。這「十一
條」與「二十一條」內容基本相同。其中心思想強調中日提攜相約
共圖政治、經濟、軍事各方面的全面合作；日本在華享有全面優先
權。[148]照他當時的想法，一則認為「袁氏實為誤國賣國之魁，設非
繼續去袁，則禍至無日。」故須「急持革命主義」，以成「安內攘
外之實」[149]。另則他辯解自己本無實權，有如「一浪子本無家產而
難將他人家所有之財產憑空指賣與人，試問誰人肯為賣主，家產且
不能，況國權等乎？」[150]這實際上是說，他自己既未掌權，自然無
權實現給與日本特權的承諾；從這方面看，他的「十一條」雖很謬
誤，但與袁世凱承認的「二十一條實有意圖上的根本區別。日本政
府也看到「十一條」的虛幻性，而熱衷於以袁世凱身上強索到現實
可得的巨大利益，故繼續壓迫在日革命黨人。當時在東京與孫中山
多有晤談的孔祥熙「確信孫博士真正希望他的國家好起來，只是由
於某些錯誤觀念，他就很容易被日本人利用」。其時孫在同一位美
國友人談到中國情況時還聲淚俱下[151]。這確是對孫中山當時心情的
較為逼真的敘述。

　　孫中山的上述錯誤觀念，在袁世凱得到英、美、日等列強的支
持下，復辟稱帝氣焰益張之時，顯然有所消除。他在回答日本東京
大學一教授提問時，明確表示：「他固然反對歐美侵略中國。而其
所以排斥日本獨甚，是因為「中華民族已日益不堪外力壓迫之痛

---

[148] 《孫文與日本史事編年》，第441-442頁。對「十一條」的真偽，中外史學
界意見頗為紛歧，據考證應信其有。可參見段雲章、邱捷：《孫中山與中國
近代軍閥》，四川人民出版社，1989年，第167-169頁。
[149] 《孫文與日本史事編年》，第440頁。
[150] 《孫文與日本史事編年》，第445頁。
[151] [澳]駱惠敏編、劉桂梁等譯：《清末民初政情內幕》，上海，知識出版社，1986
年，下卷，第421-422頁。

苦，而日本帝國主義乃後起而益甚，中國人不能不首先抵抗，……其有時惡日本過於他國，則正以同文同種同洲之故，……且追逐強鄰之後，一如其所為」[152]。當時，日本除追求中國東北和山東半島的侵略特權外，還想吞併福建。孫中山於 1914 年 11 月 23 日復葉猛醒函中，又指出：「某國（按指日本）窺伺閩省已非一日；但果行吞併，必遭到列強之忌，而干涉即來。且彼雖號稱雄長。然當國無偉大之英雄，治兵無充裕之財力，非常事業不易舉行，外侮之乘，無足深慮。所可慮者，惟袁氏欲人承認帝制，不惜犧牲一切，拱手讓諸他人，以為交換條件耳」[153]。

　　儘管如此，孫中山在國內已掀起反袁高潮時，仍亟於尋求日方的援助，甚至向日本陸軍參謀總長上原勇作表示：「如果日本能以三個師團以上的日本預備役將士和武器協助中國革命的話，將把東北三省的特殊利益讓給日本，承認日本的移民和開拓的優先權，但是東北三省是中國的領土。吾等堅決維護固有的主權，雖寸土亦不容侵略」[154]。然而，日本政府雖已與其他列強一道放棄對袁世凱的支持，但卻像戴季陶當時觀察所得，他們派田中中將到中國活動，「他的第一件大事就是在南方扶植岑春煊、唐繼堯，而壓制孫中山先生所領導的中華革命黨」；「他在中國的中部，又扶助張勳」；「在中國北部，又扶助段祺瑞以為日後掌握北京政權及壓倒黎元洪、對歐參戰……。而作來作去，他總有一個主點，就是不要中國統一，尤其不要中國統一於革命，不要統一於革命領袖的中山先生」[155]。戴時為孫中山秘書。常代孫發言，這自亦孫當時的看法，其對日不滿情緒於此亦可窺見。

---

[152] 《孫文與日本史事編年》第 449 頁。
[153] 《孫中山全集》第 3 卷，第 209 頁。
[154] 《孫文與日本史事編年》第 464 頁。
[155] 《孫文與日本史事編年》第 468 頁。

第四節　對列強進行第一次世界大戰的揭露和譴責

在巴爾幹戰雲密佈、大戰一觸即發之際，孫中山為周應時所著《戰爭入門》作「序」中寫道：「戰爭為人類之惡性」，「近百年來，白種之物質進化，實超前古，而其心性進化尚未離乎野蠻，故戰爭之禍於今尤烈。當此之時，世界種族能戰則存，不能戰則亡，優勝劣敗，弱肉強食，殆視為天理之當然，此誠進化前途之大厄也。」「我中華為世界獨存之古國，開化最早，蠻風久泯，人好和平，不尚爭鬥。乃忽逢此白禍滔天之會，有亡國滅種之虞，此志士仁人欲為人道作干城，為進化除障礙，有不得不以戰止戰者也」[156]。這裏，孫中山嚴厲譴責已迫近的歐洲大戰，斥之曰「白禍滔天」，擔心將給中國招致亡國滅種。因此，革命志士應加強戰備，準備為維護世界人道和進化而進行正義的反帝國主義戰爭。

在這次大戰進行過程中，有如上述，孫中山沉迷於聯日反袁，不斷失算。但也緊密注視大戰的進行。1916 年 5 月，孫中山在國內反袁的勝利聲中從日本回到上海不久，親日的段祺瑞又代袁而起。孫中山誤以為中國已出現和平建設時機，他說：「歐洲大戰是天在教訓我們，種族競爭今後將日益激烈，黃色人種需要自覺與努力」。他寄望日本幫助中國改革維新，並修訂不平等條約[157]。而其時，美、日都加緊爭霸中國，互爭中國政府和他們一致行動，這就出現了參戰與反參戰之爭，在當時中國統治集團內部也出現了親英美的北京政府總統黎元洪與親日的國務院總理段祺瑞的府院對峙。

---

[156] 《孫中山全集》第 3 卷，第 95 頁。
[157] 陳德仁、安井三吉編：《孫文講演「大亞洲主義」資料集》，日本京都，法律文化出版社，1989 年，第 295-299 頁。

　　在這場爭鬥中，孫中山仍持幻想與策略運用並存的態度，但總的來看，對帝國主義內部矛盾有較前更清楚的認識，其揭露、批判也較前增多。

　　孫中山本著反戰立場，最初反對中國參加第一次世界大戰，他於 1917 年 3 月 9 日分電北京參、眾議院和英國首相勞合·喬治。前者指出「歐戰本為利害之爭」，中國參戰有害無利[158]。後者對英國動以利害，勸其不要因此而「損傷英國在遠東之威望」和在東方的利益[159]。當段祺瑞唆使督軍團迫脅國會通過參戰案時，孫中山又致電國會中的民友會議員，諭以此「為中國存亡所關，不能稍有所遷就」[160]。5 月 10 日，在段祺瑞策劃下，北京「公民請願團」圍攻眾議員，脅迫議員贊成政府宣戰案，孫中山即於次日電請黎元洪「迅發嚴令，將偽公民犯法亂紀之人，捕獲鋤治，庶保國會之尊嚴，而杜宵人之指嗾」[161]。段祺瑞特派贊成宣戰的國民黨人王寵惠到上海向孫中山疏通，孫對段仍表示反對，不允北上。5、6 月間他頻頻打電報或寫信給北京參眾議院、黎元洪、段祺瑞、唐繼堯、陸榮廷以及日本首相寺內正毅等，反覆申明上述立場。他於 5 月授意朱執信寫成近 4 萬字的《中國存亡問題》，迅即翻印，「託送要人並各界」[162]。這些著作、函電的中心思想是反對參戰及由此引起的蹂躪國會的惡劣行徑；同時亦表明孫中山對大戰的進一步認識。

　　他明確把戰爭按目的分為「侵略人」和「被人侵略」兩種，即有正義和非正義之分。並且指出參戰雙方都屬於前者；而雙方相較，德國較之協約國「實可謂之侵略中國最淺、野心最小者」。而當時慫

---

[158] 《孫中山全集》第 4 卷，第 18 頁。
[159] 同上書，第 19-20 頁。
[160] 同上書，第 29 頁。
[161] 同上書，第 29-30 頁。
[162] 《孫中山全集》第 4 卷，第 95 頁。

慫中國政府對德絕交、宣戰的美、日兩國「即以經濟上之活動乘茲
戰爭各博巨利也」。美國之所以參戰，是為了「今可移供本國擴張軍
備之用，即無資本誤投生產過剩之患」；日本由原先反對中國參戰轉
而慫恿中國參戰則為爭奪中國，「實有日、美之暗鬥含於其中」[163]。
這就對大戰的掠奪實質，以及擴軍備戰和資本主義經濟危機的內在
聯繫作了一定的揭露。他特別譴責英國的侵略行徑，認為英國「握
世界商業之實權」，亦「為此次戰役之首領」，「始終居於使嗾之地
位」；「而美、日之行動，適以為英政府所利用耳」[164]。在大戰中，
英國雖居重要地位，但把當時正激烈爭奪中國的日、美說成是被動，
「唯英之命是聽」[165]，則有悖事實。1920 年，在大戰期間任北京政
府駐日公使的陸宗輿在一封密函中就說：「前年參戰實係發源於合肥
致日本外部本野之一電，時適輿在東京為參戰事往來電報甚多，因
彼國之助，東海、合肥乃始定見。……日本因此而援助段內閣。」[166]
實際上應該說，日、美是鼓動中國參戰風波的罪魁禍首。

更有甚者，孫中山在 1917 年 5 月還聲稱：「中國今日欲求友邦，
不可求之於日、美之外」；並且設想中、日「以亞洲主義，開發太
平洋以西之富源，而美國亦以門羅主義，統合太平洋以東之勢力，
各遂其生長，百歲無衝突之虞。而於將來，更可以此三國之協力，
銷兵解仇，謀世界永久之和平。」[167]由於這時美國正支持黎元洪反
對參戰，孫中山在這時乃至隨後一段時間對美國認識不清，抱有幻
想，是易於理解的。而他對日本的態度則值得考究。1920 年 8 月，
他在一次演說中追述：在北京政府決定了跟隨美國之後，不多幾

[163] 《孫中山全集》第 4 卷，第 39、45、51、60 頁。
[164] 《孫中山全集》第 4 卷，第 62-63、74、83 頁。
[165] 同上書。第 77 頁。
[166] 〈段祺瑞的參戰和借款〉，《近代史資料》總第 38 號。
[167] 《孫中山全集》第 4 卷，第 95 頁。

天，他會見了日駐上海總領事，曾嚴正表示：「要用我的十二分力量，來反對日本把中國放在日本保護底下來參戰的新計畫。」因為「我那時看出日本不能希望單拿外交來征服中國，就在請中國參戰這個表面名稱裏頭，打算著用軍事統轄來征服中國了。」因考慮到協約國都拉中國參戰，事情難以挽回，他於是決意在廣州建立護法軍政府以牽制日本[168]。孫中山於 1917 年 3 月中下旬接見過日駐上海總領事，確有記載，孫反對日本拉中國參戰，當無疑義；但他是否如三年多以後所追述的那樣明確，則尚無旁證。即使如此，孫中山此時對日本仍抱幻想。他在三、四月間會見德駐上海總領事柯南平時，仍認為日本外務省反德，大部分海軍將領則親德，他還自信日本政府部分要員有影響力，所以最初曾打算親自赴日，說服日本改變拉中國參戰的政策，但被友人勸阻[169]。6 月，他派戴季陶赴日活動，但寺內內閣拿定「中國時局宜解決，宜乘此兵權在手，組織純粹之強固政府」，即執意於扶段之方針[170]。在野的政友會總裁原敬認為孫中山的主張是「空想，不可能實行」[171]。於是，孫中山大失所望，於 6 月致函日本寺內首相，譴責日本政府「表面標榜中立，而實際則不問正義之所在，惟與武力優者為友」；同時指出：這種武力優勢絕不能長久，終必使中國人民集怨於日本[172]。可見，通過參戰問題，孫中山對日本的認識確在趨向清醒，但有一個過程。至於他說的那些推許日、美而歸罪英國的不實之詞，可能是出於拉日、美以抵制英國的企圖。它體現著孫中山言行常有的策略運用與幻想的交織。

---

[168] 《孫中山全集》第 5 卷，第 298-299 頁。

[169] 李國祁：〈德國檔案中有關中國參加第一次世界大戰的幾項記載〉，《中國現代史專題研究報告》，臺北，中華民國史料研究中心，1985 年，第 4 輯。

[170] 〈東京三年〉，《近代史資料》總第 38 號。

[171] [日]原奎一郎編：《原敬日記》，東京，乾元社，第 4 卷，第 313-314 頁。

[172] 《孫中山全集》第 4 卷，第 108 頁。

　　俄國二月革命及俄、德議和談判的情景，也引起孫中山的注
目。他歡欣地認為二月革命已導向「來日狂瀾」[173]。他聞訊即函賀
彼得堡俄政府，認定「俄國革命必定成功，歐戰中的同盟協約國都
一定失敗」[174]。當時，德國為了擺脫困境，也多方活動，阻止中國
參戰。中德絕交後，柯南平奉德駐華公使辛慈命，在上海與孫中山
會談關於促迫段祺瑞下臺和用金錢收買軍隊事宜，擬以 200 萬元資
助國民黨倒段，孫對此表示贊同。據柯南平稱：此事與孫中山率海
軍南下的活動有聯繫。孫中山當時曾邀德人同往廣州，因柯南平考
慮如此將對雙方不利，故未前往[175]。至於孫中山是否已得到 200
萬元，則記述不一。孫於 1918 年 3 月 18 日致美駐廣州總領事海因
策爾曼信中予以否認[176]。但孫一度聯德以制日本等拉中國參戰的事
實，則可肯定無疑。

　　孫中山的上述努力，並未取得中國應「以獨立不撓之精神，維
持嚴正之中立」[177]的結果。到 1917 年 6 月，由於英、法和日本站
在一起，反對美國要求北京政府先謀政治統一，而參戰是「次要問
題」的照會[178]，美國反參戰失敗，黎元洪也在段祺瑞串演的軍人干
政、蹂躪國會、張勳復辟、起兵驅張、再擅國會等鬧劇中垮臺。孫
中山乃於 7 月率海軍南下，旋在廣州召開國會非常會議，成立護法
軍政府，對段祺瑞為首的北洋軍閥進行討伐。

　　可是，孫中山到廣州不久，即於 8 月 14 日向美國駐廣州總領
事透露了與美國一道向德國宣戰的意向；9 月 7 日，胡漢民又奉孫

[173] 《孫中山全集》第 4 卷，第 22 頁。
[174] 〈中國國民黨第二次全國代表大會政治報告〉，《中國國民黨第二次全國代
　　表大會日刊》第 12 號。
[175] 李國祁：〈德國檔案中有關中國參加第一次世界大戰的幾項記載〉。
[176] [美]韋慕庭著，楊慎之譯：《孫中山——壯志未酬的愛國者》，廣州，中山大
　　學出版社，1986 年，第 343 頁。
[177] 《孫中山全集》第 4 卷，第 99 頁。
[178] 《簡明中美關係史》，第 151 頁。

中山之命請美國總領事將上述意向轉達美國政府，並望給予財政援助[179]。18 日，孫中山咨請國會非常會議，「諮詢以後對於德、奧兩國，應恢復中立關係，抑應暫行容忍現在之交戰狀態？」[180]結果決議對現時交戰狀態予以「暫時容忍」，國會非常會議於 22 日又因孫中山提出之復咨，可決將「暫行容忍」改為「承認」[181]。26 日，軍政府佈告對德奧宣戰。曾幾何時，孫中山為什麼如此突然改變反對參戰的立場呢？

關於這一改變，軍政府的宣戰佈告解釋說：「邇者段祺瑞矯託大總統命令，擅組政府，對於德奧實行宣戰，揆之國法，自屬不合，按之事實，我國之與德奧實已出於敵對地位。」「既經國會非常會議議決承認交戰狀態，本軍政府自應依議決執行。」[182]這種解釋顯然是官樣表面文章，實際上是孫中山在國內外巨大壓力下而採取的被迫行動。

就國際而言，1917 年，由於美國和一些中立國之參加協約國方面，同盟國已處於不利地位，對南方軍政府自是無從援助。俄國二月革命後雖有議和呼聲，但克倫斯基主持的俄國臨時政府仍顯悖民意，繼續對德作戰。而軍政府正處於內外交困中，盤踞廣東的桂系軍閥廣東都督陳炳焜就以「協約國一直都在各方面援助北方，臨時政府（按指軍政府）要想得到協約國的承認，無疑是困難的」[183]，作為反對軍政府的一個主要藉口。而協約國一面支持北京政府，一面卻不斷對南方政府施加壓力。駐廣州之協約國的總領事就曾連日集議，「謂南政府組設，實害中國統一，自難派

[179] 《孫中山——壯志未酬的愛國者》，第 102-103 頁。
[180] 《國會非常會議紀要》，廣州，1917-1918 年，「會議錄」，第 26-29 頁。
[181] 《孫中山全集》第 4 卷，第 185-186 頁。
[182] 上海《民國日報》1917 年 10 月 5 日。
[183] 粵海關檔案《各項時事傳聞錄》，1917 年 9 月 9 日條，廣東省檔案館藏。

兵赴歐，間接影響於協約國」，因此「我協約國領事應提出絕交，以促反省；若再執迷不悟，則惟有調集駐港之兵艦來粵，由領事團指揮，與之決裂」[184]。為圖軍政府生存，孫中山即使反對參戰，也未放棄對協約國方面、特別是對美、日支持的爭取。他對美國期待更為殷切，於 6 月 3 日致電美總統威爾遜，請求他利用其在協約國列強中的影響，使中國避免捲入歐戰，但遭到拒絕[185]。孫中山到達廣州後，就先後會見日、美等國駐廣州領事，會談形勢，商借款項。他還派前參議院譯長張繼赴日，一則勸阻日本向段祺瑞貸款，另則借款購買軍火，因為「財政援助軍火裝備以及外國政府（對南方政府）的承認，是他的經濟十分拮据的政黨的最迫切的需要。」[186]而協約國方面對軍政府除硬的一手外，也還有軟的一手。日寺內內閣於決計援段的同時，又提出「須保存與南方派之間的相對接觸」，但「拒絕給予借款和供給軍需品」[187]。當時臺灣銀行就和孫中山有過借款談判，還傳說孫已與三井物產會社簽訂了為南下艦隊購買煤炭的合同。協約國方面的這種兩手政策，加上協約國方面漸占上風的局勢，自必促使孫中山重新權衡原持政策的利害。

就國內而言，當時雖然中國人們多反對參戰，「商民之意旨則反對者幾於一致」[188]，但尚未顯示其力量。孫中山當時所希求者，一為西南軍閥的支持。但西南軍閥只反對段祺瑞依靠外援武力統一南方，護法不過是一個招牌。馮國璋以北京政府代理總統名義於 8 月 14 日頒佈對德宣戰令後，西南軍閥對此並未表示異議；而且聲

---

[184] 重慶《國民公報》1917 年 10 月 20 日。
[185] 《孫中山──壯志未酬的愛國者》，第 102 頁。
[186] 同上書，第 102-103 頁。
[187] 《日本外交年表並主要文書》（上），東京，原書房，1955 年，第 437 頁。
[188] 羅家倫，黃季陸主編：《國父年譜》增訂本，臺北，中國國民黨黨史編纂委員會，1969 年，第 749 頁。

稱：反對段內閣是另外一件事，中國對外應當一致，代理總統的命令是可以接受的。陳炳焜竟將這個命令抄致廣州領事團，還用「奉大總統令對德宣戰」的字眼發佈對內文告[189]。二為粵國會議員。這些議員與孫中山同心同德者並不多，南來議員中為數較多並有相當影響者為政學系，他們雖然對段祺瑞的排斥異己很不滿，在張勳脅迫解散國會之後憤然南下，但他們的真實意圖是擁黎反段，保住自己的權位。在是否參戰問題上，南下議員實分兩派，真正反對參戰者，實僅左翼的丙辰俱樂部少數議員。政學會和以張繼為中堅的益友社派也曾投票贊成參戰。所以由南下議員組成的國會非常會議內旗幟紛亂，主張參戰者實占多數。9 月 22 日國會非常會議表決是否承認交戰狀態時，60 個議員中有 49 個可決。可見，孫中山和護法軍政府要得到他們的支撐，勢必在主張上有所遷就，即其所稱：「本軍政府自應依議執行」。

從以上分析中，我們可以看到，孫中山由反對參戰到贊同參戰，是迫於情勢旨在為護法軍政府圖存的一種退讓。而究其實，孫中山實未改變初衷。就在他似在轉向時，他於 9 月 15 日接見日本記者、社會活動家河上清時，就明確表示，他對英國、德國都無好感，但他不願意看到以德國潰敗為結局，「因為那種局面一旦形成，它必將導致英國加緊對亞洲的控制，尤其是對中國的控制」；而德國的不敗，則可能「成為英國在遠東推進的制衡力量」。因此，他反對段祺瑞政府對德宣戰，也反對日本「為白種人火中取栗」[190]。而且，就是在被迫對德宣戰後，孫中山在許多重大問題上，仍與段祺瑞及其後臺把中國拉入大戰的罪惡圖謀尖銳對立。

[189] 陶菊隱：《北洋軍閥統治時期史話》，北京，三聯書店，1983 年，第 666、680 頁。
[190] [日]藤井昇三：〈一九一七年孫中山與河上清的談話〉，廣州，《孫中山研究》第 2 輯。

　　日、段勾結拉中國參戰的實質，是日本以援助中國參戰和建設
為名，大量提供軍事援助，武裝並擴充北洋軍，實行日本統轄下的
軍事統一。針對這種情況，孫中山和國會非常會議多次發出通電，
譴責段祺瑞攘據中央政府，「借外債賣物產，擅結條款，濫購軍械。
假參加歐戰之名，行殘殺國民之實」[191]。孫中山還領銜致電日本寺
內首相等，反對日本以軍械鉅款，「用以壓迫護法之國民」[192]。國
會非常會議還向日本各政黨首領致送反對日本向北京政府提供武
器的決議。直到大戰結束時，孫中山在接見日本高木陸郎時，還鄭
重囑咐他轉告新上臺的原敬首相：希望「日本依然對抗英國，堅持
解放亞洲民族之態度」，他說：「我正式從此見地出發，對東亞之獨
自見解，而反對中國參戰。」[193]

　　俄國十月革命爆發後，立即通告〈和平法令〉，譴責帝國主義
戰爭，建議締結公正的、民主的停戰和約。反對戰爭、要求和平的
呼聲在歐洲各國益發高漲，帝國主義則十分驚慌。在這以前，美日
已達成一犧牲中國為共同目的之〈藍辛石井協定〉，至此，日本更
謀求進一步操控北京政府，共同對付蘇俄。日本內閣通過日議員菊
池寬電告孫中山：希望南方讓步，實行南北妥協，「勉求東亞大局
一致」[194]。當時，孫中山等真正的革命人正以讚賞的目光注視著俄
國革命，而對日本扶植段祺瑞壓制革命派則愈益反感。他憤慨地表
示：「查此次石井使美，梁士詒與段充赴歐助戰監督，皆與日本此
舉有關。國脈將以此終，不得不急圖救濟。文以為南北和議，本不
容外國干涉，但恐為強有力者所制，是為可慮。並聞協商國有利用
中國人眾物力以攻俄之說。對德宣戰已鑄大錯，今欲並禦俄、德，

[191] 《孫中山全集》第 4 卷，第 488 頁。
[192] 同上書，第 242-243 頁。
[193] 《孫文講演「大亞洲主義」資料集》，第 342 頁。
[194] 《孫中山全集》第 4 卷，第 251 頁。

亡國必矣！」[195]他針對日本「使中國南北調和，利用我人眾物力以攻俄國」的方針，提出「此時救亡妙策，在南北分離，庶不致為寺內利用，劫持中央，以臨各省。我能分立，寺內無所施技，寺內當不敢建攻俄之策」[196]。不僅如此，孫中山這時已對蘇俄革命黨所進行的艱苦鬥爭表示由衷欽佩，「並願中俄兩黨團結共同鬥爭」[197]。

　　還值得注意的是，在德國內部反戰情緒日益高漲、對外戰爭陷於被動的情況下，孫中山還於 1918 年 5 月派曹亞伯赴柏林，討論「德國與中國必須進行合作，以便把中國從英國、日本和它們的同盟者統治之下解放出來」的問題。曹到柏林，已是德國戰敗之後，但仍受到德國方面的接待，曹在柏林起草了一份關於中德合作的詳細建議書，其中包括建議由德、俄組織和裝備一支在俄境內的華人和德俘編組的軍隊，在空軍配合下，一舉推倒北京政府；然後中德相互扶助[198]。此建議書是否孫中山授意，尚乏佐證，但孫派曹聯德當屬實。據高木陸郎憶稱：孫中山在大戰結束前說過，他還聘用德國人做他的軍事顧問[199]。

　　由此可見，孫中山反對參戰的思想可謂脈絡分明，但在手段上則有出於情勢考慮而表現出前後與表裏相矛盾。這在中外古今的政治家中卻也並不鮮見。

---

[195] 同上。

[196] 《孫中山全集》第 4 卷，第 256 頁。

[197] 同上書，第 500 頁。

[198] 李國祁：〈德國檔案中有關中國參加第一次世界大戰的幾項記載〉。

[199] [日]高木陸郎：《孫文與大亞洲主義》。

第五節　對世界大戰後和平的審視

　　第一次世界大戰於 1918 年 11 月 11 日以德國戰敗而告終。緊接著是如何處理戰後的問題。當時擺在中國和世界人們面前是兩種途徑：一是帝國主義的和平，它是戰爭時期政策的繼續，1919 年上半年的巴黎和會和1921-1922年的華盛頓會議都以戰勝國重新瓜分世界和重新劃分勢力範圍為特徵，即屬於這一種，實質上只是造成一種醞釀著新的戰爭的武裝和平。另一種是社會主義者所企求的旨在消滅戰爭根源，即消滅資本主義制度的永久和平。孫中山作為真正的民主派，不僅反對上述列強兩個分贓會議，反對 1919 年帝國主義操縱下的中國南北議和的鬥爭，而且擬定了戰後的中國和世界和平建設構想。

　　在政治上，經過大戰和巴黎和會，孫中山更清楚地認識到國際戰爭，是「純然一簡直有組織之大強盜行為」。而巴黎和會的實際後果，是「世界再次回復到歐戰以前之狀況」，「前之提倡弭兵者，今則聯軍列強又增加海軍，以預備再次之戰爭」；日本軍國主義者「又欲以獨力併吞中國」；中國軍閥等反動勢力則賣國罔民，「行將以日本化中國」。如此，「拳匪之變或將再見於文明世界」[200]。同時他又認為：「惟自歐戰告終，世界潮流趨於和平。吾國大亂，苟能以和平方法改正壞法賣國之事，自不必再事殺人而流血」。他希望近期內實現以下兩和平條件：對內恢復國會、約法，對外廢除中日軍事協定和「二十一條」[201]，以實現中國的統一與和平。

　　在經濟上，孫中山十分珍惜大戰後的和平發展時機，「欲利用戰時宏大規模之機器，及完全組織之人工，以助長中國實業之發

[200] 《孫中山全集》第 6 卷，第 394-396 頁。
[201] 《孫中山全集》第 5 卷，第 293 頁。

達,而成我國一突飛之進步」。而且認為中國問題獲得解決,而可消除第二次大戰之危機,「關於中國問題之世界禍根可以永遠消滅」[202]。所以,他在大戰結束後,即著手制定了一個龐大而又細緻的國際開發中國的實業計畫。

在軍事上,大戰的殘酷現實,使他痛切認識到「近代戰爭之起,恆以弱國為問題。倘以和平之民族,善於自衛,則斯世初無弱肉強食之說:而自國之問題不待他人之解決,因以促進世界人類之平和」[203]。為圖善於自衛,他積觀察和研究大戰所得,擬著《國防計畫》一書[204]。此書雖未寫成,但從列出的 63 條綱要看,包括近代戰爭所牽涉的廣泛問題,如戰爭與政治、外交、經濟、文化、思想教育以及兵種的擴大和新戰略戰術的運用等,特別是明確指出中國自衛戰爭的目的是抵禦外國侵略,收回國家主權和領土等,並強調以主義治軍,展示了孫中山想建立一支由革命民主派真正領導的近代化軍隊以完成反帝反軍閥使命的宏圖。

在文化方面,孫中山對大戰給予人們的兩種重要啟迪都有明顯反映。一個是與大戰結局緊密相聯的「五四」愛國運動所激揚的愛國、科學和民主精神,受到孫中山的高度讚揚,他認識到「吾黨欲受革命之成功,必有賴於思想之變化」,而在運動中嶄露的革新思想,正可「為將來革新事業之預備」[205]。另一個是大戰充分暴露了西方文明的殘暴性和侵略性的一面,促使人們在文化上進行反省。孫中山是向西方尋找真理的佼佼者,但不主張照搬;而且歷來重視中國固有文明,常以新思想解釋舊事物。比如,在戰爭與和平問題上,孫中山在戰前就因中日共同尊奉儒家而有意引用儒家的「四海

---

[202] 《孫中山全集》第 6 卷,第 247-248 頁。
[203] 《孫中山全集》第 5 卷,第 150 頁。
[204] 同上書,第 570-572 頁。
[205] 同上書,第 209-210 頁。

皆兄弟之博愛主義,治國平天下之和平主義」,來敦勸日本不要追隨肆行對外侵略的歐洲列強[206]。大戰後,孫中山也瞭解到厭棄戰亂的人們對西方文化感到失望,而「中國思想中之大同世界,又常為世所豔羨」,世界愛好和平之民族,甚至認為「此戰而終結將來之戰」,「一時幾咸信大同之世至矣」[207]。他因而更注重把儒家的詞句改造為進行反帝反封建鬥爭的宣傳武器。如他在 1921 年 12 月的一次演講中對「智、仁、勇」作了全新的解釋,特別把儒家推崇的「仁」解釋為「有救世、救人、救國三者,其性質則皆為博愛」;「而所以行仁之方法,則在實行三民主義」,其目的是造成一個「莊嚴華麗之新中華民國」和「大同世界」[208]。

　　孫中山對戰後和平的看法,特別表現在對 1919 年中國與世界的兩個和會的審視上。1919 年 2 月 20 日到 5 月 13 日,在上海演出過一場南北議和短劇(簡稱上海和會);差不多同時,帝國主義戰勝國於 1 月 18 日到 6 月 28 日舉行了戰後分贓的巴黎和會。這兩個和會既關係著世界此後的發展,又牽涉到中國的政局和前途,自是得到孫中山的密切關注。大戰結束前,美國總統威爾遜在 1918 年 1 月 8 日提出〈和平條款十四條〉,意在憑藉美國在大戰中增長的優勢地位,登上戰後戰勝國盟主的寶座,並乘機向中國捲土重來,這就使得美國同大戰中在華猛烈擴展勢力的日本發生尖銳的對立。這種對立一則表現為它們直接進行在華權益角逐;另則表現為美國與英國加緊扶植直系軍閥和西南軍閥同當時盤踞中央、接受日本大量援助的親日派皖、奉系軍閥爭奪中央控制權。它們利用中國人們厭戰反戰以及反對日本帝國主義及其走狗的情緒,高唱「南北議和」,對段祺瑞政府頻頻迫和。就中國而言,經過辛亥革命後的

[206] [日]《大阪朝日新聞》1913 年 3 月 12 日。
[207] 《孫中山全集》第 6 卷,第 394 頁。
[208] 《孫中山全集》第 6 卷,第 22、35、39 頁。

長期動亂，廣大中國人民確是渴望和平與安寧。在大戰中得到初步發展的中國民族資產階級，更渴望戰後有一個得以持續發展的國內外環境，因而極力鼓吹和平。還在 1918 年 6 月，上海商業公團聯合會就通電反對軍閥們窮兵黷武，表示「無時不希望和平」[209]。他們對威爾遜的十四點和平計畫尤懷殷切寄望，紛紛表示贊成。

孫中山從 1917 年 7 月豎起護法旗幟以來，一直堅持在恢復國會約法、結束北洋軍閥統治前提下的國家統一，但反對南北苟且和平或者南北軍閥分贓自肥的和談。對日本帝國主義撮弄南方護法政府、以謀歸附它所支持的段祺瑞北京政府的和談企圖也進行了抵制。他在一封信中憤然指出：日本旨在「使中國南北調和，利用我人眾物力以攻俄國」，段祺瑞之秉承日本意旨則在借日本力量「劫持中央，以臨各省」，果爾，「中國其高麗矣！」[210]即使中國亡於日本。他雖應邀派殷汝耕、朱執信等去日活動，但他在托他們帶交頭山滿、犬養毅的信中堅決表示：「解決今日時局，以恢復國會為唯一之根本」，「背乎此者，則無論示以何種條件，文必不甘承認之，何也？為圖中國之長治久安，實捨鞏固國體外，無他道耳」。並且指出：「世人紛紛以南北之分限為言，文甚鄙棄之。蓋為此言者，不過欲利用南北之惡感，以自營其私而已。」[211]此前，孫在給唐繼堯的一封電報中談及此事時，還凜然表明：「文以為南北和議，本不容外國干涉。」[212]1918 年 3 月，充當軍閥們議和吹鼓手的旅滬各省公民調和會，叫嚷要孫中山放棄護法事業，贊同調和。孫中山憤怒地譴責說：「此次義軍護法討逆，純屬民國存亡問題，絕無黨派權利競爭之可言。何謂調和！豈民國若存若亡，半生半死，諸君

---

[209] 重慶《國民公報》1918 年 6 月 20 日。
[210] 《孫中山全集》第 4 卷，第 256 頁。
[211] 同上書，第 422 頁。
[212] 同上書，第 251 頁。

將謂調和有成乎？義軍之目的在恢復約法效力，取消非法解散國會之案，擁護國會完全行使職權，早有宣言，佈告全國，苟能以和平之手段達到此目的，使國內不致糜爛，尤義軍所深願。乃非法政府積極違憲，迭布偽國會組織法、偽兩院選舉法，多方賣國，借款購械，以殘殺國人，而叛督跳樑，又各自由行動，如倪嗣沖、張作霖之盜弄兵權，試問諸君何以調和？」他對這批吹鼓手和帝國主義者相勾結的骯髒行徑尤為氣憤，指出：「惟鬩牆禦侮，古有明訓，諸君既曰公民，而乃謀及外人，是何居心？」[213]孫中山這樣一種堅決護法立場，反對南北混一的明確態度，自是遭到帝國主義和軍閥之大忌，桂系軍閥變本加厲地對孫中山進行打擊和排擠。1918 年 5 月，孫中山在護法無法進行、南北調和聲浪十分喧囂的情況下，被迫辭去軍政府大元帥職務，離粵赴滬。但這一事件使孫中山初步認識到「顧吾國之大患，莫大於武人之爭雄，南與北如一丘之貉」[214]。這為他隨後加深南北和談的認識提供了重要的思想基礎。

從 1918 年下半年起，南北議和的聲浪更加甚囂塵上。由於英、美帝國主義具有較強的政治、經濟實力，而且喬裝和平使者，比起日本帝國主義對中國採取的瘋狂侵略方式，具有更大的欺騙迷惑性；特別是英、美的一些報紙、通訊社打著主持公道正義的旗號，要求公佈和廢除中日密約及其附件，以打擊日本，爭取了不少中國人的好感。因而使得英、美在爭奪中國時居於優勢地位。他們支持的直系軍閥與皖系軍閥也由暗鬥轉向公開對抗，而與湘、桂系軍閥握手言和。剛被段祺瑞扶上臺的北京政府總統徐世昌也轉而支持議和派，議和派氣焰益張。

---

[213] 《孫中山全集》第 4 卷，第 413-414 頁。
[214] 《孫中山全集》第 4 卷，第 471 頁。

孫中山這時退居上海，潛心著述，探找新的救國道路。但他仍嚴密注視著局勢的變化，他和緊靠他的同志以及一些進步人士一道，對帝國主義和軍閥們製造的假和平、假統一，進行了較前為多的揭露和抨擊。他堅決反對南北軍閥、政客通過南北和談來營私分贓，但也不忽視國內外要求和平的正當呼聲，他指出：「惟是國民所蘄望之和平，為依法之平和，為得法律保障之平和」，而非企圖「欲犧牲國會而與武人為謀」的平和[215]。這時他對日本和軍閥的南北和談陰謀有所瞭解；對當時的鬥爭情勢，以及鬥爭與和平的關係，也有較清醒的估計和較充分的思想準備。但他對帝國主義的認識尚有不少模糊。1918 年 9 月，對華稍持溫和態度的日本原敬內閣成立，作出了對這個「南北（政府）雙方採取不偏不倚的公正態度」，促進南北妥協和控制對華借款的決議[216]。這使得孫中山又對日本政府再萌寄望。孫中山曾託南滿株式會社社長高木陸郎轉告原敬，希望他「堅持解放亞洲民族之態度」，日美攜手，共同對付「以暴政來壓迫東亞」的英帝國[217]。孫中山還多次向日本駐上海總領事有吉明要求日政府改變援北政策，支持南方護法要求，均遭拒絕。有吉還遵照日本政府旨意，要孫中山「穩健自重」，贊同日本的方針[218]。當張繼、戴季陶於 1918 年 9 月受孫中山命向原敬闡明南方恢復臨時約法願望時，原敬斥之曰「空談」[219]。這就使孫中山對日本益發失望，而對美國總統威爾遜所提「和平」、「公道」、「扶助弱國」的十四點饒有興趣，認為它是「提倡正義公理以維持國際之永久和平」，「實為解決國際國內一切兵爭之根據」[220]。他多次主張南

---

[215]《孫中山全集》第 4 卷，第 520 頁。
[216]《日本外交年表並主要文書》，第 471-472 頁。
[217]《孫文講演「大亞洲主義」資料集》，第 340-343 頁。
[218]《日本外交文書》大正 7 年第 2 冊，上卷。
[219]《原敬日記》第 7 卷，第 230-231 頁。
[220]《孫中山全集》第 4 卷，第 519-520 頁。

北之爭應該請美國總統出面「主持公道」,充當南北談判的仲裁人。
不過,他這樣做仍然以支持其護法立場為前提。當他得知駐粵美領
事出面壓迫廣州軍政府停戰議和一事時,就義憤填膺地譴責美國
「是祖庇北方武力派以壓迫我也……美總統之宣言具在,今後惟正
義民權可以風動世界,必不能再有一部分人壓制其他部分人之事」;
並且慷慨聲明:「我愛和平不尚侵略之民族,向受凌轢於各國者,從
此將為世界之天驕。而我民黨及國會,向受摧殘於暴力者,從此亦
將為國內之天驕。吾人正當應此潮流,努力奮鬥,以表示威武不屈
之志,世界文明國人,乃能以我為新進之國民而引為同類也」[221]。

　　基於上述情況,孫中山對國內和會不如對國際性的巴黎和會更
抱希望。他認定巴黎[222]和會「誠為此後吾國在世界地位進退強弱之
一關鍵」。他雖因「南方政府未被承認,無從取得國際資格,代表
無效也」,[223]又不願接受北京政府委派,故多次謝辭作為參加和會
的國民代表。但他對如何開好這個和會還是十分注意的。他一再表
示待有機會時,再遊歐美。「以私人名義發言,或較為有效也」。[224]
另則推舉外交世家出身、與歐美多有聯繫的伍朝樞充當代表,讓他
與充當國內南方和談總代表、親美派官僚唐紹儀相配合,「冀為中
國爭回當今之國權」[225]。據胡漢民稱:「歐戰既終,黨員有參與巴
黎和會者,孫先生告之曰:宜提出取消中國與列強所訂之不平等條
約,收回被侵掠之各地,承認高麗之獨立,庶符民族自決之志;苟
不能,是則和會為無價值。中國之參加,尤無意義矣。」[226]為謀巴

[221] 《孫中山全集》第 4 卷,第 509-510 頁。
[222] 《孫中山全集》第 5 卷,第 15 頁。
[223] 《孫中山全集》第 4 卷,第 522、528 頁。
[224] 《孫中山全集》第 5 卷,第 4 頁。
[225] 楊雪峰:〈國父給徐謙幾封未見發表的函電〉,臺北,《傳記文學》,第 41 卷第 5 期。
[226] 蔣永敬:《民國胡展堂先生漢民年譜》,臺北,商務印書館,1981 年,第 232 頁。

黎和會取得積極成果，除寄望參與代表團的王正廷、伍朝樞外，還派郭壽祺、陳友仁、徐謙、汪精衛等國民黨要員，於巴黎和會召開前趕往巴黎，和原在巴黎的張靜江、李石曾等，聚集成一個能對和會代表團施加影響的國民黨要人集團，他們又通過中國國際和平促進會把中國留法學生和參戰華工組織起來，開展救國運動。這些活動得到孫中山的鼓勵和指導。旅法華工領袖許道生寫信給孫中山，告以「擬聯合在法工界僑胞，鞏固團體，以為將來救國之計」。孫在復信中，對其「毅力遠識，極為欣慰」；並望他與汪精衛、李石曾共商進行[227]。這就為隨後旅居巴黎的中國進步人士拒約救國活動提供了思想和組織準備。

　　國內舉行的上海南北和會和國際性的巴黎和會，都有一個共同議題，即廢除中日一切密約。它包括「二十一條」和隨後段祺瑞政府與日本所簽「一切有損主權及國脈之條約」[228]。這裏，既牽涉到中國現存政府的合法性，又牽動與此相連的大戰後歐美列強與日本誰操在華霸權的問題。

　　孫中山長期反對二十一條和隨後簽訂的實際上是這一條約的繼續和補充的一切中日密約；並把這種反對態度同謀求中國的獨立、統一和真和平的鬥爭緊密聯繫著。還在 1917 年，他就認識到日本強迫中國參戰，是企圖用軍事統轄的方式來征服中國，所以他當時就堅定而明白地向日本駐上海總領事表示：「要用我的十二分力量，來反對日本把中國放在日本保護底下來參戰的新計畫。」隨後，日本又強迫段祺瑞簽訂一系列密約，「用中國的軍閥來征服中國」。因此，孫中山進而認識到：「中國的大混亂，是二十一條款做成的，如果廢除了他，中國的統一就馬上可以實現。」[229]如何解決這個問題呢？

---

[227]《孫中山全集》第 5 卷，第 44-45 頁。

[228]《孫中山全集》第 5 卷，第 60 頁。

[229]《孫中山全集》第 5 卷，第 298-300 頁。

在「五四」運動前，有如前述，孫中山曾寄希望恢復舊國會的權威，通過法律來否定和廢除這些密約。唐紹儀從第二次談判起就提出廢除中日密約和懲辦禍首的問題，隨後又在談判中反復強調，固然和他親美態度有關，也與前已提及的胡漢民遵照孫中山囑咐對唐的促動有關。為此，孫中山還寫信給南方國會中的議員林森等，希望南方國會一致贊助這些提案，做唐紹儀的後盾，「萬不可為政學會所利用，以圖推翻之也」[230]。《民國日報》也有感於洶湧澎湃的反對中日密約、要求嚴懲賣國賊的浪潮，於 4 月 16 日發表了速除賣國賊的社論，指出段祺瑞、徐樹錚、曹汝霖、陸宗輿等賣國賊「密佈於北廷」，「國民以全力驅逐誅戮此類賣國賊則存，不能驅逐賣國賊則亡」[231]。

4 月 30 日，巴黎和會美、英、法三國會議決議將山東權利讓與日本，即認可中日密約中的關鍵條約「二十一條」，因而引發了抗議此種出賣中國舉措的「五四」愛國運動。在 5 月 7 日召開的南北第七次會談中，在南方代表的堅持下，通過了以南北總代表的名義致電參加巴黎和會的中國專使，要求勿在巴黎和約上簽字。在 5 月 13 日召開的南北最後一次和談中，南方代表提出的八條中前兩條即不承認山東問題條件，要求廢除中日一切密約，三、四、五條亦與此有關。因關係到當時執掌中央政權的皖系北京政府及其日本後臺在中國的統治問題，談判宣告破裂。有如前述，孫中山對提出上述條款起了實際導引作用。而上海和會的失敗，誠如胡漢民所說：「未幾，而北京大學生有五四運動。先生（按指孫中山）致電徐世昌責以不能為賣國者庇護；且不能妨礙學生與各界之愛國運動。以徐世昌等僅敷衍了事，則囑漢民立即破壞南北和會……及五四運動起，余謂：諸君尚欲與北方賣國者妥協耶？則皆不能答。乃

[230] 《孫中山全集》第 5 卷，第 31 頁。
[231] 上海《民國日報》1919 年 4 月 16 日。

提出懲治賣國罪魁之條件，而和會以破裂告終矣！時人尚有謂當一致對外者，先生曰：『與軍閥妥協，直一致賣國耳，何言對外也。』」[232]至於巴黎和會，由於奉孫中山命到巴黎活動的汪精衛、陳友仁、徐謙、伍朝樞等的積極活動，出現了旅法華工三萬餘集會、包圍中國代表飭其拒簽和約的場面。當時報載：「汪君精衛此次來法，對於國民外交活動，頗為盡力。前日我國代表拒絕簽字，尤以汪君及鄭毓秀等之力為多。」[233]

孫中山對待兩個和會及其結局的看法，還表現在他在對待「五四」愛國運動及其隨後事態的系列言行中，他在 5 月 12 日的一封覆信中憤切地說：「此次外交急迫，北政府媚外喪權，甘心賣國，凡我國民，同深憤慨。幸得北京各學校諸君奮起於先，滬上復得諸君共為後盾，大聲疾呼，足挽垂死之人心而使之覺醒。」表示：「當盡能力之所及以為諸君後盾。日來亦屢以此意提撕同人，一致進行。尚望諸君乘此時機，堅持不懈，再接再厲，喚醒國魂。」[234]他盛讚愛國青年「激發天良，誓死為愛國之運動」，「雖以頑劣之偽政府，猶且不敢攖其鋒」，「倘能繼長增高，其將來收效之偉大且久遠者，可無疑也。」[235]他還從外患日亟所激發出來的「群起救國，民氣大張」中看到「國民智識之進步，公理之終足以戰勝強權也」[236]。因此，他在上海積極參加愛國學生集會，發表演講，支持學生愛國壯舉，營救被捕工學界代表。他在當時一個學生關於學生運動的批示中慨然表示：「學生思想當然如此，深望結合同學同志，為最後之奮鬥，以達最後破壞之目的。」[237]當時日本帝國主義者誣謗學生

---

[232] 蔣永敬：《民國胡展堂先生漢民年譜》，第 232 頁。

[233] 上海《民國日報》1919 年 10 月 22 日。

[234] 《孫中山全集》第 5 卷，第 54 頁。

[235] 《孫中山全集》第 5 卷，第 210 頁。

[236] 《孫中山全集》第 5 卷，第 65 頁。

[237] 《孫中山全集》第 5 卷，第 110 頁。

運動悉受英、美煽動，孫中山即予駁斥，指出「五四」愛國運動「應該說是中國國民一致進行的」，也不是「排外思想」或「過激思想」，而是日本「在過去四年中背叛實現兩國親善之希望」，致使中國「國民對日本怨恨比誰都深」[238]。

他還從「五四」愛國運動中所呈現的全國各界愛國革命力量的新結合中，看到南北政府都不能代表中國，年輕的中國只能是：「學生運動、抵制日貨、鼓勵本國實業、反對簽訂巴黎和約的中國」[239]。一言之，即反對帝國主義侵略、實現國家獨立、發展資本主義的中國。據他自稱：他在當時之所以制訂《實業計畫》，就是「鑒於諸列強在一九一九年和平會議上對中國的覬覦」，並認定：「中國若仍不能使國家的經濟得到發展，它終究擺脫不了成為國際列強爭奪的獵物和剝削的對象的命運，並可能因之成為下一次世界大戰的導火索。」[240]後來事態的發展，確也證明了這一點。這表明孫中山對當時的世情國情有較前深刻的觀察和認識。

這年 7 月，與北洋政府沆瀣一氣的廣東軍政府陸榮廷、岑春煊一夥對廣州數千學生反日遊行示威進行橫暴鎮壓，孫中山又嚴厲譴責陸、岑等「結連叛逆，欺騙國會，藐視人權」。他斷然表示：「文絕不忍與之共飾護法之名，同屍誤國之罪」[241]，堅決辭去軍政府總裁職務。但他對美國總統威爾遜所提出的「民族自決」原則，直到1924 年作《民族主義》演講時，還認為威爾遜所提是消滅強權、主持公道，「到了戰勝之後開和議的時候，英國、法國和義大利覺得威爾遜所主張的民族解放和帝國主義利益的衝突太大，所以到要和議的時候，便用種種方法騙去威爾遜的主張。弄到和議結局所定出的

---

[238] 《孫文演講「大亞洲主義」資料集》，第 302-303 頁。
[239] 《孫中山全集》第 5 卷，第 247 頁。
[240] 孔慶泰：〈孫中山先生的一封重要佚函〉，北京，《歷史檔案》，1986 年第 2 期。
[241] 《孫中山全集》第 5 卷，第 94-95 頁。

條件，最不公平。世界上的弱小民族不但不能自決，不但不能自由，並且以後所受的壓迫比從前更加厲害。」[242]就客觀效果言，威爾遜提出的「民族自決」對戰後被壓迫民族群起抵抗強權、要求自身解放自有其促進作用。但就其主觀動機和威爾遜實際上放棄了這一原則而言，則顯見孫中山眼光的局限。當時熟悉中外不少情事的英國《泰晤士報》駐北京記者喬‧厄‧莫里循在 5 月 9 日的一封信中就如此揭明事實真相：「威爾遜總統完全愚弄了中國人，……同日本做了一筆交易。他答應支持日本對中國提出的全部要求，以換取日本不再堅持她在國際聯盟提出的民族平等主張。結果是使日本在中國所得遠遠超出她原來的希望之外，也比她原來認為夠了而可以接受的為多。總統現在正在對中國人連哄帶嚇，使他們相信他一貫是他們的支持者」[243]。由此孫中山還產生了一種幻覺，認為「英美對我方針，近來大表好意，白人外患可以無憂。日後吾黨之患，仍在日本之軍閥政策。倘日本仍行其扶舊抑新之手段，則中國之內亂，未有已期也。如此，則吾人亦不能不倒行逆施，親英、美以排日也。」[244]他深望「日本民間同志，有以糾正軍閥之方針，不為同洲侵略之舉，而為同舟共濟之謀，則東亞實蒙其福，而日本亦終享其利」[245]。

第六節　1921-1923 年對列強以反抗為主的趨向

　　1921-1923 年，孫中山在廣州兩次建立革命政權，在這一期間，就對內而言，發生了驅桂勝利，在廣州正式建立政府與北洋政府相對抗，陳炯明兵變及其續後歷時數年的武裝爭奪等。對外而言，發

---

[242] 《孫中山全集》第 5 卷，第 223 頁。
[243] [澳]駱惠敏編，劉桂梁等譯《清末民初政情內幕》（下），第 816 頁。
[244] 《孫中山全集》第 5 卷，第 354 頁。
[245] 《孫中山全集》第 5 卷，第 354 頁。

生了列強操縱的壓制中國的華盛頓會議，收回關餘以及著手聯俄以對抗列強等事件。而這些內外事件，又相互牽連，相互影響，促使孫中山對列強對華意圖和表現進行更深的體察，而以反抗為主的趨向作為回應。

華盛頓會議由美國總統哈定於 1921 年 7 月倡議籌備，11 月 12 日開幕，至次年 2 月 6 日結束，主要討論裁軍和中國的山東問題。中國被邀請者為北京政府。孫中山領導的南方政府雖一再要求與會，均未獲理睬。孫中山對此極為憤慨，他多次發表宣言、談話予以譴責。如 9 月 5 日的宣言，就義正辭嚴地聲明：此次會議之遠東問題，「實以中國為樞紐，而中日『二十一條』，高徐、濟順、滿蒙四路密約，及其他秘密協約，制我死命，奪我主權，不廢棄之，國將不國。追原禍始，此種條約，實締結於徐世昌及其黨徒之手。以手訂禍國條約之人，膺解決遠東問題之任，狐埋狐捐，必無所幸」，故北京政府絕無派遣代表之權。他鄭重宣告：「將來華盛頓會議，苟非本政府所派之代表列席與會，則關於中國之決議案，概不承認，亦不發生效力。」[246]孫還以此意致函美國國務院，但美國仍置之不理。這些抗議雖無效，卻表明孫中山較前清醒地認識到英、美和日本在這個問題上雖有矛盾，實際上卻都在損害中國。在 9 月上旬，北京大學代校長蔣夢麟來到廣東與他會商組成「統一中國」代表團與會時，他指出：「此次太平洋會議，乃從前巴黎和平會議之變相。巴黎和平會議，不過將日、英兩國秘密對山東問題條約，藉該會議決，變為各國公認之約。」而且，此次會議，「對於中國所議事件，某二國早有商量……總之，不利於中國而已。」他拒絕南方派代表參加北方代表團，只否認北方代表中國之資格，以便否認該會所議中國事項[247]。

---

[246] 《孫中山全集》第 5 卷，第 595-596 頁。
[247] 《孫中山全集》第 5 卷，第 600 頁。

　　在這次會議上，經過英、美先與日本等秘密達成裁減軍備之交易，再共同誘迫北京政府代表於 11 月 30 日接受山東問題在會外進行中日直接交涉之提議。它激起了國內各界人民和留學生的強烈反對。12 月 5 日，孫中山代表南方政府發佈命令，痛斥徐世昌顯悖民意，派遣代表，悍然與日本就山東問題進行直接交涉，「似此甘心賣國，挾外力以壓國民，實屬罪不容誅！」嚴正表示：將繼續對內「以救國討賊為己任」；「對外竭力主張無條件收回山東一切權力，廢除二十一條」[248]。1922 年 1 月 9 日，孫中山又發表通告，揭露北京政府為急謀向日本借款，與日本秘密商妥山東事件[249]。

　　可是，中日兩國代表在華盛頓經過兩個月 36 次會談後，於 2 月 4 日簽訂了〈中日解決山東懸案條約及附約〉，規定由中國備款購回膠濟鐵路與膠州，日本交還膠州灣並撤退駐軍。孫中山聞訊後，即於 9 日召開廣東政府國務會議，議決否認華盛頓會議關於山東問題之協定。次日，南方政府外交部長伍廷芳電駐美代表馬素，令其轉告大會：重申德國在中國之一切財產應為中國所有，日本無繼承德產之權，中國無代德賠償兵費之義務，北京政府無代表中國之資格，其所簽字，正式政府完全否認[250]。此後，孫中山還多次重申這一立場。這件事，使孫中山指望和利用英、美以制日的思想受到一次嚴重挫折；加之，1919-1920 年蘇俄政府兩次發表廢止中俄間一切不平等條約的宣言，孫中山與蘇俄和共產國際代表也開始往來。兩相比較，促進了孫中山的聯俄思想的產生。孫提出：「在反對盎格魯・撒克遜人的侵略當中，日本必須與俄國人共同進行鬥爭。在維護亞洲人的權利而進行鬥爭時與俄國攜手合作，將展示出

---

[248] 《孫中山全集》第 6 卷，第 45-46 頁。
[249] 《孫中山全集》第 6 卷，第 58-59 頁。
[250] 王芸生：《六十年來中國與日本》第 8 卷，第 49 頁。

日本與其他東方大國從大災大難中獲得拯救的唯一希望。」[251]這又
表明孫中山在對歐美和日本帝國主義的對抗情緒增長的同時，對亞
洲和日本人民的解放始終熱切寄望。

　　1920 年秋冬，英、美支持的直系軍閥戰勝日本支持的皖系軍
閥，成為北京政權的據有者，繼續操縱國會，毀壞約法。孫中山此
時又逐漸與親日的皖、奉二系結成三角同盟，共同對付直系。同年
11 月，孫再回粵重建護法軍政府，隨後又於 1921 年 5 月在廣州建
立中華正式政府，就任正式大總統，力主揮師北上討伐直系。在這
一時期，孫中山雖仍多次強調要廢除「二十一條」等對日密約，但
此時又對日本持緩和態度，「不求其助，只希望不為我害」。[252]並希
圖日本「對於中國當廢去從來政略的賣恩的或利用的權謀術策，專
圖對華經濟的提挈」。而且日本實業家「對華投資須以非侵略的、
對等的，而以增進中日國民幸福為要緊」。[253]而對英、美，則因其
支持直系和反對北伐的陳炯明，轉而與之對抗。他聲稱：他要「立
即選出總統，組織政府」，旨在「使西南各省能取得同外國進行
談判的合法地位」，有權接收關稅餘款，而不致「形同『土匪』
了」。[254]他在復咸馬里函中憤然指出：「英國政府正在我的前進道路
上設置種種障礙，以致使我們的一切重大成就化為泡影」。[255]陳炯
明兵變時，粵海關英國稅務司竟以白鵝潭為通商港口和毗鄰沙面為
藉口要求孫中山率艦離開白鵝潭，孫中山憤而駁斥：「此為我之領
土，豈可謂之來此避難！」[256]當孫中山組織部隊將陳炯明驅出廣州
後，英國駐華公使羅麻克頓致函給孫，表示：「假如先生要在南方

[251] [美]韋慕庭著，楊慎之譯：《孫中山——壯志未酬的愛國者》，第 144 頁。
[252] 楊天石、狹間直樹：〈何天炯與孫中山〉，北京，《歷史研究》，1987 年第 5 期。
[253] 陳錫祺主編：《孫中山年譜長編》下冊，第 1338 頁。
[254] 〈粵海關檔案〉，《孫中山研究》第 1 輯，第 378 頁。
[255] 《孫中山年譜長編》下冊，第 1370 頁。
[256] 蔣介石：《孫大總統廣州蒙難記》，第 24-25 頁。

建立共和國，那就很難得到英國的同情和支持」，孫中山亦曾表示他將不在廣州重建政府，並在由滬到穗路過香港時，受到香港港督接待。但實際上英仍視孫中山為「文明之害」。[257]孫中山到廣州後，亦不顧上述警告，迅即建立了他在廣州的第三次革命政權。1923年 10～12 月，當廣州革命政府決心收取廣州海關關餘以應政府和軍隊急需時，遭到了以英國為首的列強的瘋狂反對，實行武力威脅。孫中山凜然表示：「由廣東政府要求廣東收入之關稅，固當然之事也。乃以之交付北京政府，而以供壓迫南方之資，是明明為干涉內政」。「使列強以武力反對此要求，余亦惟有以武力對抗之。蓋為曹、吳軍所敗，為余之恥辱；若依正當之理由，以列強為對手而為其所敗，余意決不為恥。余故始終實行之，以期貫徹目的而後已」。[258]一種對列強以反抗為主的趨向日趨明顯。

第七節　實行健全之反帝國主義

在長期與列強打交道中，孫中山終於在實現首次國共合作的中國國民黨第一次全國代表大會所發表的宣言中，對三民主義作了補充性的並具有某種新內涵的解釋，指出：「國民黨之民族主義，有兩方面的意義：一則中華民族自求解放；二則中國境內各民族一律平等」。而「民族主義對於任何階級，其意義皆不外免除帝國主義之侵略」，「其目標皆不外反帝國主義而已」。他還明確宣稱今後當實行「健全之反帝國主義」。[259]

如果我們結合孫中山在此前後的言行看，他所提出的「健全之反帝國主義」，具有如下新的含義：

---

[257] 《孫中山——壯志未酬的愛國者》，第 152-154 頁。
[258] 《孫中山全集》第 8 卷，第 511 頁。
[259] 《孫中山全集》第 9 卷，第 118-119 頁。

　　第一，「宣言」指出「構成中國之戰禍者，實為互相角力之軍閥」；而這又因列強在華利益相衝突，「中國之不能統一，亦此數國之利益為之梗也」。中國國民黨「於反對帝國主義及軍閥之革命獲得勝利以後，當組織自由統一的（各民族自由聯合的）中華民國」[260]。孫中山還明確地指出：「中國內亂，實有造於列強，列強在中國利益相衝突，乃假手軍閥，殺吾民以求逞」[261]。因此「帝國主義不僅是中國達到民族獨立的主要障礙，同時又是反革命勢力最強大的部分」[262]。他堅持討直，其目的，「不僅在推倒軍閥，尤在推倒軍閥賴以生存之帝國主義。蓋必如是，然後反革命之根株乃得永絕，中國乃能脫離次殖民地之地位，以造成獨立自由之國家也」[263]。這表明：孫中山不僅認識到當時中國社會的主要矛盾是中華民族與帝國主義和中國人民與封建軍閥的矛盾，而且認為前者更占主要地位，這裏他顯然超越了前此的認識，對當時中國社會性質有了真切透視。

　　第二，在如何實現上述目標的問題上，「宣言」一開始就對以往救國方案和道路作了回顧和總結，指出前此「借憲法以謀統一」而又不發動和組織民眾、運用正確方法、「真為憲法而奮鬥」，實係「捨本求末，無有是處」。而「憲法之成立，唯在列強及軍閥之勢力顛覆之後耳」，故他 1923 年再回廣州後，「不是在解護法問題做功夫」[264]。聯省自治派「不謀所以毀滅大軍閥之暴力」，「乃反欲借各省小軍閥之力，以謀削減中央政府之權能，以與挾持中央政府之大軍閥相安於無事而已，何自治之足云！」「然此等真正的自治，

[260] 《孫中山全集》第 9 卷，第 117 頁。
[261] 《孫中山全集》第 9 卷，第 115 頁。
[262] 《孫中山全集》第 11 卷，第 40 頁。
[263] 《孫中山全集》第 11 卷，第 76 頁。
[264] 《孫中山全集》第 9 卷，第 116、102 頁。

必待中國全體獨立之後，始能有成……故知爭自治之運動，決不能與爭回民族獨立之運動分道而行」，即必須先反帝及軍閥，方克有成。和平會議派沒有看到在「列強利益互相衝突」的情況下，各派勢力調和顯不可能；「而惟冀各派之勢力保持平衡，使不相衝突，以苟安於一時者，則更為夢想」。商人政府派不能代表全體平民之利益，「商人政府若亦托命於外人，則亦一丘之貉而已」（按指和軍閥政府一樣）。因此，中國的唯一出路在於繼續進行國民革命，實行三民主義[265]。而「國民革命之運動，必恃全國農夫、工人的參加，然後可以決勝，蓋無可疑矣。國民黨於此，一方面當對於農夫、工人之運動，以全力助其開展，輔助其經濟組織，使日趨於發達，以期增進國民革命運動之實力；一方面又當對於農夫、工人要求參加國民黨，相與為不斷之努力，以促進革命運動之進行」，「質言之，即為農夫、工人而奮鬥，亦即農夫、工人為自身而奮鬥也」[266]。

　　第三，孫中山還提出了實現上述方案的步驟和方法。第一步是「一切不平等條約，如外人租借地、領事裁判權、外人管理關稅權以及外人在中國境內行使一切政治的權力侵害中國主權者，皆當取消，重訂雙方平等、互尊主權之條約」[267]。他多次列舉不平等條約使中國人民飽受奴役，使中國蒙受奇恥大辱的事實。比如，他認為「庚子協定書」「係世界帝國主義的一部大憲章」，它「使中國陷入比殖民地還要惡劣的處境」，「就像用一把鐵鉗緊緊控制著我國的政治和經濟命脈。這樣，就使我國人民爭取統一和自治的任何努力都歸於無效」[268]。1924 年 10 月，北京政變後，南北和平統一似又在望，孫中山卻聲稱：「要以後真是和平統一，還是要軍閥絕種，便

[265] 《孫中山全集》第 9 卷，第 119-121 頁。
[266] 《孫中山全集》第 9 卷，第 119-121 頁。
[267] 《孫中山全集》第 9 卷，第 122 頁。
[268] 《孫中山全集》第 11 卷，第 40 頁。

要打破串通軍閥來作惡的帝國主義；要打破帝國主義，必須廢除一切不平等條約」[269]。第二步是「中國踏入國際平等地位後，國民經濟及一切生產力方得充分發展」，而實業之發展，農民、工人的生活狀況才能得到改善，「商業始有繁榮之動機」，「文化及教育等問題，至此方不流於空談，……失學問題、失業問題，方有解決之端緒」，中國之法律，才能普及於全國領土，而使「陰謀破壞之反革命勢力無所憑藉」[270]。即改變前此先安內後攘外為攘外以安內的方針。

第四，他在戰亂頻仍之中，仍堅持：「革命為非常之破壞，故不可無非常之建設以繼之」[271]。為此，他仍強調對外開放政策，「一大」宣言又宣示：「凡自願放棄一切特權之國家，及願廢止破壞這個主權之條約者，中國將認為最惠國」[272]。這就是說，在廢除一切不平等條約後，要繼續前此反覆強調的吸收外資、外才、外國技術的對外開放政策，以促中國迅臻富強，有效地抵禦外國侵略，改善民生。而且，從他在這前後的言論看，他雖堅決地反對帝國主義的對華有加無已的政治、經濟、文化侵略，但仍未放棄向列強學習先進事物和思想的既定道路。他仍真誠地說：「彼英、法、美等國人民之生活程度優於吾人者，則以有良好政府之故。彼政府常為人們謀幸福，有災害則為之防，有利益則為之圖，故人民能家給人足」[273]。日本的「大和民族精神，至今還沒有喪失，所以乘歐化東漸，在歐風美雨中，利用科學新法發展國家，維新五十年，便成現在亞洲最強盛的國家，和歐美各國並駕齊驅」[274]。1924 年 1 月至 8 月，孫中山所作三民主義演講中，對歐美民主政治和先進物質文明

[269] 《孫中山全集》第 11 卷，第 379 頁。
[270] 《孫中山全集》第 11 卷，第 77 頁。
[271] 《孫中山全集》第 11 卷，第 103 頁。
[272] 《孫中山全集》第 9 卷，第 122 頁。
[273] 《孫中山全集》第 8 卷，第 506 頁。
[274] 《孫中山全集》第 9 卷，第 189 頁。

仍多有推崇。比如，他坦然承認：「中國的革命思潮發源於歐美，平等自由的學說也是由歐美傳進來的」[275]。他多次稱讚法國革命、美國獨立運動對世界的影響，以及華盛頓、林肯對爭取實現世界自由、平等事業的貢獻。他仍然說：中國「不能完全仿效歐美，但是要借鑒於歐美」[276]。提出：我們還要「細心考察歐美的政治社會」，取長補短，以謀中國長治久安之計[277]。

第五，對於列強，孫中山亦仍區別對待。其時由於英國帶頭挺北壓南，既有支持陳炯明兵變及其續後反孫敵對行動之盛傳；從1923年1月孫中山提出收回粵海關關餘以供廣州革命政府之用時，英國又表反對；到這年冬，英國更與美、法、日等派遣軍艦，雲集廣州港內，阻撓廣州革命政府收回關餘的正義行動。孫中山因而憤慨至極，向英駐香港總督提出抗議，指出：英國等這樣做「殊欠正當」，「各國在條約上無干涉此舉之權之理由」[278]。他不顧列強干涉，於同年12月訓令粵海關稅務司將關餘解交西南政府，如不遵命，則另委關員[279]。而且，1923年3月，孫中山與美國布羅科曼的談話，就已聲稱：「外國列強遵循著一種災難性政策，資助腐敗而無效率的北京派系，……對於我們現時的大混亂和大崩潰，美國必須特別地承擔責任」。所以「對於來自美國、英國、法國或者其他強國的援助，我們已經絕望了」[280]。此後，1924年8月6日，孫中山對外國駐廣州領事團干涉沙面華人離工風潮事極表不滿，表示這次罷工「係出於工人之自動，政府似未便干涉，以壓迫民意」[281]。同年9月1日

---

[275] 《孫中山全集》第9卷，第293頁。
[276] 《孫中山全集》第9卷，第321頁。
[277] 《孫中山全集》第9卷，第347頁。
[278] 《孫中山集外集》，第512-513頁。
[279] 《孫中山全集》第8卷，第547頁。
[280] 《孫中山集外集》，第288-289頁。
[281] 《孫中山集外集》，第313頁。

發表的《為廣州商團事件對外宣言》，更認定商團事件「是得到英國帝國主義支持的」，表示：「我政府堅決駁斥關於它可能犯有對一個防禦城市開火的野蠻行動」的荒謬說法，指出「上述無恥之說，與星加坡之屠殺事件及阿姆利則、埃及、愛爾蘭等地的殘殺行為出自同一幫人，這是帝國主義偽君子的典型」，是旨在「摧毀以我為首的國民政府的蓄謀」。因此，「掃除完成革命歷史任務的主要障礙——帝國主義對中國的干涉，以此為其議事日程的時期已經到來！」[282]前此，他對英國工黨之取代保守黨執政抱有奢望，到這時，他清楚地認識到「英國歷屆政府一貫在外交和財政上支持中國的反革命，以及我政府事實上是現在抗擊反革命的唯一中心」。因而，「對於帝國主義之干涉中國內政的這一最新行動，我不得不提出最強烈的抗議」[283]。孫中山還毅然宣告決以武力對抗，且號召世界各弱小民族，建立反帝聯合戰線，共同奮鬥。[284]在上述過程中，雖然尚有許多曲折經歷和孫中山所作的前後不同的反應，但總的來說，孫中山對以英國為主的西方帝國主義面目的認識已較清楚。

　　孫中山對近鄰日本的認識，直到晚年仍顯得更為曲折複雜。到華盛頓會議為止，他確已認識到中國問題是一個內外交織的，日本助長中國內亂，反對國內軍閥必須反對日本軍國主義政策，但對日本國民仍抱殷切期望。華盛頓會議後一段時期，孫中山對日本的侵華政策仍不斷揭露和譴責，他在 1922 年 2 月 15 日致美國記者大利電中，指出華盛頓會議後，「日本在遠東佔有優勢及特殊之地位，固未嘗稍變，且其能力及權勢更足使其高壓政策有加無已。」「夫近年中國歷次之變亂，日本皆嘗偏助某一方，其政策不外使中國常陷於

---

[282] 《孫中山全集》第 11 卷，第 1-2 頁。
[283] 《孫中山全集》第 11 卷，第 3 頁。
[284] 《孫中山全集》第 9 卷，第 23-24 頁。

變亂之境，此實最著之事實」[285]。同月 20 日，他發出佈告，申討北京政府總統徐世昌所派代表在華盛頓會議上「與日本協定條件，喪失權利，甘為國民公敵」[286]。隨後，他還聲明北伐目的就在於推翻「日本外府之北庭」，「蓋中國若不推翻日本在中國之勢力範圍，日本必依賴中國之天產及人民，以遂其窮兵黷武之帝國主義」[287]。

然而，孫中山是一個閱歷豐富的政治家，他的對日態度也必然隨著情勢的變化作出適時調整。1920 年後，孫中山與親英美的直系勢難相容，而與親日的皖系、奉系結成三角反直同盟。這就決定了孫中山與日本仍處於對抗與聯合、利用與反利用的錯綜複雜的關係之中。所以，此後即使孫中山在譴責日本侵華行徑時，也沒有完全拋棄對日本的期望。他希望日本在華盛頓會議上所發表的永不干涉中國內戰之宣言「不致徒託諸空言」，而能傾向於他「統治下之統一運動」[288]。陳炯明兵變後，孫中山退居上海，日本對孫更施籠絡手段，將膠州灣交回中國。孫中山高興地認為兩國間的懸案已迎刃而解，希望「日本朝野都能脫去舊套，從根本上改善中日兩國之友好關係」[289]。隨後，他還希望日俄攜手合作，共同維護亞洲人權利，反對英、美侵略，這樣，「將展示出使日本與其他東方國家從大災大難中獲得拯救的唯一希望」[290]。這裏，孫中山託出了中、日、俄、德和亞洲被壓迫國家聯合起來，共同對抗英、美列強侵略的設想。隨後，他在接見日本作家鶴見佑輔時，又指出「日本過去二十年間對華外交完全失敗」，「日本必須捨棄歷來對中國採取的錯誤的西方式侵略政策，停止援助北京政府，撤出滿洲。要不然，無論日

[285] 上海《民國日報》1922 年 2 月 15 日。
[286] 《孫中山全集》第 6 卷，第 87 頁。
[287] 《孫中山全集》第 6 卷，第 101 頁。
[288] 上海《民國日報》1922 年 2 月 15 日。
[289] 《日本外交文書》大正 11 年第 2 冊，第 533、542-543 頁。
[290] [美]韋慕庭著，楊慎之譯：《孫中山——壯志未酬的愛國者》，第 143-144 頁。

本施展何種策略，都不會得到中國人的感謝。中國人將以深深懷疑的眼光繼續觀察日本」[291]。

1923 年 5 月，日本政府派天羽英二為日本駐廣州總領事。據天羽記述：孫中山與他首次見面時就提出日本有必要執行獨立外交，又經常和他談起大亞洲主義的主張，希望日本廢除不平等條約，真正實現中日合作[292]。同年 9 月，日本山本權兵衛內閣成立，孫中山聞多年老友犬養毅出任郵電兼文部大臣，心中「狂喜」，認為「將大有為，可助吾人未竟之志，以解決東亞百年問題」。他託山田純三郎帶交給犬養一封長信，力促他施加影響，改變日本追隨歐美列強之政策，「以扶亞洲為志」。他指出：今後將是「公理與強權之戰」；「受屈人民當聯合受屈人民以排橫暴者」。「受屈者之中堅，在歐洲為俄、德；在亞洲為中國和印度；橫暴者之主幹則為英、法；美國或為橫暴者之同盟者，或為中立，但絕不是受屈者之朋友；惟日本則尚在不可知之數，其為受屈者之友乎，抑為受屈者之敵乎，吾將以先生之志能否行於山本之內閣而定」。他希望日本政府一則「毅然以助支那革命成功」，「從此日支親善可期，而東亞之和平永保」。二則立即承認俄國政府。[293]

孫中山於 1923 年 2 月再回廣州重建革命政權，就允許日本恢復海南島西沙島之實業公司。國內群眾紛紛集會遊行要求廢除「二十一條」、收回旅順、大連時，孫中山對廣東此類活動採取取締態度。孫中山在向共產國際代表馬林解釋這樣做的原因是因為也許不久以後，黨不得不與日本合作，以對抗英國和美國[294]。1923 年 9

---

[291] 《孫中山講演「大亞洲主義」資料集》，第 309 頁。

[292] [日]天羽英二日記‧資料刊行會編：《天羽英二日記‧資料集》第 1 卷，第 1325、1420-1421 頁。

[293] 《孫中山全集》第 8 卷，第 401-406 頁。

[294] 《馬林與第一次國共合作》，第 288 頁。

月1日日本大地震後，日本人民的生命財產遭受重大損失。孫中山
聞訊後，除命胡漢民、楊庶堪擬稿慰問犬養毅、頭山滿、萱野長知、
宮崎寅藏家屬等熟人，還特地致電日本國攝政裕仁親王表示深切慰
問[295]。廖仲愷還和天羽幾次討論廣東省打算派團赴日慰問的事情。
天羽對此似表感動，他特赴大本營財政部道謝，還致函道謝廣東省
內各衙署官員。這一場面不僅體現了中日兩國人民休戚相關的友好
感情，而且明顯具有政治意味。其時廣州革命政府的機關報《廣州
民國日報》就此連續發表社論，其中一篇這樣說：「東方外交上尚
有為有力之發言者，則為日本。日本自遇災以來，外交政策不無稍
改，故此對於關餘之收用，亦表滿意於我，然則英美之反對，恐亦
不能持久也」[296]。

　　1924年10月23日直系將領馮玉祥等發動北京政變，直系中央
政權垮臺。日本極力扶持段祺瑞、張作霖掌握中央權力，防止孫中
山與馮玉祥等國民軍將領合作。對於段祺瑞新建北京政府，孫一再
表示：國民黨並不想取得政權，只想努力擴大黨務，貫徹主義。[297] 1924
年11月24日，孫中山於北上與段祺瑞共商大局的途中，到日本訪
問，由於日本政府不願接待，孫僅止步於神戶。他在神戶作了包括
「大亞洲主義」在內的多次演講和談話，強調以下幾點：

　　首先，日本要謀求中日親善，就必須支持和幫助中國廢除不平
等條約，消除軍閥統治，實現中國的獨立和統一。他指出日本本身
也受過不平等條約的痛苦，應對中國現時狀況「真是表同情，當要
幫助中國來廢除不平等條約」。日本能夠做到這一點，「中國同日本
一定可以親善」，中日就可以真誠合作，建立中日經濟同盟，「中國

---

[295] 《孫中山全集》第8卷，第197-198頁。
[296] 〈日領致謝粵當道〉、〈日領謁見財政部長〉，《廣州民國日報》1923年9月
　　　10-11日；《天羽英二日記・資料集》第1卷，第1343-1348頁。
[297] 《日本外交文書》大正13年第2冊，第554-555頁。

同日本的國民，在經濟上便有無窮的大利」，「中國固然可以進步，
日本當然要更進步」[298]。他還一再聲明：「應將日本區別於其他列
強來對待，不是他的想法。他想要的是所有強國都應步俄國的後
塵，歸還中國的主權」[299]。至於對待國內軍閥統治問題，孫中山堅
持認為主要的是「要打破列強的干涉，完全由中國國民作主」。其
「第一步的方法，是開國民會議，由全體國民自動的去解決國事」。
他指出日本應相信中國人民有統一中國的能力，「倘若中國國民無
統一之能力，東亞便要大亂無已，世界便不能和平」[300]。他針對日
本極力鼓吹的孫中山應與段祺瑞、張作霖調和的論調，斷然表示：
「這個關鍵也是在不平等條約。如果北方有膽量，能夠贊成南方的
主張，廢除那些不平等的條約，於中國前途大有利益，南北才可以
調和。若是北方沒有這個膽量來贊成南方的主張，中國不能脫離奴
隸的地位，就是南北一時調和，於中國前途只有害而無利，南北又
何必要調和？何必要統一？」[301]

　　其次，中日親善必須基於平等原則。他反覆申述中日是兄弟之
邦，理應「在一家和睦」，並幫助中國「改良不平等的條約，脫離
奴隸的地位，然後中國同日本才可以再來做兄弟」[302]。指出「離開
這個目的而談論兩國的友好乃是錯誤的」。「日本國民如不改變視日
本為列強之一的觀念，將無法產生對於真正的中日友好的思想」。
他表示：「在我中華民國實現國際平等之前，我將不遺餘力，以一
亞洲國家的一個國民代表的身份奮鬥不止」[303]。

---

[298] 《孫中山全集》第 11 卷，第 370-371 頁。
[299] 《孫中山全集》第 11 卷，第 425 頁。
[300] 《孫中山全集》第 11 卷，第 364-365 頁。
[301] 《孫中山全集》第 11 卷，第 434 頁。
[302] 《孫中山全集》第 11 卷，第 414 頁。
[303] 《孫中山全集》第 11 卷，第 392-393 頁。

　　其三，要在中日聯盟的基礎上，實現亞洲人民和世界人民的團結和中日俄同盟，共同抵禦歐美列強的侵略。他說：「我們講大亞洲主義，研究到結果，究竟要解決什麼問題呢？就是為亞洲受痛苦的民族，要怎麼樣才可以抵抗歐洲強盛民族的問題。簡而言之，就是要為被壓迫的民族來打不平的問題」[304]。他還說：「兩國全體國民應當為了東洋民族，廣而言之應為全世界被壓迫之民族，攜起手來爭取國際的平等」[305]。他在神戶接見過東亞諸被壓迫民族代表，和他們詳細研討了處於帝國主義壓迫下的東亞人民，必須團結一致的問題[306]。他在臨終前還囑咐戴季陶記下以下遺言：「我們對日本主張的問題，最少限度有三項：（一）是廢除日本和中國所締結的一切不平等條約；（二）是使臺灣和高麗最低限度獲得自治；（三）是日本不得阻止蘇聯和臺灣、高麗接觸」[307]。因此，儘管孫中山訪日時所作的演講、談話，限於情勢，多從正面啟導規勸，而較少譴責日本以往侵華行徑；對日本吞併朝鮮以及第一次世界大戰後所出現的世界新勢力、新陣營等敏感問題亦回避未談，但如果我們把孫中山在這前後的言行聯繫起來看，再參照當時緊緊跟隨孫中山的戴季陶在神戶發表的〈孫文氏及其事業〉等兩篇講演和他在 1925 年3 月出版的《改造》雜誌上發表的〈關於日本的東洋政策一文〉[308]，我們可以清楚地看到孫中山始終是把中國和亞洲以至世界被壓迫民族的解放問題統一起來考慮，以實現民族、國家間的完全平等為奮鬥目標。這就是孫中山對日的最終態度，也是他反對帝國主義的

[304] 《孫中山全集》第 11 卷，第 409 頁。
[305] 《孫中山全集》第 11 卷，第 392 頁。
[306] 孫中山治喪處編：《哀思錄》第一遍，卷四，「記事」，1925（？）第 4 頁。
[307] 羅剛：《中華民國國父實錄》第 6 冊，第 4987 頁。
[308] [日]安井三吉：《孫中山「大亞洲主義」與戴天仇》，廣東省孫中山研究會編《孫中山與亞洲」國際學術討論會論文集》，廣州，中山大學出版社，1994 年。

最清楚表白。孫中山聯合包括日本人民在內的世界人民反對包括日本帝國主義在內的世界帝國主義思想於此清楚可見。

第六，孫中山認為要反對帝國主義，除政治上打破一切不平等條約外，還須謀經濟上的自強，擺脫「中國當作殖民地市場」的地位，因此，必須「實行保護政策」，使本國工業得以發達。[309]在文化思想上要恢復中國和亞洲的固有的道德文化，即以仁義道德為主旨的文化，亦即感化人而不是壓迫人的文化，或稱為「王道文化」[310]。他在日本神戶所作大亞洲主義的演講中，依據中日同文同種，而其時中國和印度等地都出現了把恢復悠久的固有民族文化作為民族復興的旗幟，以對抗西方侵略的新特點，採取了從文化的角度來講明中日聯盟共同對抗西方的正義性，即主張用東方的「求一切民眾和平等解放」的「王道」文化來打破「西方之功利強權」的霸道文化。他從日本近幾十年來對中國、朝鮮等國的侵略事實中，認為「日本民族既得到了歐美的霸道文化，又有亞洲王道文化的本質」。他懇切希望日本國民在「究竟是做西方霸道的鷹犬，或是做東方王道的干城」這一關係中日和世界前途的問題上「詳審慎擇」[311]。

第七，抑強扶弱，全世界被壓迫民族聯合起來，共同奮鬥。這是貫穿孫中山一生、到晚年更為鮮明、強烈的世界觀的一個重要方面。這將在下面一章專門論述。

---

[309] 《孫中山全集》第9卷，第424頁。
[310] 《孫中山全集》第11卷，第405頁。
[311] 《孫中山全集》第11卷，第409頁。

第三章　全世界被壓迫民族聯合起來共同奮鬥

　　全世界被壓迫民族聯合起來共同奮鬥，是資本─帝國主義瘋狂掠占殖民地和半殖民地的自然反應。到 19 世紀下半葉和 20 世紀初，它已逐漸成為奔騰於世的民族主義潮流的響亮呼號。作為中國民族民主革命先行者的孫中山，也從 19 世紀末起，就開始醞釀這種觀念，到 20 世紀 20 年代，更鮮明地為此呼喚並努力付諸實踐，這是他的世界觀的又一重要方面。由於亞洲民族解放運動在這一時期顯得最為頻繁和富於生機，並與民主主義運動、社會主義運動更相配合相呼應，因而實際上是其時世界民族解放運動的主流和主要代表。又因中國和亞洲許多國家久有交往，休戚相關，而今又有著類似的不幸遭遇，所以孫中山在把中國人民的解放和亞洲、世界被壓迫民族的解放連同一起考慮的時候，首先並較多注目於亞洲民族尤其是周邊亞洲國家人民的解放事業。他在這方面進行了較多的可貴籌畫和活動。

第一節　民族解放觀的與時俱進

　　孫中山從幼好打不平。隨著對國情世情的瞭解，他把這種打不平的念頭，上升為「抑強扶弱」、「濟弱扶傾」[1]的思想。再提高為

---

[1]　《孫中山全集》第 9 卷，第 191、253 頁。

全世界被壓迫民族聯合起來共同奮鬥。誠然,其間有一個與世情國情發展變化相適應的過程。

從橫的方面看,孫中山對世界遭受欺壓的民族和國家的注目所及,相當廣泛。據臺灣出版的《國父全集》和《國父全集補編》所列索引,孫中山所提涵蓋五大洲,包括今之印度、菲律賓、朝鮮、緬甸、越南、泰國、新加坡、馬來西亞、印尼、土耳其、阿富汗、錫蘭(今斯里蘭卡)、不丹、尼泊爾、埃及、蘇丹、摩洛哥、突尼斯、巴西、阿根廷、墨西哥、秘魯、智利、哥倫比亞、瑞典、瑞士、芬蘭、波蘭、捷克斯洛伐克、羅馬尼亞、塞爾維亞、阿爾巴尼亞等約 40 餘個國家和地區。而以亞洲諸國尤其是中國的周邊國家為最多,如印度 85 處,新、馬地區 129 處,緬甸 65 處,朝鮮(含高麗、韓國)55 處,菲律賓 54 處,安南(越南)51 處,爪哇(印尼)44 處,暹羅(泰國)42 處,阿富汗 10 處。[2]孫中山對上述地區的民族、國家的飽受欺壓寄予深切同情和盡力支持;而且受到他們的逐步民族覺醒和反殖義舉的鼓舞,逐個把他們納入反帝反殖的民族力量的統合之中。

從縱的方面看,孫中山與他活動時期奔騰前進的民族解放潮流一直呈呼應之勢。

華盛頓領導的 1775-1783 年的美利堅合眾國的獨立獲勝,成為人類歷史上偉大的反殖解放運動的創舉。隨著委內瑞拉、厄瓜多爾、秘魯、玻利維亞等拉美國家亦爭得獨立。這些連鎖性的被屈人民的鬥爭業績,特別是華盛頓的功勳,給了孫中山非常重要的歷史啟迪。他早就以華盛頓為楷模,以之與中國歷史上推翻殘暴統治的湯武相並提[3]。建立美國式的合眾國早就列入興中會誓詞。

2　這一統計數字不全面。以朝鮮為例,據我查閱已刊孫中山著作,孫提到朝鮮、高麗、韓國約 120 處。因此,此處所列數字,僅供參考。

3　《孫中山全集》第 1 卷,第 48 頁。

　　19 世紀中期，隨著西方殖民者在亞、非、拉的瘋狂掠奪，波斯、印度、中國、愛爾蘭、波蘭、埃及、阿爾及利亞等國都掀起了反侵略反專制的大規模鬥爭。19 世紀末，帝國主義殖民體系形成，歐美列強在瓜分世界完畢後，又進行重新瓜分的角逐，更加深了殖民地人民的災難，因而促起一些愛國志士奮袂而起，追跡先輩，思考被壓迫者聯合抗擊強敵、以圖自救助人的新方策。正是在這種情況下，孫中山在疾呼中國面臨「蠶食鯨吞，已效尤於接踵；瓜分豆剖，實堪慮於目前」，渴望「協賢豪而共濟，抒我時艱，奠我中華」[4] 的同時，在香港與日本朋友梅屋莊吉訂交時，即「興酣，談天下事，中日之親善，東洋之興隆，以及人類之平等，所見全同，為求其實現，先行大中華之革命。」梅屋由而興感：「先生雄圖與熱誠，甚激我之壯心，一午之誼，遂固將來之契」[5]。1897 年 9 月，孫中山對日本志士宮崎寅藏談話時又慨然表示：「我確信，為了中國蒼生，為了亞洲黃種人，更為了世界人類，上天一定會佑助我黨。你們來和我黨締交就是一例。徵兆已經出現，我黨一定會發憤努力，不負諸君的願望。也請諸位拿出力量援助我黨，實現吾人的志業。拯救中國四億之蒼生，雪除東亞黃種人的恥辱，恢復和維護世界的和平和人道，關鍵只在於我國革命的成功。如果中國革命成功，其餘問題均可迎刃而解」[6]。他還十分贊成宮崎提出的立即建立中、日同盟「以為亞洲之盟主」的主張[7]。

　　孫中山和宮崎寅藏等共同抱有的統合亞洲民族力量以抵禦西方列強東侵的思想，在當時儘管缺乏必要的實現條件，但他們還是

---

[4]　《孫中山全集》第 1 卷，第 19 頁。

[5]　〈悼詞〉，〈梅屋莊吉文書〉，轉引自俞辛焞：《孫中山宋慶齡與梅屋莊吉夫婦》，北京，中華書局，1991 年，第 17 頁。

[6]　[日]宮崎滔天著，林名彦改譯注釋：《三十三年之夢》，三聯書店香港分店、廣州花城出版社，1981 年，第 123-124 頁。

[7]　《孫中山全集》第 1 卷，第 181 頁。

下決心「興滅國，繼絕世，用其方新之力阻遏西勢東漸之凶鋒」[8]。
菲律賓 1896-1901 年的抗西抗美鬥爭，給了他們新的啟示和推動，
促使他們毫無猶豫地投入了這場現實火熱鬥爭。據 1899 年和孫中
山結識的菲律賓志士馬里安諾‧龐斯憶稱：「孫中山十分熟悉菲律
賓所發生的種種事件，並以極大的興趣注視著那裏的事態發展。他
以極度的熱忱研究了我國的偉大人物約瑟和馬賽羅比‧戴爾‧比拉
的為人，並不止一次地將他們在我國政治進展中的先鋒作用介紹給
他的讀者和聽眾。」[9]而且，孫中山確已比較明確地意識到亞洲國
家面臨的共同任務和他作為中國民主革命先驅理應承擔的歷史使
命，他認為「反對西方帝國主義的任何一個勝利都是所有東方人的
勝利，菲律賓革命的基礎與條件和中國很相似，所以友好的菲律賓
共和國的建立，將成為中國革命的榜樣」[10]。本於此，他曾表示要
親率興中會員參加菲律賓獨立戰爭，促其迅速成功，「然後將餘勢
轉向中國大陸，在中原發動革命軍」[11]。這一願望雖格於形勢未能
實現，但孫中山聯絡亞洲各國共同對付歐美侵略的籌畫並未停止。
他和在東京的朝鮮、日本、印度、泰國等國的愛國志士一起組建了
東方青年協會。據龐斯回憶：「孫中山雖然居住於橫濱平民區一小
屋裏，卻雄心萬丈，謀劃全球事務」[12]。他成了上述青年志士的熱
情指導者和贊助者。朝鮮和菲律賓的獨立問題，更為他們特別注

---

[8] 同上。

[9] [菲]馬里安諾‧龐斯：〈孫中山──中華民國的締造者〉。轉引自[菲]馬莉亞‧
路薩‧卡瑪蓋伊：〈兩個民族主義者的友誼：孫中山與馬里安諾‧龐斯〉，
中國孫中山研究學會編：《孫中山和他的時代》上冊，北京，中華書局，
1989 年。

[10] [美]馬傑斯‧B‧詹遜：《日本人和孫中山》，劍橋，麻塞諸塞，1954 年，第
71 頁。

[11] 《三十三年之夢》，第 156 頁。

[12] 轉引自吳相湘：《孫逸仙先生──中華民國國父》，臺北，文星書店，1965
年，第 1 冊，下，第 240 頁。

目。這時，他還注意到在非洲杜蘭斯哇抗擊英國殖民者的鬥爭及其使用的游擊戰術，以為「杜國、飛島（按指菲律賓）可為殷鑒」。後來他還說杜、菲兩國都是小國，尚都抗爭數年，「難道我們漢人就甘心於亡國」[13]。

1905 年，日本戰勝俄國對於孫中山和許多亞洲人士發生了很大影響。此前，孫中山對亞洲能否抵抗工業科學進步、武器精良、兵力雄厚的歐洲列強的壓迫深抱憂慮，在 1897-1898 年和宮崎寅藏討論如何對付歐洲勢力東侵時，雖認定有其正義性和迫切性，視為「天理人心之所會」，須「斷而行之，今之時為然，一日不可寬」。但又認為「惟不可先露其機，以招歐人之忌」，其對付方法，主要還是沿襲「以夷制夷」的老辦法，設法阻止歐洲列強聯合以圖中國，首圖「暗結日、英兩國為後勁」，「以壓俄人東向之志」[14]。經過日俄戰爭和伴之而生的 1905 年俄國革命之後，許多亞洲志士都為亞洲人能戰勝歐洲人和世界上最頑固的專制政體亦面臨崩塌而歡欣鼓舞。孫中山雖在當時看到日俄戰爭是日俄爭霸中國和東亞的一面，但有如他後來就此事所作的敘述中，也贊同這是「亞洲民族在最近幾百年中頭一次戰勝歐洲人」，因而使亞洲人「發生了一個極大的希望」。[15]當時的形勢發展也有如當時《申報》一則評論所預料的：「革命之風潮浸淫而及於東亞者，其期當亦不遠。」[16]1905年後，在印度、土耳其、伊朗、朝鮮、越南、緬甸、阿富汗、印尼等地區和國家都發生了不同形式的求解放的運動或鬥爭，有的一直延續到 1911 年。

[13] 《孫中山全集》第 1 卷，第 223、324 頁。
[14] 《孫中山全集》第 1 卷，第 181-182 頁。
[15] 《孫中山全集》第 11 卷，第 402 頁。
[16] 《申報》1905 年 7 月 14 日。

　　基於國內外革命形勢的新發展，孫中山於 1905 年在日本東京
成立了中國同盟會。在其時中國留學生歡迎大會的演說中，談到中
國同盟會成立的動因時，就談到中國人民如不奮起革命救亡，就會
讓中國「淪為非、澳」，走「羅馬、埃及、希臘、雅典」等文明古
國的敗亡之路。1907 年後，他所策劃的國內武裝起義，尤注意於
西南邊境，因而對南洋群島、越南、緬甸等地特別關注。他設想把
這些地區的爭取獨立解放的鬥爭同中國革命緊密連結起來，欣然表
示：「中國革命成功之時，則舉其全力援助亞洲諸被保護國同時獨
立」。[17]並努力幫助他們提高到民族民主革命的軌道上。1905 年，
孫中山與越南抗法志士潘佩珠兩次相晤於日本東京；1910 年又與
緬甸愛國高僧吳歐德馬在日本商談。1907 年 3 月，章炳麟與張繼、
劉師培、蘇曼殊等和亞洲其他國家志士共同發起組織「亞洲和親
會」，「以反對帝國主義而自保其邦族」，並「當以互相扶助，使各
得獨立自由為旨」；還規定「凡亞洲人，除主張反侵略主義者，無
論民族主義、共和主義、社會主義、無政府主義，皆得入會」。[18]對
此，即使孫中山沒有與聞，或者不好公開露面贊成，但這是合乎他
多年心願的。到 1912 年，潘佩珠在已獲得孫中山、黃興面許援越
的情況下，與中國革命黨人鄧警亞等在廣州成立了「振華興亞會」，
其發佈的宣言申明這是基於「中華威振則東亞必因之而張」。「振華
以興亞」的計畫：「第一步是援越南；第二步為援印度、緬甸；第三
步為援朝鮮」。[19]這一計畫雖格於當時形勢而未能實現，但它清楚地
表明亞洲民族力量的統合要求增長和統合範圍擴大的發展趨勢。

[17]　〈越南民族革命者耆宿潘佩珠先生自傳〉，即〈潘佩珠年表〉，越南堤岸中
　　　文《遠東日報》，1962 年 8 月 19 日。
[18]　湯志鈞：《章太炎年譜長編》上冊，北京，中華書局，1979 年，第 243 頁。
[19]　章牧：〈孫中山與二十世紀初越南革命的關係〉，《孫中山史料專輯》，廣東
　　　人民出版社，1979 年。

　　第一次世界大戰所暴露的帝國主義以強凌弱和廣大被壓迫民族、國家蒙受著更大恥辱和災難，更吸引著孫中山的目光。在〈中國存亡問題〉一文中，他以憤慨的語調，多處提到這些事實。他譴責大戰發動者之一的德國佔領比利時、盧森堡、塞爾維亞等弱國，並虐待其人民是「反人道」、「無公理」；譴責引發大戰的另一元兇英國的蹂躪印度、吞併馬來半島、緬甸、埃及，控制澳大利亞、加拿大、土耳其以及「奪我香港」，亦係「用其強權以行無公理之事」；日本則不僅乘機擴張其勢力於中國，而且侵及南洋，欲派兵巴爾幹、匈牙利、希臘；法國則「欲固其力於摩洛哥」和非洲其他地區；俄國則置塞爾維亞、門得內哥羅、羅馬尼亞、匈牙利於其統治之下，並窺伺阿富汗等。他指出「固目前之害可不必言，在他日美國決不能為我利害無干之國，與世界至強之國為敵，故不可恃。歐美之人言公道、言正義者，皆以白種為範圍，未嘗及我黃人也。美為平等自由之國，亦即為最先倡言排斥黃種之國。今日美國與我和好，或有同情之語調；若在將來英俄、英德合力圖我，美國又豈能與彼抗爭，傾一國以為異種人正義、公道出力乎！」他以高麗（即朝鮮、韓國）為例，「識者銜日本之併吞，尤恨美國之始為簧動」。至於戰後，孫中山肯定世界將必重新瓜分，被壓迫國家人民勢必仍受蹂躪。他從中得出結論：在中國，須「以獨立不撓之精神，維持嚴正之中立」。中國的存亡，「決在國民」。同時，他也得出這樣普世適用的歷史經驗教訓：一國「存亡之根源，無不在國家及其國民獨立不撓之精神……凡其國民具獨立不撓之精神者，人以尊重其獨立精神為有利，即從國際利害打算，亦必（不）敢輕犯其獨立。此可以歷史證明之，亦可從現代事實歸納得之」。[20]這裏雖仍對列強欺壓弱小民族的野心估計不足，但也得出了中國人民和一切被壓迫民族只有依靠自身的獨立不撓的奮鬥，才可以求存的可貴認識。

[20] 《孫中山全集》第4卷，第39-99頁。

　　孫中山的上述觀察和認識，隨後受到檢驗，並進而獲取了 20
世紀 20 年代的新眼量。

　　20 年代前後，蒙受第一次世界大戰大災難的世界被壓迫國家
和民族，很多在俄國十月革命影響下，開始和西方無產階級聯合反
帝反殖。戰後的巴黎和會和華盛頓會議，也增長了被壓迫國家和民
族對列強假和平假自由的不滿和憤恨，因而使世界許多國家和地區
出現了不少反帝組織，掀起了較前更加火熱的反帝反殖鬥爭，並呈
現相互呼應、聯合進行之勢。諸如中國的「五四」愛國運動、朝鮮
的「三‧一」運動，緬甸佛教團體總會領導的驅英鬥爭、菲律賓「全
國農民聯盟」等愛國民主團體的反殖反封活動、印度人民的反英鬥
爭和甘地的「非暴力」與「不合作」運動、西亞民族解放運動熱烈
開展和土耳其資產階級革命、埃及等非洲國家掀起了的轟轟烈烈的
反帝風暴。尼加拉瓜、墨西哥、瓜地馬拉、古巴、海地等拉丁美洲
國家的人民反美反獨裁鬥爭等等。這一捲及全球的新的民族民主革
命浪潮，具有較前地域廣闊、鬥爭激烈和更鮮明的民族主義、共和
主義和社會主義合流且付諸實踐的新特點。

　　孫中山在這一時期的統合被壓迫民族力量的觀點，有了明顯演
進，符合上述新特點。他在 1923 年 11 月 16 日致犬養毅信裏如此
分析世界、亞洲和中國形勢：「夫未來世界大戰，說者多謂必為黃
白之戰爭，或為歐亞之戰爭，吾敢斷言其非也，其必為公理與強權
之戰也。而排強權者固以亞洲受屈之人民為多，但歐洲受屈人民亦
復不少，是故受屈人民當聯合受屈人民以排橫暴者。如是，在歐洲
則露（按指蘇俄）、獨（按指德國）為受屈者之中堅，英、佛（按
指法國）為橫暴者之主幹；在亞洲則印度、支那為受屈者之中堅，
則橫暴者之主幹亦同為英、佛；而米國（按指美國）或為橫暴者之
同盟，或為中立，而必不為受屈者之友朋，則可斷言也。唯日本則

尚在不可知之數，其為受屈者之友乎？抑為受屈者之敵乎？吾將以先生之志能否行於山本之內閣而定之」[21]。

這裏，孫中山已突破了以往以黃、白種或以歐、亞洲等作為對立壁壘的舊範疇，提出了壓迫與被壓迫、公理與強權的新分野。由於在亞洲除日本外，其餘國家多仍在受屈者之列，因此亞洲各國基本上可充當受屈者的代表，而中、印兩個亞洲大國是受屈之中堅，無疑更是亞洲民族力量乃至世界民族力量的中堅。

在此階段，孫中山在從事艱巨的國內鬥爭的同時，更加緊密地關注著世界被壓迫國家特別是受屈的亞洲國家爭取獨立的鬥爭。20世紀初後，他繼續和菲律賓志士保持聯繫，相互鼓勵和支持，龐斯希望孫中山在不久的將來「將能最終地完成我們的事業，這也是全人類的事業，整個遠東的事業」[22]。孫對此從未忘懷。直到 1918年，龐斯途經香港時，還打算到廣州和孫中山商談，僅因病去世而未遂所願。1924 年 6 月，孫在廣州特地接見了菲律賓勞動界代表，向他們指出：美國必然要保留菲律賓為它的殖民地，「與英人對印度、日人對高麗、荷人對爪哇之欲久占不去者相同」，決不允許菲獨立，因此，菲國人民對內應「全國協力，隨時準備一致對外」，尤其是必須「自有實力」，掌握海陸軍；對外，「東方各民族非結一堅固同盟不可」[23]。

與中國唇齒相依的朝鮮人民的境遇及其鬥爭，更始終縈迴於孫中山的胸際。他多次反對日本吞併朝鮮，並和朝鮮愛國人士常有聯繫，支持他們爭取獨立的鬥爭（詳見後述）。1919 年後，孫中山對越南關注有加，他多次談到越南亡國的慘痛事實，並作為中國的戒

21　《孫中山全集》第 8 卷，第 403 頁。
22　[菲]馬莉亞·路薩·卡瑪蓋伊：《兩個民族主義者的友誼：孫中山與馬里安諾·龐斯》。
23　《孫中山全集》第 10 卷，第 324-325 頁。

鑒。1924 年發生了越南志士范鴻泰行刺越南總督馬蘭事件，法國
殖民者為此要求廣州革命政府驅逐越人出境，遭到孫中山的據理駁
斥，聲明：「予未聞有越南人；即使有之，亦皆好人，無一兇手」[24]。
隨後還由廖仲愷、汪精衛出面請款為范鴻泰修墓以彰義烈而便瞻
仰。同時，越南光復會亦以中國國民黨改組為榜樣，改組為越南國
民黨；阮愛國（即胡志明）更緣此成立了左傾的越南青年革命同志
會，於是越南革命進入新階段。對於印度，孫中山在 1919 年後亦
多有提及。更有進者，孫中山這時對被壓迫民族的關注，還擴及到
西亞、中亞、拉丁美洲、非洲以及歐洲多個弱小民族，甚至把十月
革命後的俄國、戰敗屈降的德國也列入世界被壓迫民族之中。他「談
到世界範圍內的壓迫者和被壓迫者之間迫臨的矛盾。中國、俄國、
德國、印度等一些國家屬於後者，資本主義國家，包括美國在內，
屬於前者」[25]。他尤稱讚土耳其的由弱復強，認為這是亞洲復興的
範例。為了聯合所有被壓迫民族共同奮鬥，孫中山希圖建立一個包
括中國、印度、蒙古、安南、緬甸、波斯、阿富汗在內的「聯邦」，
成一個東方大國[26]。以此形成民族解放運動的主幹，再「將世界受
帝國主義所壓迫的人聯合一致，共同動作，將全世界被壓迫的人民
都來解放」[27]。他最後的構想是：「自俄國新變動發生之後，就我
個人觀察以往的大勢，逆料將來的潮流，國際間大戰是免不了的。
但是那種戰爭，不是起於不同種之間，是起於同種之間。白種與白
種分開來戰，黃種與黃種分開來戰。那種戰爭是階級戰爭，是被壓
迫者和橫暴者的戰爭，是公理和強權的戰爭」。即「將來白人主張
公理的和黃人主張公理的一定是聯合起來，白人主張強權的和黃人

[24] 《潘佩珠年表》。
[25] 王耿雄等編：《孫中山集外集補編》，第 354 頁。
[26] 《孫中山全集》第 9 卷，第 200、304 頁。
[27] 《孫中山全集》第 9 卷，第 126 頁。

主張強權的也一定是聯合起來。有了這兩種聯合，便免不了一場大戰。這就是世界將來戰爭之趨勢」[28]。

第二節　聯合世界被壓迫民族的構想和舉措

孫中山欲圖聯合世界被壓迫民族力量，有以下幾點構想。

第一，以濟弱扶傾為職志。這種思想初露於 1895 年孫中山和梅屋莊吉的初次談話中。到 1897-1898 年孫中山和宮崎寅藏的談話中進一步明確，即希望中日志士共同拯救中國四億蒼生，又「雪亞洲黃種之恥辱，恢復宇內之人道」、「興滅國，繼絕世」。[29]到 1924 年，孫中山在《民族主義》演講裏做了完整的闡發。為了給這一原則製造歷史根據，他有意美化「中國古時常講『濟弱扶傾』，因為中國有了這個好政策，所以強了幾千年，安南、緬甸、高麗、暹羅那些小國還能夠保持獨立」。而這些國家是近世歐風東漸中被英、法、日滅掉或蒙受過侵略的。他宣稱中國將來即使強盛了，也不蹈列強侵略弱國的覆轍，而是「要決定一種政策，要濟弱扶傾，才是盡我們民族的天職。我們對於弱小民族要扶持他，對於世界的列強要抵抗他。如果全國人民都立定這個志願，中國民族才可以發達」。[30]

他對中國的鄰邦朝鮮淪為日本殖民地特別關注。初步查索，孫中山在其著作中提到朝鮮、高麗、韓國字樣者約 120 處。早在 1894 年 6 月上〈上李鴻章書〉裏所提「保我藩邦」，即係指日本發動中日甲午戰爭，目標之一是侵奪朝鮮。1896 年，他就對朝鮮開化黨首領之一金玉均之被日本遣人刺死深表憤慨，稱金為「高麗

---

[28] 《孫中山全集》第 9 卷，第 192-193 頁。
[29] 《孫中山全集》第 1 卷，第 174、181 頁。
[30] 《孫中山全集》第 9 卷，第 253 頁。

志士」[31]。1900-1902 年，他與朝鮮復國運動的志士朴永孝兩次晤談復國大計[32]。當時，在東京組織的謀求相互支持東亞各國獨立事業的東亞青年協會，其中就有朝鮮志士。據菲律賓志士龐斯回憶：孫中山和朴永孝等人常常聚在他在東京的寓所討論各國獨立問題。朝鮮、菲律賓問題受到與會者的注視。朴永孝等屬於朝鮮獨立黨，「這個組織有反俄的傾向，反對莫斯科對於朝鮮王朝的巨大影響力量，力主朝鮮政府自主。當時俄國勢力極大，獨立黨多數重要人物遭受迫害」。孫和朴永孝等「建立起一種親密的友誼。從那時候，這位具有淵博學問及遼闊胸襟的中國人，便成為這些朝鮮移民的謹慎、忠誠及正直的顧問」[33]，1910 年，朝鮮由日俄爭奪變為日本獨佔，他驚呼：「外而高麗既滅，滿洲亦分，中國命運懸於一線」[34]。

1921 年曾任韓國臨時政府代理國務總理兼外交總長的申奎植，曾於 1911 年亡命來華，加入同盟會，投身辛亥革命，與孫中山、胡漢民多有會晤、商談，被稱為「老同志」。1912 年春，流亡在華的韓國革命領袖因宋教仁的引見，到南京向孫中山訴說日本吞併朝鮮後該國人民所受亡國的痛苦，熱望中國政府盡可能予以援救[35]。這獲得孫中山的深切同情，孫中山在隨後的一次演講中，首次公開譴責了日本的殘暴：「日本之於高麗，牛馬視之。日本雖強，高麗人乃日即於痛苦，無絲毫利益之可言」[36]。他還曾有過從北京經東三省

---

[31] 《孫中山全集》第 1 卷，第 60 頁。

[32] 明治 33 年 6 月 10 日，兵庫縣知事致青木外務大臣，高秘第 300 號；明治 35 年 1 月 21 日，兵庫縣知事致青木外務大臣，兵發秘第 32 號。

[33] 〈國父援助菲律賓獨立運動與惠州起義〉，臺北，《傳記文學》第 11 卷，第 4 期。

[34] 《孫中山全集》第 1 卷，第 486 頁。

[35] 胡春惠：《韓國獨立運動在中國》，臺北，中華民國史研究中心，1976 年，第 39 頁。

[36] 《孫中山全集》第 2 卷，第 430 頁。

訪日的動念[37]。如果成行，自必經過朝鮮，很可能這裏寓存著視察朝鮮的隱衷，但為袁世凱所阻。此後，他還揭露了日本提出「二十一條」實際上是要變中國為「第二高麗」[38]，美國對日本併吞朝鮮實是「始為聳動，中間坐觀」，而對「今者中國又將為高麗」，美又「坐視不救之惡跡」。[39]基於對高麗亡國處境的同情，孫中山於1913年初訪問日本，與日本藩閥元老之一的桂太郎會談時，敦促日本改變侵略中國和朝鮮的方針，指出：「就大亞細亞主義精神言，實以真正平等友善為原則。日俄戰前，中國同情於日本；日俄戰後，中國反不表同情。其原因：在日本乘戰勝之勢，舉朝鮮而有之，朝鮮果何補於日本？然由日本之佔領朝鮮，影響於今後之一切者，不可以估量。此種措施為明智者所不肯為！」據稱：桂太郎為之動容，表示如他再主政，「必力反所為，有以報命」。[40]桂太郎答覆固不足信，但孫中山對日本侵朝政策的公開譴責，確是日益理直氣壯了。

　　1919年後，孫中山更明確支持朝鮮獨立。巴黎和會開會前，孫特地指示參加巴黎和會的黨員：「須提出取消中國與列強所訂之不平等條約，收回被侵掠之各地，承認高麗之獨立，庶符民族自決之旨」[41]。同年3月1日，朝鮮爆發轟轟烈烈的要求朝鮮獨立的「三一」運動。孫即表示支持，說：「韓國東方巴爾幹。此問題解決之前，永久之和平不能來也」[42]。此後，孫中山等經常與韓國獨立運

---

[37] 《孫中山全集》第2卷，第426頁。
[38] 《孫中山全集》第3卷，第175頁。
[39] 《孫中山全集》第4卷，第89頁。
[40] 羅家倫主編：《國父年譜》增訂本，臺北，中華民國各界紀念國父百年誕辰籌備委員會，1965年，上冊，第496頁。
[41] 〈孫逸仙先生言行小識——關於對帝國主義者之奮鬥〉，《胡漢民先生遺稿》，臺北，1978年。
[42] [韓]朴殷植：《韓國獨立運動血淚史》，上海，維新社，1920年，第102-103頁。

動領袖申奎植等密商朝鮮的復國革命問題[43]。同年 4 月，朝鮮獨立
黨人在上海建立了大韓民國政府。10 月，時任該政府代理國務總
理兼外交總長的申奎植來到廣州，與孫中山等會談後，雙方互相承
認對方為各該國的正式政府，孫慨然表示：「余對韓國問題，始終
異常重視」，他認為廢除「馬關條約」則各種繼起條約，終歸無效」。
他表示，中國北伐成功後，「屆時當以全力援助朝鮮」[44]。朝鮮「三
一」運動後，激進的獨立黨人日益注重武裝鬥爭，孫中山對此十分
讚賞，他指出：「日本之待高麗，異常苛酷。高麗人本富有革命精
神，不甘受制，處心積慮，為獨立之運動者已久。日本雖防之綦嚴，
然若高麗人始終堅持，則必有能達目的之一日也」[45]。

　　1925 年 3 月孫中山在彌留之際，囑咐身邊的戴季陶說：「我們
對日本應該主張的問題，至少限度有三項」，其中兩項都談到朝鮮
問題，即：使臺灣和高麗最低限度獲得自治，日本不得阻止蘇聯和
臺灣、高麗接觸」[46]。它表明孫中山直到生命最後時刻仍對朝鮮問
題高度關注。

　　第二，以中國革命和建設的勝利為關鍵。1895 年，孫中山與
日友梅屋莊吉的談話就提出為求「人類之平等」，須「先行大中華
之革命」[47]。1897 年孫中山與宮崎寅藏、平山周的談話中，又提出
要拯救中國蒼生、洗雪東亞黃種之屈辱，恢復宇內之人道，「惟有成
就我國之革命，即為得之。此事成，其餘問題即迎刃而解矣！」[48]他
原來期望結成「中東同盟」即中日同盟以解救亞洲人民，他到晚年

43　胡春惠：《韓國獨立運動在中國》，第 39-42 頁、72 頁。
44　[韓]閔世麟：〈中國護法運動承認韓國臨時政府始末記〉，羅家倫主編：《革
　　命文獻》，臺北，中央文物供應社，第 7 輯。
45　《孫中山全集》，第 6 卷，第 16 頁。
46　羅剛：《中華民國父實錄》第 6 冊，臺北，正中書局，1988 年，第 4987 頁。
47　《孫文與日本史事編年》，第 9 頁。
48　《孫中山全集》第 1 卷，第 174 頁。

看清了日本追隨西方殖民者,對包括中國在內的亞洲國家大肆其不可抑制的擴張侵略的野心,「蓋其大方針,不外欲以中國人力及富源,由彼制馭之,次又制馭太平洋,再次又迫澳洲及美國」[49]。故「至若持日本與中國比較,彼直接造成現代日本之偉大人物,皆不復存,而中國之偉大人物則正在誕生」[50]。他宣稱:「我們將永遠不會滿足於中日團結這樣狹小的範圍,而必須推進東亞民族的大團結」。他還深信中國地廣人眾,又夙具遠勝於西方霸道文化的優秀道德文化,即服人不以力而以德的王道文化。而這種中國文化又浸潤著東方多國。因此,「如果再能謀求一個大團結,那麼,我們一定能有效地抵禦西力的東漸,能對付那以武力為基礎的所謂西洋文化」[51]。據此,他深信中國的革命和建設事業,必將對亞洲、世界人民的民族解放事業起著推動作用。他認為中國和印度可為亞洲復興的骨幹,而他向一位來訪印度人表示:「一場成功的中國革命將會大大影響印度,所以英國人不希望中國革命在中國獲得成功」。這位來訪者也從中得出了「看來他的黨和他本人正準備盡可能幫助印度重新獲得自由」[52]。他還說:「唯有中國發生革命,印度亦從沉睡中覺醒,亞洲各國方能聯合起來,實行亞洲門羅主義」[53]。對於越南人民抗法鬥爭,孫中山、黃興亦向越南許諾:「一旦滅清復漢大事告成,不論越南兄弟需要什麼樣的幫助,他們都樂意給以幫助」[54]。對於菲律賓,孫中山更早就表示:「大義無先後,吾黨決當立興義軍,遂行夙昔之志望。若吾事成,則菲島之獨立,直翻掌

---

[49]　《孫中山集外集》,第 512 頁。
[50]　《孫中山集外集》,第 258 頁。
[51]　《孫中山集外集》,第 117 頁。
[52]　〈孫中山與一個印度人的談話〉,中山大學學報論叢《孫中山研究論文集》,第 10-11 頁。
[53]　轉引林承節:《印度民族獨立運動的興起》,第 528 頁。
[54]　章牧:《孫中山與二十世紀初越南革命的關係》。

間耳」等等[55]。不僅如此,孫中山還認為中國革命成功後的建設亦當有助被壓迫民族的解放,「可以打破現在之所謂列強勢力範圍」[56]。

其他一些國家的革命志士對中國革命亦深切關注,對中國革命的先行作用亦有表認同者。他們渴望著中國革命的進行和成功,能有助於他們自國的解放。朝鮮志士金玉均在 1893 年就贊同宮崎寅藏兄弟的「支那革命主義」,說過:「今後的問題只在於中國,朝鮮問題不過是枝節的小問題而已,最終的命運有待於這個問題的解決,中國不僅是亞洲命運的關鍵所在,恐怕也是關係全世界的一個賭場」[57]。到 1912 年,越南志士阮仲常欣慰於中國辛亥革命的勝利,希望借助於中國的革命「先聲」,以再起越南國內的「氣勢」[58]。青年阿富汗派傑出代表塔爾齊等也認為:「如果中國繼日本之後登上現代化發展道路,就會把奧斯曼帝國、伊朗、阿富汗和阿拉伯等國團結在「亞洲是亞洲人的亞洲」的偉大旗幟之下,「就能打敗列強對亞洲的侵略,結束列強對亞洲的殖民統治」[59]。至於印度,在第一次世界大戰期間,孫中山和印度志士的互助籌畫,就沒有先後之分,而是酌情變通。到 20 世紀 20 年代出現許多亞洲、非洲國家和歐洲幾十個弱小民族的民族解放運動風起雲湧,並呈互動情景時,孫中山十分歡欣鼓舞,認為他們「都大大的覺悟」,已經「不約而同,自己去實現民族自決」[60]。他提出:在中國人自己聯合起來後,要推己及人,再把弱小民族聯合起來「共同用公理去打破強權」[61],並深信:「中國將獲得自由獨立,並在世界文明之林中居於領先地位」[62]。

[55] 中國近代史叢刊《辛亥革命》第 1 冊,第 115 頁。
[56] 《孫中山全集》,第 6 卷,第 247 頁。
[57] 轉引彭樹智:《東方民族主義思潮》,第 221 頁。
[58] 章牧:《孫中山與二十世紀初越南革命的關係》。
[59] 轉引彭樹智:《東方民族主義思潮》,第 231 頁。
[60] 《孫中山全集》第 9 卷,第 224 頁。
[61] 《孫中山全集》第 9 卷,第 220 頁。
[62] 王耿雄等編:《孫中山集外集補編》,第 297 頁。

　　第三，以謀求平等互助為原則。19 世紀末，孫中山和日本友人梅屋莊吉首晤時，即把「中日之親善，東亞之興隆」，和「人類之平等」並列來談。他在就任南京臨時政府大總統的宣言書中，宣佈其對外政策就是要「與我友邦益增睦鄰，持和平主義，將使中國見重於國際社會，且將使世界趨於大同」[63]。「大同」即包含自由平等。他多次講到中國和一些周邊國家在歷史上有過宗藩關係，但他總是把這種關係說成是基於友好和平的平等關係，而不是武力強迫，這雖並不恰切，但其意則在強調國與國之間應是平等友好的。他曾鄭重宣佈「共和國家，既以人民為主體」，自「無主國、藩屬之制度」[64]。到晚年，他更明確指出：講大亞洲主義，「就是要為亞洲受痛苦的民族，要怎麼樣才可以抵抗歐洲強盛民族的問題。簡而言之，就是要為被壓迫民族來打不平的問題」[65]。他表示：「要把中國失去了的民族主義恢復起來，用此四萬萬人的力量為世界上的人打不平，這才算是我們四萬萬人的天職」[66]。同時，他熱烈希望各被壓迫國家「自己去實現民族自決」[67]，去爭得自由平等。

　　要爭得國家民族間的自由平等，就需要有對抗那些造成並極力維護不自由不平等制度的壓迫者的力量。孫中山革命之始，即因本身力量太弱而產生求助於別國的強烈要求。施展其求助某一強國對抗另一強國的策略運用，固然是他革命生涯的一個重要方面；但也有希望弱小國家增強團結互相支持的另一個不容忽視的方面。他早就盼望著「若天興吾黨，有豪傑之士慨來相援」，而自己也將「自奮以任大事」[68]，為實現中國、亞洲和世界的人道而鬥爭。這樣一

---

[63]　《孫中山全集》第 2 卷，第 2 頁。

[64]　《孫中山全集》第 2 卷，第 451 頁。

[65]　《孫中山全集》第 11 卷，第 409 頁。

[66]　《孫中山全集》第 9 卷，第 226 頁。

[67]　《孫中山全集》第 9 卷，第 224 頁。

[68]　《孫中山全集》第 1 卷，第 173-174 頁。

種雙向支持一直為孫中山信守不渝。本來，他和宮崎寅藏等都認為
先完成中國革命再轉向他國，但菲律賓獨立戰爭火熱進行之際，孫
中山決定暗率興中會員去菲律賓，參與當時菲獨立軍領導者阿奎拉
多指揮的軍隊，幫助菲獨立戰爭迅速成功，然後將餘勢轉向中國大
陸，在中原發動革命鬥爭[69]。孫中山還想方設法幫助龐斯在日本採
購和運送武器。到 1900 年，菲律賓獨立運動遭到挫敗，菲律賓革
命志士意氣消沉，孫中山接受菲律賓志士的武器援助，決定以中
國起義軍來促進菲律賓獨立運動再起，並說：「事貴速，義不可
懈」，加緊籌畫起義[70]。孫中山和潘佩珠初見面時就有先在中國還
是先在越南發動起義的爭論，但在越南革命尚欠準備的情況下，
越南愛國革命組織如「東京義塾」還是贊助孫中山等，以越南為
基地發動西南邊疆起義。隨後孫中山等革命黨人也確是兌現了中
國革命告成即助越逐法的諾言。孫中山等革命黨人和印度、朝鮮
等國志士之間也常有相互呼應支持的情形。而且這種情形，隨著
世界列強敵視世界各國革命的面孔清楚暴露，包括孫中山在內的
世界反殖志士的大國強國取向日益讓位於世界各被壓迫民族團結
自救了。

　　第四，求同存異與化異為同。近代中國所面臨的急待解決的獨
立、民主、富強三大課題，也是世界許多國家所同具的。與此分別
相對應，孫中山所提出的民族、民權、民生主義，曾作為有時代特
色的有歷史意義的一種較完整的民主革命的最佳答案。照孫中山
說，其目的在於「促進中國的國際地位平等、政治地位平等、經濟
地位平等，使中國永久適存於世界」[71]。它對世界被壓迫國家的一
些先進人士也有吸引力，受到他們讚賞，乃至趨同。

---

[69] 《三十三年之夢》，第 156 頁。
[70] 中國近代史叢刊《辛亥革命》第 1 冊，第 115 頁，上海人民出版社，1981 年。
[71] 《孫中山全集》第 9 卷，第 184 頁。

　　然而，世界各國情況畢竟不全相同，回答各國面臨的課題的方式自然有其差異性。孫中山從來沒有講過自己的主義的普遍適應性，更沒有以是否接受他的主義和思想作為對別國是否支持的條件。據馬里安諾・龐斯回憶：「孫中山認為，問題在於遠東國家十分複雜，為了鑒別每個國家的特殊性，就不得不把這些國家看作一個整體進行研究，但是這些國家之間需要相互瞭解。」而據他瞭解，亞洲各國當時面臨的共同問題，就是民族主義和帝國主義鬥爭的問題[72]。孫中山確也是這樣觀察和處理問題的。菲律賓革命者雖然號召消滅一切壓迫和貧富不均，強調人人一律平等的人權，但在當時最緊迫的任務是武裝反對西班牙、美國新老殖民主義者，要求實現國家獨立，這樣成了孫中山和菲律賓志士的最初主要結合點。朝鮮直到 1919 年 4 月才在上海成立韓國獨立政府，在孫中山逝世後幾年，朝鮮革命黨人才提出與三民主義相近似的三均主義，而孫中山支持朝鮮獨立的鬥爭，則早在 1900 年即有記載。孫中山與潘佩珠最初固然有民主共和與君主立憲之分歧，其與代表愛國士紳階層的東京義塾和黃花探的商談合作，更缺乏民主共和革命的共同性。而孫中山卻始終注視並支持越南人民的反殖鬥爭。

　　至於印度，可說是孫中山對被壓迫國家的活動家求同存異的範例。孫中山和印度的多種類型的民族主義者在具體目標、方式、手段上多有歧異，但他和他們仍有多方面多層次的聯繫，雙方亦多有呼應、支持與相互稱讚。早在 1890 年孫中山所寫《致鄭藻如書》就透露了中、印、英三國主持正義人士在禁止鴉片問題上同聲相應[73]。1905 年，孫中山創建中國同盟會，掀起中國民族民主革命高潮時，印度也在 1905-1908 年出現了要求民族獨立並建立「聯邦共

---

[72] [菲]馬莉亞・路薩・卡瑪蓋伊：《兩個民族主義者的友誼：孫中山與馬里安諾・龐斯》。
[73] 參閱《孫中山全集》第 1 卷，第 2 頁。

和國」的熱潮。據孫中山稱,他從那時起,便「一直與印度革命者
攜手合作」[74]。印度志士也認定「孫中山能做的,印度也能做」[75]。
「我們必須走中國和另外一些國家所走的路,實現印度的革命」[76]。
1914-1915 年間,孫中山與印度志士巴拉卡茨拉、拉西·比哈里·
鮑斯等在日本頻繁會商[77]。鮑斯說:「由於考慮到印度問題與中國
多少有共同之處,我決定趨前拜會孫逸仙」。孫也認為鮑斯「是一
位出色的組織家」,對他「十分敬重」[78]。時為孟加拉秘密革命組
織成員的馬·納·羅易(原名為納倫德拉·巴塔查爾亞)與鮑斯在
日本會見孫中山時,向孫建議:中、印兩國人民應在爭取自由的共
同鬥爭中結成實際的聯盟,孫表贊同。但兩國情況畢竟有異。20
世紀 20 年代後,以甘地的非暴力、不合作為對抗英國殖民統治手
段的主要鬥爭在印度蓬勃開展起來。本來,甘地這種非暴力的政治
主張,又披著宗教倫理道德的外衣,和孫中山堅持的三民主義主張
且以武裝鬥爭為主的道路是顯異其趣的。然而,孫中山看到這一運
動所生產的與印度社會相適應的積極效果,他給予深切的同情和肯
定的評價,並從中吸收鼓舞力量。1921 年 12 月,他在演講軍人精
神教育時,就盛讚印度人民在不合作運動中所表現的不屈精神,他
說:「觀最近英文報所載,印度人之革命而被英國政府逮捕者,為
數達六百餘人,可見印度之革命精神,頗有進步,未必終為英國所
屈也」[79]。1924 年演講民族主義時,又以甘地為典型,他指出,由

[74] 〈孫中山與一個印度人的談話〉,中山大學學報論叢《孫中山研究論文集》,
第 10-11 頁。
[75] [美]周谷:〈新發現的孫中山一篇有關外交問題的談話〉,臺北,《傳記文學》,
1990 年 11 月號。
[76] 轉引林承節:《印度民族獨立運動的興起》,第 528 頁。
[77] 據俞辛焞等:《孫中山在日活動秘錄(1913.8-1916.4)》第 83-584 頁載,共
29 次。
[78] 〈孫中山與一個印度人的談話〉,中山大學學報論叢《孫中山研究論文集》。
[79] 《孫中山全集》第 6 卷,第 16 頁。

於甘地的不懈努力,「印度便有許多不合作的團體出現。英國經濟一方面便受極大的影響,故英國政府捕康第(按即甘地)下獄。推究印度所以能夠收不合作之效果的原因,是由於全國國民能夠實行。」他認為:假若中國「全體國民都能夠和印度人一樣的不合作,又用宗族團體做基礎聯成一個大民族團體,無論外國用什麼兵力、經濟和人口來壓迫,我們都不怕他」[80]。孫中山所持主義和道路與偉大的愛國主義者、國際主義者、大文豪羅賓德拉納特·泰戈爾所強調的運用愛、服務、團結的精神與先解決內部社會問題再圖獨立自由的道路,比孫中山和甘地道路的差別還要大,但他認為泰戈爾讚揚中華民族、譴責西方侵略,主張「在東洋思想復活的旗幟下,由日本、中國、印度三大國民,堅相提攜」[81]和他的主張相似,而他強調的佛理又與印度、中國和亞洲很有影響,因而對包括泰戈爾在內的印度志士的政治主張具有宗教色彩有較切實的理解。基於此,當孫中山獲悉泰戈爾於 1924 年 3 月應以梁啟超為代表的北京講學社的邀請由印度出發前來中國講學後,即於 4 月 7 日派人持信到香港邀請經港赴滬的泰戈爾來廣州,信中充滿敬意和熱烈誠摯的感情,表示:「我極為希望在您抵華時,能獲得親自迎接您的特殊榮幸」,稱讚泰戈爾「不僅是一個曾為印度文學增添光輝的作家,而且還是一個在辛勤耕耘的土地上播下了人類未來福利的精神成就的種子的傑出勞動者」[82]。

在求同存異與化異為同方面,孫中山和越南志士的聯繫亦很值得稱道。越南(當時稱安南)與中國本有藩屬關係,透過 1883-1885 年的中越聯合抗法鬥爭的失敗,越南淪為法國殖民地,此事對孫中

---

[80] 《孫中山全集》第 9 卷,第 240-241 頁。
[81] 參見王隼均:《泰戈爾及其它》,第 19-20 頁,臺北,文海出版社,1981 年;〈告別詞〉,《小說月報》第 15 卷,第 8 號。
[82] 《孫中山全集》,第 10 卷,第 40 頁。

山民族革命思想的產生有過影響。隨後,黃花探領導過反法起義,
但被鎮壓下去。1905 年,孫中山與時尚主張君主立憲的越南志士
潘佩珠兩次晤會於東京,表明中越志士關係發展的新勢頭。此前,
越南已出現以農民為主的反殖鬥爭向內行君主立憲外行反法鬥爭
的轉變,潘佩珠與梁啟超曾經十分相契。孫中山會晤前也曾讀過潘
所著《越南亡國史》,知其為愛國志士,但尚未擺脫君主立憲思想,
因而向潘「痛斥君主之虛偽」,希望越南志士加入中國革命黨,待
中國革命成功,即首先援助越南獨立;潘雖承認「民主共和政體之
完全,而其主意卻反欲中國革命先援越南,越南獨立時,則請以北
越借與革命黨為根據地,可進取兩廣,以窺中原」。因彼此都缺乏
瞭解,所以會談「皆隔靴搔癢耳,結果俱不得要領」[83]。但隨後形
勢的發展,卻使他們逐漸消除隔閡。1908 年冬日本政府徇法之請,
取締潘所發動的「東遊運動」,恃日以抗法已歸泡影,轉而相信只
有先成就中國革命再圖自國解放;國內的鬥爭也表明擁戴廢黜國王
恢復舊王朝不得人心;1907-1908 年,孫中山等革命黨人以越南為
基地在中國西南邊境發動的四次起義,以及同盟會成立後革命黨人
創辦革命報刊對保皇黨大張撻伐中,都吸引了一些越南志士參加,
使他們受到民主革命思潮的薰陶,加強對中國革命和越南關係的理
解,這也就使兩國志士逐漸在民主革命道路上會合了。潘佩珠自
述:「餘因多與中國革命黨人相周旋,民主之思想已日益濃厚,雖
阻於原有之計畫,未能大肆其詞,然腦中含有一番改弦易轍之動
機,則自此始」[84]。1908 年成立的桂、滇、越聯盟會,就是上述會
合的明顯例證。武昌起義的勝利,更使越南「人情激奮,比前大增,
在外若有先聲。在內不患無再起之氣勢」。他們歡呼「壯哉鐵血,

---

[83] 《潘佩珠年表》。
[84] 《潘佩珠年表》。

為天下鏡」；並感應於「吾國民氣復大振」，因而「跋涉相扶」，「接踵於粵城」[85]。潘佩珠趕到中國後，迅即徹底拋棄勤王主張，組建了以「驅逐法賊，恢復越南，建立越南共和國」為綱領的越南光復會；同時積極在國內籌畫反殖反封建的武裝起義。孫中山、黃興在南京接見潘佩珠時，再次表示願承擔援越義務。

綜上可見，孫中山雖對自己的主義和理想抱有充分的自信，但卻十分尊重當時各國先進代表依據各國特殊情況所創制的各具特色的主義、思想和救國方案，尊重他們選擇的道路和採取的不同鬥爭形式，並且看到了它們之間可以相互促進、相互補充的方面，特別是比較準確地把握住了緊緊牽動世界各國人民心弦的民族主義同帝國主義作鬥爭這一頭等重要課題，因而能求大同，存小異，極力促進各被壓迫民族力量的凝聚，並善於把各國人民所進行的各種鬥爭，納入總的反殖反帝鬥爭的軌道。菲律賓歷史學家馬莉亞‧路薩‧卡瑪蓋伊在其所撰《兩個民族主義者的友誼：孫中山與馬里安諾‧龐斯》中正確地引申出這樣的評價：「我們可以認為，孫中山在亞洲各國播下了理解與合作的種子，如今已結出豐碩的果實，這就是我們看到的中國與這一地區其他國家以及所有國家之間友好、真誠的關係」。

第三節　站在 19 世紀末 20 世紀初民族解放運動的最前列

19 世紀末 20 世紀初，與帝國主義瘋狂瓜分世界，特別是著力瓜分亞洲、非洲、拉丁美洲相對應，許多國家、地區的反帝反殖爭取民族獨立的鬥爭也洶湧澎湃，在擇取道路、制訂革命綱領以及採取的戰略策略等方面各具特色，各有其業績和歷史意義。亞洲是這

---

[85] [越南]章牧：《孫中山與二十世紀初越南革命的關係》。

一鬥爭風暴的源泉，其鬥爭更具普遍性持續性和激烈性。而其時中國的民族民主革命又更具代表性，有過突出影響。孫中山就是站在這一時期民族解放運動最前列的人物。

還在 1897 年，有志於改善被壓迫人民境遇的日本志士宮崎寅藏首次會晤孫中山時。聽到孫中山「為了中國蒼生，為了亞洲黃種人，為了世界人類」而興起革命軍的抒懷後，他不勝驚歎：「孫逸仙實在已接近真純的境地。他的思想何其高尚，他的見解何其卓越，他的抱負何其遠大！而他的情感又何其懇切？在我國人士中，像他這樣的人究竟能有幾人？他實在是東洋的珍寶。從此時起，我已把希望完全寄託在他身上了」[86]。隨後歷史更表明：孫中山儘管有不如同時期世界其他民主革命先驅的地方，但從總體看，他不僅是中國偉大的民主革命先行者，也是世界卓越的民主革命先驅和世界人民欽仰的偉人。這可以從孫中山和同時期其他民主革命先驅的比較中看出來。

就這一時期爭取民族解放的道路和獲取的業績看，孫中山顯具代表性，並特具光輝。

當時，各國各地爭取民族解放的鬥爭大致可分三類：一類是各國人民反對殖民侵略的戰爭，一類是自發的舊式農民起義和城市暴動，一類是新興的資產階級領導的政治改革運動和民族民主革命運動。最後一類是最能體現世界潮流和時代發展方向的。它在世界各國先後出現過。孫中山作為民主革命先驅的最大特點是他沿著民主革命道路走了三大步，躍登了兩大階梯。第一步也是第一大階梯，孫中山從 19 世紀 80 年代起，即具有資產階級改革的思想，並有民主革命思想的醞釀，他經常發抒救國和反清造反的言論。如果說 1893 年，他與陸皓東、鄭士良等八人集會於廣州的抗風軒，提議

---

86 《三十三年之夢》，第 123-124 頁。

倡設以「驅除韃虜，恢復華夏」[87]為宗旨的團體，1894年6月又上書李鴻章，希望實現自上而下的改革，還只表明孫中山對如何救國的道路還未作出最終抉擇。那麼，他在上書失敗後，就立即拋棄和平改革的幻想，於同年11月到檀香山建立以「驅除韃虜，恢復中國，創立合眾政府」為誓詞的興中會，並於1895年策動廣州起義，應該說是他決志登上民主革命道路的確證。此後，他義無反顧地堅持民主革命道路，雖歷遭頓挫，其志不移，終於領導人民，舉行辛亥革命，推到了清政府，建立了中國歷史上第一個民主共和國。第二步，在辛亥革命後那些僭竊繼起、復辟屢作、軍閥紛起、革命黨人不斷分化蛻變的歲月裏，孫中山不畏強暴，百折不撓地為捍衛共和國而鬥爭。第三步，在俄國十月革命發生後，世界局勢大變，新舊潮流激烈搏擊之時，孫中山毅然改組國民黨，採取聯俄、容共、扶助農工的政策，較前更為堅決地反對帝國主義和軍閥，從而登上了資產階級革命家可能達到的最高階梯。

19世紀末與中國政治和思想情況比較相似而又大致同步的是菲律賓。19世紀80～90年代，菲律賓人民反對西班牙殘暴殖民統治，要求進行政治經濟改革的呼聲十分強烈，出現了像中國維新派康有為、梁啟超那樣著名的政治活動家何塞・里薩爾，於1892年組織了「菲律賓聯盟」，寄望西班牙殖民總督能自動進行資產階級改革。可是，里薩爾就在上述組織成立後的第四天即被殖民者拘禁，這一聯盟也就宣告壽終正寢。這一改革圖謀的失敗，促進了這一聯盟左派代表旁尼發佐等的奮起，旁尼發佐就在當年創立了「人民之子無上尊崇聯合會」（簡稱「卡蒂普南」），決志把菲律賓人民團結起來成為一個堅強的集體，通過革命獲得菲律賓獨立。1896

---

[87] 參見尤列〈楊衢雲史略〉，載廣東文物展覽會編《廣東文物》中冊，第437頁；馮自由《中華民國開國前革命史》上卷，重慶，中國文化服務社，1944年，第3頁。

年 8 月，旁尼發佐向全體愛國軍民發出戰鬥號召，在菲律賓響起了
「革命的第一槍」[88]，隨後出現了 1896-1898 年的菲律賓革命高潮。
然而就在這一高潮中，以阿奎那多為首的地主資產階級一派在革命
隊伍中得勢，並於 1897 年 5 月殺害了旁尼發佐。雖然在這以後一
度成立了菲律賓共和國，頒佈了憲法，但妥協接踵而來，讓美國殖
民統治取代了西班牙殖民統治，菲律賓的民族獨立和共和國僅曇花
一現。這樣，像旁尼發佐這樣傑出的民主革命先驅，雖比孫中山早
兩年正式揭舉民主革命旗幟，但格於形勢，並過早死去，只是走了
孫中山的第一步，卻無法去走孫中山的第二步和第三步，其影響自
不如孫中山大。

　　印度是被壓迫國家中僅次於中國的大國，其淪為英國殖民地和
出現近代工業都早於中國，其要求資產階級改革也較早。從 19 世
紀 70 年代起，印度民族運動就逐漸興起，1885 年，印度民族主義
者建立了國大黨。由於印度資產階級對宗主國依附性較強，因此作
為這一階級政治代表的國大黨的主張，並沒有超出殖民制度的忠誠
反對派的範圍，一直反對暴力革命。到 20 世紀初，以提拉克為代
表的國大黨左翼的態度較前明朗激進，他們要求讓人民參加運動，
加強反殖鬥爭，建立聯邦共和國。然而，就是在 1905-1908 年的印
度革命高潮中，他們也還只是開展如抵制英貨、罷工之類的群眾性
鬥爭，向殖民者要求民族自由和獨立，保護國內市場，仍不以準備
武裝起義為直接任務，而且這種「獨立」，還只是要求在印度建立
「英國自治領實行的政治制度」[89]。1907 年，提拉克被捕入獄，大
部分激進人物在困難面前退卻。1908 年下半年，國大黨內的溫和

---

[88] [菲]葛列格里奧·F·賽迪：《菲律賓革命》，廣東人民出版社，1979 年，第
　　138 頁。
[89] [印]席培拉烏雅：《印度國大黨史》，第 1 卷，第 54 頁。轉見安東諾娃等主
　　編《印度近代史》下冊，北京，三聯書店，1978 年，第 904 頁。

派進一步推動妥協政策，印度民族解放運動轉入低落。提拉克出獄後，也接受了溫和派「既合作也反對」的原則，從事於「印度自治運動」的鼓吹。隨後甘地的「非暴力，不合作」的「信仰鬥爭」，更成為印度民族解放運動的主流。這樣，當時的印度民主革命者連孫中山走過的第一步都沒有完成。

土耳其從 19 世紀 50 年代後亦逐步滑向半殖民地。1865 年 6 月，那米克‧凱末爾在伊斯坦布爾創立了要求實行資產階級改革和君主立憲的新奧斯曼黨，並且在 1876 年 12 月迫使土耳其國王公佈了第一部土耳其憲法。可是這一立憲運動旋即在法、俄等國干涉下歸於失敗，直到 1894 年，雖有以阿麥德‧李薩為首的「青年土耳其黨」的成立，並且發動過 1908-1909 年的土耳其資產階級革命，但都不是從事共和革命。到第一次世界大戰，青年土耳其黨的新領袖恩維爾等更站在德國方面參加了帝國主義戰爭。到 1923 年，土耳其在前進與倒退和領袖人物多次變更之後，才在加齊‧穆斯塔法‧凱末爾的領導下廢黜了國王，建立共和國，實現國家獨立、民主、發展民族國家資本主義，其發展道路和思想體系都有其獨特性，而且在實踐上獲得成功。但其主要業績是在孫中山逝世以後，而不是同時期。

伊朗在 19 世紀 80～90 年代已出現微弱的民主主義思潮，宣傳君主立憲主張。1891 年還掀起過反對煙草專利權的鬥爭。但直到 20 世紀初，在 1905 年俄國革命的影響下，才出現了 1905-1911 年的伊朗資產階級革命。但是鬥爭是分散的，人民群眾並未能從自己隊伍中推選出一個能指出正確方向並足以領導全國鬥爭的有聲望的革命領袖，而且在這場革命失敗後，一些領袖轉到反革命方面去了。這種情形在 1920-1921 年的以反帝國主義為特徵的伊朗民族解放運動中又重複出現過。因此，要在伊朗民族解放運動中找到一個和孫中山媲美的領袖就更難了。朝鮮要求資產階級改革和獨立的志

士雖在極其複雜險惡的國際環境中層見迭出。但早期有的誤入歧途，20 年代後又派別林立，並沒有產生像孫中山那樣久經考驗、歷久不替的民族民主革命領袖。

埃及的較有聲色的華夫脫黨，興起於 1919 年，歷時較短，而且與殖民者英國謀求妥協，並反對社會主義。其他如摩洛哥等非洲國家，墨西哥等拉美國家雖都有反殖鬥爭，但都時起時伏，都沒有出現像中國這樣持久的火熱的鬥爭場面和像孫中山這樣的有世界威望的領袖人物。

孫中山提出並不斷豐富的民主革命綱領，在當時亞洲民主革命思想寶庫中顯得較為完整，並呈異彩。

19 世紀以來，隨著殖民主義的對外瘋狂擴張，包括中國在內的許多被壓迫國家的先進人們都在迫切考慮如何解決國家的獨立、民主和富強的問題，曾經提出各種各樣的方案，都曾反映各國的相應階段的歷史特點，不同程度地推動了各國人民的解放進程。孫中山和同時期的其他被壓迫國家的民主革命先驅，也都踏著前人的腳印，繼續探索前進，對世界民族解放運動，作出各具本國特色的貢獻，並且各有長短，決不能執一為是而非其餘。但就總的來看，孫中山所提三民主義綱領及其隨後的發展，確實較好的反映了當時殖民地、半殖民地國家和民族解放運動的特點，顯得較為豐滿和完整。

孫中山是一個注重觀察現實而又努力向先進國家吸取經驗的革命家。他既較清楚地看到在國內外民族壓迫，長期封建專制統治下的中國人民極端無權狀態，封建土地所有制下的民不聊生和資本主義發展的舉步維艱；同時，他在制訂和闡發自己的政治綱領時，既努力向西方尋求解放思想，又力圖避免歐美社會已暴露的種種弊端；他既對英美等國社會有較深刻的觀察，又因常到世界許多地區實地觀察和活動，因而對世界許多國家尤其是對亞洲各國有所瞭

解；他既正視事實，又敢於和舊的決裂，遠矚將來。他希望以三民主義之成功，造成「還視歐美，彼且瞠乎後也」的榜樣，供世界人民「擇別取捨」[90]。這樣，孫中山在製作自己的政治綱領時，既有像中國這樣具有典型性的半殖民地國情作根據，又有歐美和亞洲諸國作借鑒，其視野和胸懷就較遠大，其認識也就較為深邃。五四運動後，孫中山又總結前此經驗，繼續與時俱進，這又使得孫中山的民主革命綱領獲得新的發展。因此，儘管孫中山的綱領有其局限性，但確是包含了他對中國國情和世情的瞭解和認識。它不僅是中國民主革命思潮高漲的表現，而且是世界潮流，特別是正興起的世界民族解放運動的一種可貴反映，因而有它的卓越性。

在民族問題方面，孫中山借取西方的「自由」、「民有」觀念來表達內圖國內各民族自由平等、外爭國家獨立的主導思想。他從革命伊始就提出「聯絡中外有志華人」，「振興中華」。稍後他又申明「並非是遇著不同族的人便排斥他」，更不是要「盡滅滿洲民族」[91]；民國成立時他更莊嚴宣告「國家之本，在於人民，合漢、滿、蒙、回、藏為一國，即合漢、滿、蒙、回、藏為一人」[92]，即實現「五族共和」。到晚年，他更進一步解釋說：「國民黨之民族主義有兩方面之意義：一則中國民族自求解放；一則中國境內民族一律平等」[93]。並把聯合國內各民主愛國階級和世界上被壓迫民族共同反對帝國主義作為首要任務提出來。它更貼切中國近代社會乃至世界被壓迫各國所面臨的主要矛盾，符合正在進行反殖鬥爭的世界各國人民的心願，因而能相互溝通，相互影響，相互促進。菲律賓的「卡蒂普南」綱領，與興中會誓詞、章程很有相似之處，就是一個明證。

---

[90] 《孫中山全集》第 1 卷，第 288-289 頁。
[91] 《孫中山全集》第 1 卷，第 324-325 頁。
[92] 《孫中山全集》第 2 卷，第 2 頁。
[93] 《孫中山全集》第 9 卷，第 118 頁。

　　就時間上看，「卡蒂普南」成立早於「興中會」兩年，但其完整政綱則首次揭載在被稱為「卡蒂普南的聖經」的《卡蒂普南初階》之上，而此書則為 1894 年才參加「卡蒂普南」後來成為旁尼發佐親密戰友的埃米略・哈辛托所寫，哈辛托於 1899 年犧牲，故此書成書時間當在 1894-1899 年間，和興中會誓詞、綱領大約同時，就內容看，「卡蒂普南」的誓詞為：「為了上帝和祖國的緣故，我謹宣誓，我要勇敢地保衛民族兒女最尊貴協會的宗旨」[94]。而「卡蒂普南」宗旨的要點是：「所有的人不論膚色黑白，一律平等」；「保衛被壓迫的人，同壓迫者作鬥爭」[95]。這是針對西班牙殖民者的種族歧視和民族壓迫而發的。它和興中會的「驅除韃虜，恢復中華」的旨趣基本相同。但前者由於菲律賓革命的夭折而又缺乏延續性，也就沒有像孫中山的民族主義的後來發展。其他如當時印度、伊朗、土耳其等國人民都以反殖鬥爭為其最大特色，有其超過孫中山早期民族主義的地方。但是，如印度，即使是國大黨激進派提拉克，對外，沒有堅持要求完全脫離英國殖民統治的獨立主張；對內，仍然維護不平等的種姓制度，而且極力在民族口號上加上宗教性質，使他們的反帝運動具有印度的特徵，從而使他們的近代民族運動保留較多中世紀的色彩，限制了民族運動的規模，甚至給殖民者製造國家分裂、推行分而治之政策以口實。這一嚴重缺陷也見於伊朗、土耳其等一類國家的民族運動中，這些國家的民族主義者所提出並推行的諸如「泛伊斯蘭主義」、「大奧斯曼主義」等等，原意本在加強民族凝聚力，維護民族獨立，對抗西方殖民主義，有其積極性一面；但又由於具有狹隘性，因而又妨礙了國內多民族、多信仰人們的聯合反殖，甚至成為自相殘殺和民族擴張主義的罪惡工具。青年土耳

---

[94]　《菲律賓革命》，第 107 頁。
[95]　同上書，101-102 頁。

其黨人的領袖恩維爾等由於竭力推行「大奧斯曼主義」，在第一次世界大戰期間，竟投靠德、奧帝國主義，對內取消各民族自決權，對外肆行武力擴張，大規模地屠殺馬其頓人、亞美尼亞人、阿爾巴尼亞人。這更和孫中山不斷清除大漢族主義雜質，擴大民族運動範圍，提高民族運動素質有極大距離。

　　在民主問題方面，孫中山在中國首倡並堅持共和革命和主權在民原則，力主打破人與人之間的在政治上的不平等，主張「由平民革命以建國民政府」，[96]而且力圖糾正歐美時弊，改善政權機構，擴大民主。到 1924 年，孫中山更進一步使他的民權主義具有人民民主主義的時代特色。而在 19 世紀末 20 世紀初，世界上建立民主共和國者尚為寥寥，在亞洲民族解放運動中提出建立民主共和國者除中國外，只有菲律賓、印度、越南、土耳其。菲律賓「卡蒂普南」的政綱，有如前述，主張各族人民平等，反對人壓迫人，具有宣傳人權自由的內容，按照他們所設計的由「卡蒂普南」管理全國的政治圖案，設立由主席、秘書、司庫、檢查員各一人和參議員若干人組成的最高委員會掌握全國大權，省設民眾委員會，鎮設區委員會。中央還設立作為立法機關的「卡蒂普南議會」，省設法院。這一政治方案雖沒有明確提出建立共和國的主張，但實際上具有共和國雛形，而且有過短暫的試驗。歷史的巧合是，孫中山建立的興中會也是總會設總辦、幫辦、管庫、文案及董事十人，「以司會中事務。凡舉辦一事，必齊集會員五人，董事十人，公議妥善，然後施行」；[97]並預定總辦為革命勝利後的共和國「總統」；同時規定地方設立支會。兩相比較，孫中山在誓詞中明確地提出了建立以美國共和政體為模式的合眾政府，而旁尼發佐的設計也有此寓意。就民主

---

[96] 《孫中山全集》第 1 卷，第 297 頁。
[97] 《孫中山全集》第 1 卷，第 22 頁。

要求的內容看，旁尼發佐較多地強調凡人一律平等的人權，而孫中山則較多地強調「以人群自治為政治之極則」的民權。[98]就政府組織結構形式看，旁尼發佐較為細密，但與孫中山最早構想大致相似。至於以後，孫中山的民權主義之豐富和發展及其政權機構圖案之力圖超越歐美，自非過早犧牲之旁尼發佐所能及。印度提拉克的「聯邦共和國」主張是到 1905 年後才提出，不久後，又退回到英國國王治理下的英國自治領的要求上去。越南民主革命先驅潘佩珠到 1912 年，才改弦易轍，以建立越南共和國為奮鬥目標。至於朝鮮於 1919 年才仿照〈中華民國臨時約法〉制訂出大韓民國臨時政府的〈臨時憲章〉。土耳其則到 1923 年才創建共和國，制訂了這個國家的第一部共和憲法，宣佈「國家主權無限制和無條件的屬於人民」[99]。但它還不如孫中山在 1912 年頒佈的〈中華民國臨時約法〉那樣豐富而具體，更達不到 1924 年中國國民黨「一大」宣言中的民權主義的高度。埃及到 1923 年 4 月在英國的控制和干預下，制定和頒佈的憲法，則賦予作為英國馴服工具的埃及國王以極大的權力。其他如摩洛哥、南非和拉丁美洲一些受壓國家的志士謀建共和國都較遲，業績亦不顯著。

在民生問題上，孫中山力圖打破經濟上的不平等，認為首先必須解決勢必造成貧富懸殊的土地問題，主張實行平均地權和純正的集產社會主義，國民黨必須謀「農夫、工人之解放」[100]。並稱：「共產主義是民生主義的理想，民生主義是共產的實行」[101]。即視他心目中的共產主義為他的終極理想，並對農工要求及其力量有了進一

[98] 《孫中山全集》第 6 卷，第 172 頁。
[99] [土]卡米爾蘇著，楊兆鈞譯：《土耳其共和國史》，昆明，雲南大學西南亞研究所，1978 年，第 167 頁。
[100] 《孫中山全集》第 9 卷，第 121 頁。
[101] 《孫中山全集》第 9 卷，第 381 頁。

步瞭解和認識，這就為他和共產黨人合作提供了一個思想方面的基礎。

同時期的其他世界被壓迫民族的民主革命先驅多停留在反殖和反獨裁層面，對如何解決民生問題較少涉及；即使有所構思，亦不夠精細和具有遠見。旁尼發佐之反對壓迫者，固然喊出了下層人民的心聲，但缺乏具體內容。1905-1911 年的伊朗資產階級革命，因受到 1905 年俄國革命的影響，在解決土地問題上有較平均地權主張激進之處，該國農民參與革命也較當時其他亞洲國家廣泛而激烈。土耳其的凱末爾於 1923 年發表了〈九項原則宣言〉和〈經濟公約〉，表明了對國家近代化、發展國家資本主義的重視；甘地鼓吹建立「平等、合作、道德、生計勞動」四項原則的農村經濟秩序，並容忍有限度地發展大工業，都在黑暗的亞洲上空閃爍過星光，有其特點和意義。但是，如果我們把孫中山在〈上李鴻章書〉裏所提出的中國近代化方案，1918 年後所擬的規模宏偉而又具體的〈實業計畫〉，連同平均地權、節制資本、扶助農工等主張，並與當時世界亟需迅速發展資本主義的潮流一起來考察，就不難看到孫中山在民生問題上，確實比同時期其他民族解放運動的先驅者還是站得高些、看得遠些、想得細些。

更加難能可貴的是，孫中山一直把三民主義看作是一個旨在打破不平等的完整體系，認為「這三樣有一樣做不到，也不是我們的本意，達到了這三樣目的之後，我們中國當成為至完美的國家」[102]。誠然，有如前述，其他國家民主革命先驅所提綱領及其實踐各有燦然發亮之處，但不管從豎的系列發展來看，還是從橫的廣度來看，孫中山的三民主義綱領在當時算是較完整的，因而受到許多亞洲革命者的讚揚和師法。曾經深受孫中山民主革命思想影響的越南民主

---

[102] 《孫中山全集》第 1 卷，第 329 頁。

革命先驅者潘佩珠在孫中山逝世時所寫的輓聯這樣稱道:「志在三
民、道在三民、憶橫濱致和堂兩度握談、卓有精神貽後死」[103]。其
他如印尼的蘇加諾、緬甸的吳歐德‧德欲巴東、泰國的比里‧帕依
榮等稍後的民族領袖也都盛讚三民主義對他們的巨大影響。

在謀求被壓迫國家和人民獲得解放的革命鬥爭中,孫中山的戰
略策略思想既有其典型性,又具有更大的包容性。

在如何對待帝國主義問題上,各被壓迫國家的鬥爭道路、方式
和手段等方面有同有異。孫中山舉起民族民主革命旗幟,長期以先
清內後攘外為戰略決策,直到晚年才決志堅決反對封建軍閥及其後
臺帝國主義,而以廢除一切不平等條約為首著。這基本上同中國民
族民主力量的興起、發展和國內外時局的變化相適應。其他亞洲國
家如菲律賓的宣傳運動、朝鮮的開化運動、印度的國民大會運動、
印尼「至善社」的民族運動、青年土耳其黨人的立憲運動、波斯的
君主立憲運動和 1905 年的波斯革命、越南的維新改良運動等等莫
不是首圖內政改革,其鋒芒則是指向殖民帝國主義,到 20 世紀又
都明確而又尖銳地指向帝國主義。其進程雖不盡相同,而其發展趨
勢和歸宿則大體一致。

在策略運用上也諸多相似。由於被壓迫國家都是以弱敵強,特
別是當這些國家的志士還沒有認識和依靠廣大國內人民的力量來
進行民族民主革命之時,他們幾乎都希望爭取某個強國大國的支持
來反對直接壓在自己頭上的強國大國。如印度志士之先後爭取法、
德、俄支持,土耳其志士的聯法抗英,朝鮮志士的倚日抵俄,菲律
賓志士的聯美反西,後又欲結日驅美,越南志士之欲仗日抗法,阿
富汗志士的結俄制英等等。孫中山是在眾多列強角逐於神州大地上
搞革命,處境更為艱難,情況更為複雜,他從 19 世紀 90 年代起,

---

[103] 《潘佩珠年表》。

就確立了利用列強矛盾以開展鬥爭的策略思想，即使 20 年代後他已找到工農這個依靠力量，還仍有聯合蘇俄、德國乃至欲與日本相緩解，以對付當時被視為最主要的敵人——英國的策略運用。在這當中，孫中山和這些國家的志士都曾抱有過幻想，策略運用也有失誤，但他們都在失敗中增長了認識，提高了鬥爭水準。所有這些，孫中山似乎更具典型性。

在如何實現中國和世界民族的解放問題上，中國和世界被壓迫各國都經歷了漫長曲折的道路，孫中山所領導的中國民主革命歷經 40 年，最後自己總結其經驗，是「深知欲達到此目的，必須喚起民眾及聯合世界上以平等待我之民族，共同奮鬥」[104]。這實際上是說，要實現中國人民的大團結和世界人民的大團結。這是當時世界民族解放運動中的最高呼聲。這時，他明確認識到 1905 年日俄戰爭以來的亞洲各國獨立運動已日益發展，到今天，埃及、土耳其、波斯、阿富汗和阿拉伯的獨立都成了事實，表明亞洲民族思想的進步，「發達到了極點」，這樣，「亞洲全部的民族才可聯絡起來，然後亞洲全部民族的獨立運動，才可以成功」。關於鬥爭方式，孫中山總結了中國和亞洲各國前此奮鬥的經驗，指出對歐美列強，不能靠仁義感化與和平手段，而是要「訴諸武力」，而當前日本、土耳其、波斯、阿富汗、阿拉伯、廓爾喀各民族都已擁有武力並「向來善戰」，中國人民「雖然愛和平，但是為生死的關頭也當然要奮鬥的，當然有很大的武力。如果亞洲民族全聯合起來，用這樣固有的武力去和歐洲人講武——一定是有勝無敗的」[105]。

此前，其他被壓迫國家的解放運動在第一次世界大戰期間尚處在低潮中，青年土耳其黨人把土耳其捆在德國的戰車上，印度志士

---

[104] 《孫中山全集》第 11 卷，第 639 頁。
[105] 《孫中山全集》第 11 卷，第 403-408 頁。

則發生附英附德的分裂，潘佩珠於 1913 年 12 月被與法國殖民者相
勾結的廣東軍閥龍濟光逮捕入獄後，國內鬥爭因缺乏基礎而一時沉
寂，有的地區因殖民者的苛斂殘暴而激起的起義則被迅速鎮壓下
去。波斯革命也於 1916 年宣告失敗。不言而喻，包括中國在內的
世界各被壓迫國家在沒有國內人民的聯合鬥爭的條件下也就無從
談各國人民的聯合鬥爭，僅有的如孫中山和印度志士的商談合作，
也因缺乏必要的形勢和條件而未能付諸實施。至此，中國民族解放
運動的新高漲，有如上述，激起了世界一些被壓迫國家奮起爭獨立
解放的鬥爭，出現了各被壓迫民族聯合奮鬥的新陣營。

在如何處理舊傳統、宗教信仰和現實鬥爭的關係上，孫中山表
現出更大的寬容性和凝聚力。東方社會亞細亞生產方式造成的顯著
特點之一，就是和專制主義並生的一神教。這在南亞、西亞更為突
出。許多國家宗教政治化。19 世紀下半葉以後，隨著這些國家反
抗外來侵略奴役的加緊和近代化的啟動，這些國家便出現了宗教改
革，個別國家如土耳其甚至出現了廢除宗教統治的世俗化改革。上
述改革不僅和學習歐美的民主與科學技術相結合，而且接受社會主
義潮流的影響，在他們的宗教民族主義裏注進他們所理解的社會主
義。這樣就使他們跳出了原來狹隘的宗教政治文化觀，而有與持其
他信仰和政治文化觀的人們在謀求國家獨立和近代化方面找到結
合點，特別是在反帝反殖問題上結成不同形式的統一戰線，或者是
同氣相求、相激相蕩。20 世紀 20 年代孫中山感到歡欣鼓舞，正是
這樣一種被壓迫民族不約而同去求自決的聯合趨勢。

中國是一個東方大國，在這一土壤上生長出的儒教思想長期作
為統治思想，在廣大人民中間也一直保有強大影響。但中國因土地
廣闊、民族繁多，又很早和亞歐許多地區國家久有政治經濟文化交
往，所以中國很早就不是一神教或單一信仰，它具有文化和宗教的
一定寬容性。孫中山在 1904 年寫的〈中國問題的真解決〉駁斥西

方誣衊「中國人本性上是閉關自守的民族」時，就列舉了中國早在
西元七世紀就讓景教在中國民間傳教，佛教則是從漢代即傳入，「現
已成為三大宗教中的一種」；天主教則是從明代傳入，耶穌會教士
利瑪竇「曾深得人民尊敬」。這些表明，「中國人一直與鄰國保有密
切的關係，對於外國商人和傳教士從沒有絲毫歧視」[106]。孫中山顯
然繼承和發展了這種寬容性，他更以是否有利於開展民族民主革命
為準則來判定舊傳統和各派宗教的價值。有如前述，基本上是洋為
中用，古為今用。基於此，他雖加入過基督教，講過儒家先師們不
少好話，卻在〈中華民國臨時約法〉明確規定「人民有信教之自
由」[107]。他儘量挖掘存在於各教的民族民主因素。他曾說：「士貴
有志，有萬世之志，有千年之志，有數千百年之志，如耶穌、孔子、
釋迦牟尼，壽命最長，萬世之志也」[108]。甚至他自創的「三民主義」
亦欲在傳統思想和宗教中找到根據，以利於各階層各種信仰的人士
易於接受。他說「行仁」就是實行三民主義。「仁」有「救世、救
人、救國三者，其性質皆為博愛。何謂救世？即宗教家之仁，如佛
教，如耶穌教，皆以犧牲為主義，救濟眾生」，即「所謂捨身以救
世」。「何謂救人？即慈善家之仁」，即「抱定濟眾宗旨，無所吝惜」。
「何謂救國？即志士愛國之仁，與宗教家、慈善家同其心術，而異
其目的」[109]。他對於在中國西北特具影響的伊斯蘭教（回教）徒之
具有強烈民族自尊心、保教保鄉愛國熱忱和驍勇善戰精神有較深切
瞭解。為團結這個教派領袖人物，孫中山也力圖以其「持三民主義，
首即以融化民族，普及教化為務」來曉諭，希望他們「交相輔益，
竭忠盡智，以掃除政教之魔障，增進民族之幸福」[110]。同時他對土

---

[106] 《孫中山全集》第 1 卷，第 250-251 頁。
[107] 《孫中山全集》第 2 卷，第 220 頁。
[108] 劉成禺：〈先總理舊德錄〉，《國史館館刊》創刊號。
[109] 《孫中山全集》第 6 卷，第 22-23 頁。
[110] 《孫中山全集》第 7 卷，第 37 頁。

耳其、阿富汗、阿拉伯、埃及等國人民的奮鬥精神也屢有讚揚。他
希望以保持回教在中國的地位來促進國際上回教徒的團結和共同
奮鬥，他說：「當初地球上最有力量者為回教，崇信回教之國亦不
少。現宜以宗教感情，聯絡全球回教中人，發其愛國思想，擴充回
教勢力，恢復回教狀態」。其意圖還在於向全世界昭示：中國存在
「不惟五族平等，即宗教亦均平等」[111]的中國各族人民普遍平等的
大團結。顯而易見，孫中山對待儒家和各種宗教的地位和作用的瞭
解和尊重，既有利於國內各民族的團結，也和亞洲各被壓迫民族已
出現的聯合趨勢相迎合。

　　基於上述，孫中山所持民族解放觀和他為此進行的不懈鬥爭，
受到當時和後人的欽仰和讚頌。和孫中山多有交往的菲律賓志士龐
斯讚揚孫從事的是「全人類的事業，整個亞東的事業」。並對孫的
援助滿懷感激，稱：「荷孫氏之援助，殊非鮮少」[112]。朝鮮志士對
孫中山對韓國獨立運動的一以貫之的關懷更是十分感動，所以孫中
山的逝世，引起他們同聲悲悼，並稱孫中山為「東亞革命之父母」，
悲呼：「我們高麗久受日本壓迫，想呼吸都不得；與中國被列強壓
迫無異，所以彼此同病相憐。正當孫先生率領東方痛苦民族，一齊
進攻，使遠東民族得到脫離奴隸地位，何圖大星忽去。望此後中山
信徒，一律依照孫先生政策，努力進行」[113]。朝鮮《東亞日報》亦
痛歎：「從此人類喪失一大偉人，東洋政局遂有蕭條之感焉」[114]。
大韓民國統義府於 3 月 26 日舉行追悼會，在祭文中寫道：「倭之吞
韓作橋，洵屬侵略大陸之最要政策。敝府之專門殺倭，豈非謀東亞

---

[111] 《孫中山全集》第 2 卷，第 477 頁。
[112] [菲]馬莉亞‧路薩‧卡瑪蓋伊：《兩個民族主義者的友誼：孫中山與馬里安
　　 諾‧龐斯》。
[113] 孫中山治喪處：《哀思錄》卷二，「祭文」，第 5 頁。
[114] 伍達光輯：《孫中山評論集》，上海三民出版部發行，1925 年，第 57 頁。

和平之最大工作耶。……伏維先生在天之冥靈，深助此次中韓之同志切實之攜手，共赴聯合戰線，打倒帝國主義，廢除不平等條約，他日東亞如成和平，則千萬歲下對先生之銅像者，未有見而不拜矣」[115]。4 月 12 日，朝鮮旅日代表何東華等在東京參加了追悼中山先生的大會，在會上也發表了「先生雖死，吾人仍須踐其主義，以團結東亞被壓迫民族」的悼詞[116]。1925 年在巴黎東方民族追悼孫中山的大會上，亞拉伯代表慨然表示：「孫先生想聯合東方民族，以共同打倒帝國主義，我亞拉伯人民願步後塵」，印度代表沉痛地說：「印度為英帝國主義殖民地化，中國為萬國殖民地化，大家都處於泥犂獄中，幸得孫先生高登一呼，使東方民族今日都覺悟起來，共同做革命工作。孫先生實為東方民族解放之父，今忽然別去，凡屬被壓迫人能不同聲一哭麼！我們後死者當竟孫先生未竟之志，努力革命，以期得到獨立與自由」[117]。1927 年 12 月，宋慶齡在布魯塞爾「反對帝國主義及殖民壓迫鬥爭大同盟」會上與印度國大黨領袖賈瓦哈拉爾‧尼赫魯同在主席臺上，隨後，宋寄給尼赫魯一幅宋和孫中山的合影。尼赫魯「一直視同珍寶，把它掛在自己的房間裏，每天總要看它」[118]。到 1956 年，印度駐中國大使拉‧庫‧尼赫魯在北京紀念孫中山誕辰九十周年的大會上也說：「孫中山是中國偉大的兒子，但據我們看來，他也是亞洲偉大的兒子，他以畢生精力所從事的鬥爭，並不僅僅是中國的鬥爭，它的範圍是更加廣大的，包括亞、非兩洲許多國家的鬥爭的一部分」[119]。

---

[115] 孫中山治喪處：《哀思錄》第二編，卷二，「祭文」，第 5 頁。
[116] 徐友春等：《孫中山奉安大典》，華文出版社，1989 年，第 277 頁。
[117] 《哀思錄》第二編，卷三，「追悼記事」，第 6 頁。
[118] 《宋慶齡──二十世紀的偉大女性》，第 239 頁。
[119] 〈印度駐中國大使拉‧庫‧尼赫魯的講話〉，《人民日報》1956 年 11 月 12 日，

　　越南志士潘佩珠等對孫中山十分欽佩，1908 年後，他因孫中山和中國革命榜樣的鼓舞，由原主君主立憲轉向民主革命，不禁歡呼：「壯哉鐵血，為天下鏡」[120]。對孫中山的逝世，一些主持公道的日本人士的報紙也多有哀悼、讚揚之詞。真誠的日本友人梅屋莊吉特鑄孫中山銅像多尊分豎於南京、廣州等地，他讚頌：孫「不僅是中國之國父，實為世界之偉人，為萬眾所敬仰」[121]。宮崎寅藏長子宮崎龍介在其悼詞中亦稱：「中國今日遽失此革命元勳，實無異世界失一革命之父」。他稱讚孫的「民族主義，主張解放全世界被壓迫民族；民權主義，主張人類皆得有參政之權；民生主義，發展實業，脫離帝國主義侵略。在日本亦必實行，余即正作此工夫者。先生思想與主義，匪但為貴國一國之偉人，實為全世界之偉人。先生主義雖未實現，我青年應實現之」[122]。此前，孫病而外界訛傳其已逝世的消息傳到日本時，日本英文報紙《告知報》即發表社論說，中山乃世界性人物及中國革命之靈魂，「中山若死，不但為中國之損失，且為世界之損失」[123]。如此等等，既是對孫中山的全面推崇，也是對他所持民族解放論的高度讚揚。

---

[120] [越南]章牧：《孫中山與二十世紀初越南革命的關係》。

[121] 〈梅屋莊吉文書〉，轉引俞辛焞等：《孫中山宋慶齡與梅屋莊吉夫婦》，第119頁。

[122] 《哀思錄》卷二，「追悼記事」，第1頁。

[123] 〈西報推崇孫中山之正論〉，上海《民國日報》，1924年5月24日。

第四章　對海外華僑義利情觀之回應

對海外華僑義利情觀的回應，是檢測孫中山觀察和處理世情與民意的一個重要方面。華僑華人社會歷來是世界潮流與中國人民感情和需要的合載體。孫中山對海外華僑歷久形成的義利情觀回應的程度，構成了孫中山與華僑關係的或親或疏的情形，組成兩者的關係史。它對中國革命事業的進行有較大影響。其間，貫穿著國內外形勢的變化和主觀認識以及處理方式的多種值得探討的問題。

第一節　對華僑義利情觀的最初認知

華僑社會是孫中山最早接觸和瞭解世界的重要場所，也是他早年倚以開展革命活動的主要地盤。我們可以從瞭解孫中山革命與華僑的關係中，看到世界先進事物和思潮在孫中山身上打下的印記，以及中國人民的要求和世界潮流的應和。

華僑移居海外，始於漢朝，此後，迫於國內天災人禍，許多沿海人民陸續出國謀生。但大規模出國則在 19 世紀中葉以後，由於反清起義的失敗，天災人禍的更加頻繁和殖民者掠賣、拐誘的加劇而迅速增加。到 80、90 年代，南洋華僑不下三百餘萬人，美國華僑達 10 萬人以上，檀香山華僑也有二千一百餘人[1]，其中廣東華僑

---

[1]　薛福成：《出使奏疏》卷下，第 6 頁；陳汝舟：《美國華僑年鑑》第 341 頁；鄭東夢：《檀山華僑》「華僑史」，《檀山華僑》編印社，1929 年，第 2 頁。

占全部華僑的三分之二。可見，近代華僑出國增多實際上是對國內
反動勢力壓迫的一種逃避和抗議，同時也是西方侵略者掠奪暴行的
結果。

　　華僑走出苦難深重的祖國，固然是辛酸種種，到居留地後，多
數人也是備歷災難。被稱為「巴達維亞怒濤」的 1740 年印尼紅河
事件、西班牙殖民者對菲律賓華僑的幾次大屠殺[2]以及其他許許多
多對華僑的慘無人道的殺害，把成千上萬的華僑淹入血泊中。至於
其他人身迫害，財產掠奪，就更不用說了。而國內的封建政府對此
卻是「此區區漂泊海外者，何足計及」，不加理會——這就在各階
層華僑的心裏積下了對殖民者和本國封建政府的深刻仇恨。尤其是
在國內無以為生，被殖民者及其爪牙拐賣或誘騙出國的「契約華
工」，即通稱的「豬仔」，更多有一部辛酸血淚史。在華僑中佔有很
大比例的小商小販和手工業者，大部分是由於排華律而擠出生產領
域的，其境遇也非常艱苦。連殖民主義者也不勝感慨地說：每一個
看到華僑小商小販的破爛而簡陋的小茅屋時，都會感到驚奇的[3]。
上述兩個階級之具有強烈反抗性是不言而喻的，他們曾掀起過求解
放求生存的連綿激蕩的鬥爭，後來經過民族民主思想的啟迪，又逐
漸成為中國民主革命的熱烈擁護者和支持者。

　　華僑能夠幸而突破殖民者的種種限制，上升為華僑資產階級的
人數是不多的[4]。早在 19 世紀 70 年代前，主要起仲介作用的華僑
商業資產階級就已經產生。到 70 年代，隨著僑居地現代工業的建
立，一部分華僑商業資本也突破當地統治者的限制和壓制，向工業

---

[2]　在紅河事件中，荷蘭殖民者屠殺華僑萬餘人，在菲律賓、西班牙殖民者歷
　　次殺害華僑達五、六萬人以上。
[3]　布塞爾：〈東南亞的中國人〉，載《南洋問題資料譯叢》1958 年 2、3 期。
[4]　據 1959 年 12 月 13 日《人民日報》：〈印尼歸國華僑問題〉一文估計，印尼
　　華僑資產階級約占華僑總人數的 10%，這一估計數字，不一定適用一般，
　　僅資參考。

資本轉化。在泰國、馬來亞、檀香山等地都相繼建立了機器米礱業、製糖業。值得重視的是檀香山華僑資本的發展，較美洲其他各地為顯著，具有相當實力[5]，其企業主且多為中山縣及四邑人，這為孫中山早期革命活動預備了一個較好的基地。

和國內民族資產階級一樣，華僑資產階級也與僑居地統治者和國內封建勢力處在既有矛盾又有聯繫的複雜地位，並由此規定其政治上的兩面性。不同的是，相對比較，華僑資產階級較多地依附外國資本，而和國內封建勢力聯繫較少，所以這一階級有較大的反抗本國封建政府的勇氣。但其中極少數的上層，買辦封建性則較濃厚，他們從殖民者手上分得一些特權，開闢港口、經營礦山和種植園，有的是港主（礦山主、種植園主）、豬仔頭、會黨首領一身兼而有之。這班人民族意識比較薄弱，對封建制度也無多大反感。和他們打過交道的胡漢民說他們是「最不革命，最怕革命」[6]的，可謂得當之言。在辛亥革命時期，正是他們，成了中國君主立憲派（後蛻化為保皇黨）在海外的主要社會支柱。可是，這一階層也是依人籬下，許多也出身貧寒，其出國創業也備嚐辛酸，或者其先世或本人曾為反清志士，民族意識未盡泯滅，尤其是因為殖民者對他們常常採取養雞取蛋、肥而後宰的惡毒辦法，當他們經營稍有成就時，迫害也接踵而至，這就使他們能在一定時期參加反對殖民者迫害的鬥爭，在革命高潮時，部分人甚至能倒向革命方面來。

華僑中小資本家所經營的工商業不能與殖民企業或華僑資產階級上層的企業相比擬，但較之同時期國內中小民族企業則雄厚得多。當時廣東興辦的企業一般不過兩三萬元，工人最多不過數百

---

[5]　據《檀山華僑》「華僑史」3 頁載：1896 年，華僑實業者 195 人，批地建屋租賃者 758 人，日人雖多，但瞠乎我後。

[6]　馮自由：《革命逸史》，第 5 集，第 212 頁。

人，可是當時的華僑中小資產階級擁資數十萬，工人數千人的很
多。如孫眉「領地六千英畝（合華畝約二萬）……工人逾千」；鄧
蔭南「營棉業於茂宜山，容納工人數千人」；黃乃棠「批出山林數
萬英畝，自屬省招募華工數千名……工人咸稱之曰新福州王」[7]。
至於這一時期這一階級數目之大，遠非國內中小資產階級可比。這
種情況之所以形成，主要是由於華僑長期辛苦經營，形成了一股相
當強大的和當地經濟血肉相連的，為當地統治者無法壓抑、無法取
代的較為鞏固的商業基地，並以此為基礎，倔強地突破當地統治者
的封鎖，建立了一些近代工業和墾殖業。這一較雄厚的經濟實力，
一方面形成為對待當地暴力壓迫的一種抗禦力量，也是華僑進行民
主政治活動的有利憑藉。

　　主要是執行仲介商職能和經營小規模企業和種植園的華僑中
小資產階級，在貨源、生產資料（如報批土地租用權）等方面不能
不依賴僑居地政府，又因為他們畢竟有點錢，在祖國的經濟地位有
所上升，甚至也「以捐官為榮耀，以戴頂子為光寵」[8]。這兩者構
成他們對當地統治者和封建主義軟弱的一面。但主要的還是他們和
當地統治者與清政府的矛盾和對立。特別是 19 世紀 80 年代後，以
美帝國主義為元兇所掀起的排華浪潮，把各階級階層華僑一起捲進
了一個更悲慘的境地。據三藩市中華會館估計：在 1886 年數月內，
僅三藩市一地就損失財產 50 萬元，被殺害的華僑達 40 人。許多旨
在限制、打擊華僑的法律，如損害華僑人身的「員警審判法」，剝
奪華僑經營農墾的「土地法」等紛紛在各地出籠。在許多地區，還
無理對華僑課以較其他國家僑民為重的稅收。在南洋各地亦紛紛訂
立了限制華僑投資工農業的法律。比如，在越南，中國苦力所納的

7　鄒魯：《中國國民黨史稿》，上海，民智書局，1929 年，第 4 篇，第 1225
　　頁；《逸經》第 4 期；《南洋年鑒》1951 年，第 99-104 頁。
8　馮自由：《革命逸史》第 2 集，第 233 頁。

202

稅，比當地人實際上多 7 倍[9]。在泰國，華僑經營錫礦的人數銳減[10]，原住在越南海防商業繁華地區的商業人數被迫紛紛遷出[11]。在檀香山，華僑資本家由是「收入遠不如從前」。在這種情況下，「僑寓者各賦歸來，欲往者誠思裹足。」[12]儘管華僑的境遇是如此悲慘，而腐敗的清王朝卻一味實行「磕頭外交」，「貪污腐化，媚外辱華」[13]。不僅如此，清王朝對華僑資本的向國內轉移，也盡其阻撓摧殘之能事。目擊這種情景的愛國詩人黃遵憲不勝悲憤地寫道：「有國不養民，譬為叢驅爵。四裔投不受，流散更安著。天地忽蹐，人鬼共咀嚼……倒傾四海水，此恥難洗濯」[14]。廣大華僑真是到了無以為家、呼告無門的絕境了。加之，西方國家的強盛，尤其是日本明治維新後，日僑地位的陡然上升，更加激發了他們對國內封建專制統治的不滿和愛國熱情，因而日益增長著要求祖國改革乃至革命的意向；而交通事業的發達，又使得華僑易於瞭解國內的情勢。19 世紀 40 年代後祖國的一再喪權辱國也使一些華僑中先覺人士為民族、國家興亡而焦慮，把自保身家、愛護鄉梓的觀念提高為民族國家觀念。比如，中日甲午戰爭就在新加坡的華文報紙《星報》上有強烈反應，這家報紙痛斥日本的侵略和清政府的屈降，指出馬關條約是中國歷史上最大的恥辱。兩年後，18 名愛國華僑青年組成「救國十八友小團體」，發誓要拯救中國於沉淪[15]。它表明華僑近代民族國家意識的崛興。

9　〈南洋問題資料譯叢〉1958 年第 2、3 期，第 10 頁。

10　〈十九世紀泰國華僑的經濟地位〉，載《南洋文摘》3 卷 2 期。

11　〈南洋問題資料譯叢〉1958 年第 2、3 期，第 9 頁。

12　彭澤益：《中國近代手工業史資料》，三聯書店，1957 年，第 2 卷，第 281 頁。

13　司徒美堂《我痛恨美帝》，第 36 頁。

14　黃遵憲著，錢仲聯箋注：《人境廬詩草箋注》，上海古籍出版社，1999 年，上，第 362 頁。

15　顏清湟著，李恩涵譯：《星、馬華人與辛亥革命》，臺北，聯經出版事業公

　　為反擊殖民者的強暴，長期以來，華僑反抗殖民主義的鬥爭是
持續不斷的，由反清復明志士所組織的三合會，在居留地是一股相
當強大的潛在力量。儘管這一組織後來逐漸泯滅其原先宗旨，但他
們仍然組織了許多出色的鬥爭。這些鬥爭常常和國內的反侵略鬥爭
以及當地人民的反殖民主義鬥爭呼應配合。有的和當地被壓迫人民
共同戰鬥，結成了烈火真金的友誼；同時使華僑在鬥爭中得到鼓
舞，受到鍛鍊。最早的檀香山興中會成員有的就是 1888 年檀香山
人民反抗美國殖民者起義的參加者[16]。深可注意的是，華僑逐漸由
個體通過血緣、地緣、行會和私會黨（如洪門、義興公司等）等紐
帶，走向聯合禦侮，自保身家，乃至採取暴力方式來解決現實課題
的跡象，於此隱然可見了。

　　與華僑逐漸民主覺醒的同時，祖國正經歷著前所未有的重大變
化，60～90 年代，中國面臨著日益嚴重的民族危機，半殖民地化
逐步加深。為挽救國家於危亡、推進中國近代化的過程也已開始，
出現了中國資本主義企業和一批批要求中國進行資產階級改革的
志士。但是，由於進入封建社會末期的極端腐朽的清王朝，雖被迫
接受某些改革，卻步履緩慢，無法適應劇變的形勢，而且對人民施
行沉重壓迫與思想鉗制，使要求變革的先進人士，特別是要求激烈
變革的先進人士的活動很難展開；而僑居地雖也有當地統治者的
控制與壓迫，相對比較，比國內還是自由些，所以僑居地也就成
為許多要求變革的志士，尤其是要進行反清革命的孫中山最早矚
目之處。

　　孫中山因其生長地點和華僑家庭構成一種國內和華僑相連環
的特殊機緣。孫中山於 1879 年渡洋到檀香山依他那已成為華僑資

　　司，1982 年，第 75-76 頁。
[16] 據《檀香山華僑》「華僑團體」第 81 頁載：在 1888 年土人反對美國殖民者
　　的起義中，後來的興中會員何寬、李六等參加了這次戰鬥。

本家的哥哥孫眉，在那裏住了 3 年。這是他走出中國農村，投向資本主義世界的開始，滿足了他希冀在本地黑暗統治以外尋找到真理的渴望，開啟了他接受西方資產階級教育和通往資本主義新天地的大門。檀香山因其為太平洋航海之樞紐，早就成為英美等國爭奪的島國。19 世紀初，資本主義即在此開始發展，到孫中山在檀香山求學和活動時，該地正在經歷著全面資本主義化的過程，工商交通金融農政各行業都已出現較多的資本主義經營情形。隨著，政權機構由君主專制轉向君主立憲，1892 年先後兩次選舉國王；各種學校、報紙紛紛建立，灌輸西方知識文化，宣揚西方政治觀念。據史扶鄰教授分析，孫中山就學的意奧蘭尼書院是由英國聖公會教士主持，是該地「反美和反吞併主義情緒的堡壘」，它雖然灌輸的是英國式的「立憲政府觀念」，但它肯定也傳播了「英國人民長期反對專制勢力的故事」；而意奧蘭尼書院當時支持夏威夷人民維護獨立，反對美國吞併。它獲得當地華僑的同情和支持。因為美國吞併檀香山得逞，將意味著 1882 年開始在美國各州實施的排外政策推展到這個僑居地，危及他們的生命財產。因此，該書院的教育對孫中山後來致力於國內革命和產生亞洲人必須抵抗西方的政治觀念有其影響[17]。隨後的事態發展，證明這種分析是精當的。據孫中山自己後來回顧這段經歷，也說他這時已萌發救國救民思想。他說：「憶吾幼年，入學私塾，僅識之無。數年之後，至檀香山，就傅西校，見其教法之善，遠勝吾鄉，故每課暇，輒與同學諸人相談衷曲，而改良祖國拯救同胞之願，於是乎生。當時所懷，一若必使我國人人皆免苦難，皆享福樂而後快者。」[18]

　　孫中山於 1885 年 4 月二次赴檀歸國後，到 1894 年秋赴檀建立革命團體，近十年未到僑居地，但在這一段時間，他不僅與檀香山

---

[17] [美]史扶鄰著，丘權政等譯：《孫中山和中國革命的起源》，第 11-12 頁。
[18] 《孫中山全集》第 2 卷，第 359 頁。

的哥哥保持聯繫,而且和寄居在香港、澳門的華僑及其子弟也來往很多。因此,他對華僑在這一時期因排華加劇所遭受的種種災難,華僑的要求和願望,很自然地有所瞭解,並在心中激起了日益強烈的反響。他「常渴望中國之覺醒,一洗僑民之恥辱」[19]。如何雪恥呢?根據孫中山這時期的言行來看,就是要謀求國家獨立強盛和發展資本主義;而且是把華僑苦難的解除和其發展前途,放在整個國家的興衰存亡和世界潮流走向的總的解決方案之中。其方式有當時維新派正在採用的上書請願方式,也有包括來自檀香山人民進行的反抗美國剝奪其獨立的圖謀的民族鬥爭方式。前者我們在孫中山早期幾篇著作,尤其是在 1894 年孫中山《上李鴻章書》中見到。在這篇體現孫中山和平改革中國宏圖的上書裏,脫華僑於困境顯係其意圖之一。他在談到各國視為命脈的鐵路興建問題時,特別提出以招華商興路為切要,指出:「試觀南洋英屬諸埠,其築路之資大半為華商集股,利之所在,人共趨之。華商何厚於英屬而薄於宗邦?是在謀國者有以乘勢而利導之而已。此招商興路之扼要也。」在談及振興農政時又提出:「近年以美洲逐客,檀島禁工,各口茶商又多虧折,鄉間景況大遜於前時,覓食農民尤為不易。」因此須「廣其農利」[20],以利安排。

這裏,孫中山看到了僑商一定會從厚於宗邦的祖國情,熱心於國內建設,這就是僑商的「義」;他同時也看到僑商熱衷於發展工商業和商品化農業以謀利,而在中國,則勢必寄望於國內改革或革命以獲取在國內外得以發展的較好條件,這就是僑商的「利」。同時他很重視華僑的鄉情、祖國情。就包括華僑工農在內的整個華僑而言,這種義利情觀念,即華僑的自身價值觀,是符合近代中國人民要求獨立、民主和發展資本主義這一主要內涵的。這三者相異又

[19] 中國國民黨執委會編:《國父孫中山年譜》,1929 年,第 5 頁。
[20] 《孫中山全集》第 1 卷,第 15-17 頁。

相輔相成、相互滲透交叉，即義中有利，國家獨立強盛了，華僑自是利在其中；利中亦有義，華僑幫助國內改革或革命成功並順利發展國內工商業，既有利可圖，又是愛國性民主性的表現和鄉情、祖國情的發揮。孫中山提出謀國者應「乘勢而利導之」，隨後，他更明白地將其發動華僑的主要方針表述為「惟運動之方面必隨時而變，必先動之以大義，不成矣必再動之以大利」；再不成，「則當動之以情誼」[21]。實際上，這既符合華僑要求和認識水準，又適應中國社會發展的方向，因此他常常是義利情並用，有些場合甚至是以利導為主。這一華僑的義利情價值觀和孫中山據此提出的發動華僑主要方針，貫穿於孫中山和華僑關係的全過程，而其回應程度又決定了孫和海外華僑的親與疏。

　　孫中山對華僑義利情觀的認知，初現於其首登革命征途之時。

　　孫中山於上書李鴻章失敗後，迅即決定轉上民族民主革命軌道。而他首先擇定檀香山作為首創革命團體、策劃首次反清起義的地點，也有著顯然義利情的考慮。

　　孫中山要發動武裝推翻被他視作辱國害民的腐敗的清王朝，建立一個以美、法為榜樣的資產階級共和國，恰好在檀香山可以找到這種能夠依靠的精神和力量。第一、至此，與美國加緊吞併檀香山（1898 年實現吞併）步伐的同時，有如陳少白所記述的：「夏威夷群島的人民，就天天在那裏反抗，僑民看慣這種事情，當然更大受影響，尤其是抱有革命思想的孫先生。」[22]也就是說，檀香山人民已從歐風美雨中逐漸接受了近代民族國家觀念，開展起爭取民族解放的鬥爭，這促進了孫中山的反抗異族統治的思想，並在檀香山僑民中看到了可以利用的力量。第二、1890 年 11 月檀香山當選國王

21　《孫中山全集》第 1 卷，第 368 頁。
22　中國近代史叢刊資料《辛亥革命》，第 1 冊，上海人民出版社，1957 年，第 25 頁。

死後，檀香山人民即群起推翻了新國王，建立了資產階級共和國，這件事也給檀香山僑民一個思想轉機。孫中山曾說：檀香山僑民「天天所見所聞，都是關於政治方面的事，所以中國僑民差不多個個有些政治思想」[23]。他「與華僑相晉接，覺其中之聰明而有識者，殆無一不抱有維新之志願，深望母國能革除專制，而創行代議政體也」[24]。其兄孫眉就是一個典型。他早期思想保守，深怕孫中山有一點越軌行為。可是到 1893 年，他對孫中山「時作太平天國及反清復國言論」，已不以為異聞，甚至對「抄沒家族」的後果，也「概一笑置之」了[25]。這就使得孫中山極可能認為其所憧憬的法、美式共和革命理想在檀香山已具有為之奮鬥的思想基礎和力量。第三、檀香山華僑主要來自珠江三角洲，尤以孫中山出生的香山縣人為多，這樣，他們更易克服作為華僑團結障礙的鄉情族誼與地域觀念，在近代民族國家觀念薰陶下，趨向於在愛鄉愛國觀念相一致的思想基礎上進行互助和團結。他們因美國排華氣焰逼人，在 1887 年組織了保安局，「以為絕內患杜外侮之機關」。後又設立聯衛會，以抵制西人工黨之排華[26]。正是在上述情況下，孫中山在檀讀書時，「同學及故舊至眾」，其兄孫眉在該島又饒有資產，且有聲望，「交遊甚廣」[27]。孫中山也身受中國社會夙重宗族、戚屬觀念的影響，自也以利用情誼和義氣結成團體為便當。而他進行革命之初就認定「以聚人為第一著」[28]。因此，檀香山華僑也就自然首入其選。以上屬於「義」和「情」的方面。就「利」的方面來看，上面提到的孫中山已瞭解到由於「美洲逐客、檀島禁工」而必須為華僑在國

---

[23] 中國近代史叢刊資料《辛亥革命》，第 1 冊，第 25 頁。
[24] 《孫中山全集》第 1 卷，第 54 頁。
[25] 馮自由：《革命逸史》第 2 集，第 2-3 頁。
[26] 鄭東夢：《檀山華僑》「華僑史」，第 6-7 頁。
[27] 《革命逸史》第 4 集，第 3 頁。
[28] 《孫中山全集》第 1 卷，第 184 頁。

外謀地位、在國內謀出路，在上述上書請願無法達到這一目的後，繼之以革命，自料其必易於為僑胞所接受。

孫中山之堪稱為民主革命先行者，就在於他比較敏銳地察覺了華僑中的上述新動向，並且敢於舉義幟於人先。他在興中會章程中痛陳中國面臨瓜分危機，子子孫孫將「世為奴隸」的殘酷情景，提出通過革命「興大利以厚民生，除積弊以培國脈」，而且許諾捐款者將「十可報百，萬可圖億，利莫大焉」[29]。1894 年 11 月 24 日，孫在檀組建中國第一個資產階級革命團體興中會。於次年策劃了有華僑志士捐款或為之獻身的廣州起義，揭開較正規的中國民主革命序幕。

第二節　義利情觀互通由疏到親

1898 年戊戌變法失敗後，康有為、梁啟超等君主立憲派也被迫流亡國外，與孫中山等同為逋逃客，同以僑居地為活動地盤，都具有出自僑鄉的優越條件，都以爭取華僑支持以便開展各自的鬥爭為切要。而他們存在謀建共和與謀建君主立憲的明顯的目標的歧異，使得他們在華僑中開展起長期的日益尖銳的爭奪戰，謀求確立各自在華僑中的優勢。而他們的分合與較量，既取決於華僑的實際狀況和意向，又視他們的政治綱領和僑務指導思想及其實踐同歷史發展潮流與華僑的義利情觀念適應的程度；而且，由於這場鬥爭是在散居於許多國家、地區的華僑中進行的，所以他們的合分較量又與世界某些國家的政治局面和朝野人士的政治動向有一定關係，這就使得這場較量添進更複雜的國際因素。

---

[29] 《孫中山全集》第 1 卷，第 22-23 頁。

　　當時的形勢是國內正鬧瓜分狂潮，華僑地位也進一步跌落，有
的地區還遭受新的災難。比如檀香山華僑住宅區唐人街就在 1900
年 1 月，被當地政府以防治淋巴腺鼠疫蔓延的藉口焚燒一空，以致
許多華僑流離失所，呼救無門。康、梁等君主立憲派的救亡維新志
士形象，以及光緒帝之作為「力圖自強，講求時務」的好皇帝，則
在戊戌政變後的一段時間仍保留於許多華僑的腦際，並和他們的現
實新災難聯繫起來。新加坡《天南新報》為此著文評論說：「非國
弱民貧無人保護，即使天降喪亂，疫症流行亦不至為異種人虐待至
此也」，因此，華僑應「各以保國為心，保國先以保皇為念焉也」[30]；
特別是當時慈禧太后等正策劃廢除光緒帝，尚未從忠君愛國思想牢
籠中解放出來的廣大華僑出於現實利害的考慮，接受了康有為的
《告各埠保皇會書》等蠱惑人心的鼓吹，即在「我中國危亡岌岌矣，
海外人民或辱或逐，土地權利日割日失」的情況下，內地海外同胞
必須「聯合發憤，以內救君國而外護身家」，「懷忠君愛國之心」，「以
救聖主而救中國」[31]，並認為此種前途可翹首而待，應聞風而動。
這時孫中山作為民主革命先行者，確是提出了反映中國隨後發展方
向的共和救國理想，但並不適合當時華僑的一般認識水準，大多數
華僑尚耽於保救維新救國的光緒皇帝以達到維護自身權益的幻想
中。加上，1903 年前，孫中山等未爭取作為華僑很有影響力的洪
門組織——致公堂，以致「致公總堂一反對籌餉，則雖熱心革命者
亦不敢前」[32]。而帝國主義者在極力扶植清朝專制政府的同時，也
在海外活動的中國革新兩派中，寄情於溫和的君主立憲派。比如，
以侵華為主旨的日本半官方組織——東亞會（後改成東亞同文
會），其時就把網羅康有為等列為工作要點。對兩派都有聯繫的日

---

[30]　新加坡《天南新報》1900 年 1 月 10 日。
[31]　上海文物保管會編：《康有為與保皇會》，上海人民出版社，1982 年，第 92 頁。
[32]　《孫中山全集》第 1 卷，第 526 頁。

本政客犬養毅也多袒護君主立憲派，在兩派對設在橫濱大同學校校務發生爭執時，由於犬養毅的偏袒，使得君主立憲派在該校的地位「危而復安」，因而獲得該派人士的「功德不可言狀」的讚揚[33]。如上等等原因，就使得 1903 年前華僑中的君主立憲支持者凌駕於革命派之上。蛻變為保皇黨的康、梁勢力「不數年間，凡百七十餘埠，遍於五洲，會眾以數十萬計」[34]，幾乎席捲了華僑居留地的絕大部分地區。孫中山則陷於「革命前途，黑暗無比，希望幾絕」的困境[35]。1903 年後，孫中山一則由於革命黨人加強了革命宣傳工作，開始批駁保皇黨，指出其有違民族大義，指出保皇派所談愛國是愛大清國，是「保異種而奴中華」；是保充當外國鷹犬的清王朝，「實害國也，是重私心而忘公義也」。也就是說對中國人民既不義又有害。「故欲免瓜分，非先倒滿洲政府，別無挽救之法也」[36]。同時，指出：「中國鄉族之自治，如自行斷訟、自行保衛、自行教育、自行修理道路等事」，可證明「中國人稟有民權之性質」；而且具有自由之性質，而保皇派卻誣之曰「野蠻的自由」，這是「死心於虜朝者，則其人必忘本性，昧天良者也」[37]。也就是說，他們並不瞭解中國的國情和中國人的感情與期盼。他列舉清王朝「據政府以自製，而非以利民」、「阻止民人物質，思想之進化」，「馭吾人如隸圉，而盡奪一切之平等權及公權」、「侵害我不能售與之生命權及財產自由權」等罪狀。而中國人民推翻腐朽的清王朝，將「建設文明之政府，其利益不僅在於本邦，將旁及於世界」。將必大力發展工商業和交通事業，「而萬國商業必百倍於疇昔」[38]。不言而喻，

---

[33] 馮自由：《中華民國開國前革命史》第 1 卷，第 42-43 頁。

[34] 《開國前革命與立憲之論戰》，《建國月刊》第 8 卷，第 6 冊，第 3 頁

[35] 《孫中山全集》第 6 卷，第 233 頁。

[36] 《孫中山全集》第 1 卷，第 233-234 頁。

[37] 《孫中山全集》第 1 卷，第 220 頁，235 頁。

[38] 《孫中山全集》第 1 卷，第 245-247 頁。

這對僑商自是有利可圖。為籌募起義軍餉，他提出發行中華民務興利公司債券，係以「興創大利以期利益均沾，特向外募集公債貳百萬元，以充資本」為新章[39]。二則鑒於康有為、梁啟超等藉加入洪門致公堂開展活動，因而大張其勢，乃於 1903 年 1 月在檀香山加入洪門，受「洪棍」之職，謀與洪門人士合作。這既是情勢所需，也是孫中山這時崇信自由聯合的美利堅合眾國、主張天下為公和致公堂崇尚自由聯合、互助為公，而又浸信合眾國理想相契合。隨後孫即在三藩市推銷軍需債券，謂「此券現定實收美金十元，俟革命成功之日，憑券即還本息一百元。凡購券者即為興中會員，成功後可享受國家各項優先權利」[40]。致公堂又旋即發表公啟，認定當「以排滿革命為救漢族獨一無二之大法門」。洪門「團體之大，實力之宏，實為地球上會黨之大莫與京者，今欲排滿革命，捨我其誰？」[41]這種義利情觀的更明確的呼應，則體現在 1905 年 2 月 4 日孫中山幫助修訂的〈致公堂重訂新章要義〉之中，宣稱：「本黨以驅除韃虜、恢復中華、創立民國、平均地權為宗旨」，大義昭然。其「聯合大群，團集大力」，旨在捍禦禍害，賙恤同人、「光復祖國、拯救同胞」、「先清內奸而後除異種」，其情溢於言詞。規定「必註冊者然後有公舉之權，有應享之利」、「自新章施行之後，大埠致公堂所有產業、公項及各種事權，俱歸個埠堂友所共有」[42]；以之與上述應募軍需債券者革命勝利後可獲優惠報答，以與「准列名為優先國民，概免軍政府條件之約束而入國籍相許」[43]相輔而行，其利亦實動人。這就促使廣大華僑特別是其中下層紛棄保皇而趨革命，

39 《孫中山全集》第 1 卷，第 291 頁。
40 馮自由：《革命逸史》第 2 卷，第 105-106 頁。
41 《致公堂之公啟》，《警鐘日報》1904 年 7 月 2 日。
42 《孫中山全集》第 1 卷，第 259-270 頁。
43 黃三德：《洪門革命史》香港，1936 年，第 20 頁。

積極捐募革命經費，投身反清武裝起義。1905 年 8 月中國同盟會成立後，各種民主革命力量共掀革命高潮，華僑成為推翻清王朝的勁旅。孫中山等於 1906-1908 年發動了一連串的武裝起義，這些起義大多借助於華僑，而南洋是革命派策動起義的主要基地，因之貢獻特大。有人統計，在這一期間發動的歷次武裝起義中，華僑共捐款 298,500 元，南洋各地華僑捐款（包括新加坡、馬來亞、荷屬各埠、安南、暹羅、菲律賓）達到 199,150 元，占總捐款的 66.7%[44]。以越南華僑為例，該地華僑富有者少，但是在欽廉、鎮南關、河口武裝起義中，「旅越僑工各界，或募集餉糈，或入伍從軍，捨身捐產，以參加實地工作者⋯⋯實為全球各地華僑所不及」[45]。

在革命形勢勝利發展的情況下，華僑政治取向大變，在南洋，不僅過去動搖的重新回到了革命陣營；那些持中立態度的也群趨革命；連一些保皇黨人也轉向革命，如原任保皇黨報紙《天南新報》通訊員的黃世仲、黃伯耀、康蔭田轉而加入中和堂，並參加革命派機關報《中國民報》、《圖南日報》工作，成為革命派活躍分子。甚至當了多年南洋英屬各部保皇分會長的富商邱菽園也幡然悔悟，與康、梁絕交。在革命高潮中，工人、農民、小商人、店員更為積極活躍，不管捐獻或者參加武裝鬥爭，他們都是快當而踴躍的。有的論者論證：在 1906 年前「雖然革命運動的領導階層仍為商人與知識份子出身者所據有，但私會黨人與其他社會下層階級分子已經成為星、馬革命運動的主要基礎了」[46]。

---

[44] 據陳樹強：《辛亥革命時期南洋華人支援起義經費之研究》，載臺灣國立政治大學國際關係中心編：《辛亥革命與南洋華人研究討論會論文集》，臺北，1986 年，第 247 頁統計。

[45] 馮自由：《華僑革命開國史》，第 49 頁。

[46] 顏清湟著，李恩涵譯：《星、馬華人與辛亥革命》，第 69 頁。

由於帝國主義仇視革命力量的發展,在南洋和日本等地橫加阻撓。1909 年後,孫中山等轉到美洲活動,再度致力於聯合洪門人士。孫中山在革命演講中,特別指出:「中國生計維艱,民不聊生,故別父母、離妻子,遠渡重洋,無非仰事俯蓄之資耳。然而外人迭生苛例,閉門拒我,以吾人為外國人,亡國人無世界位置也。」「吾國地內之蘊蓄,地皮之生產皆勝於美,倘吾中國能革命,開浚財源,到其時美人且往中國覓食,吾人尚何須作外人籬下之寄耶!」[47]至此,聽孫中山演說者「夜以繼日,如聽如來說法,說者諄諄,而聽者津津」[48]。美洲受蔽於保皇論的華僑群眾亦紛紛覺醒,轉投革命。連康有為的乾兒子也傾向革命了。到 1911 年,日益壯大的包括廣大華僑在內的民族民主革命力量,終於摧毀了清王朝。

孫中山主持南京臨時政府和辭職後致力於振興實業期間,是孫中山與華僑相互熱望的結合最佳階段。

首先,把維護國體和華僑權益相結合。孫中山依據其對華僑特別是對作為「豬仔」販賣出國的華僑的苦難的瞭解和荷屬僑民曹運郎等的保護華僑的呈請,於1912 年 3 月 19 日頒令外交部,妥籌禁絕販賣豬仔及保護華僑辦法。指出清王朝對此「熟視無睹,致使被難同胞窮而無告。今民國既成,亟應拯救,以尊重人權,保全國體。又僑民散居各島,工商自給,亦實繁有徒,屢被外人凌虐,然含辛茹苦,摯愛宗邦。今民國人民共用自由幸福,何忍僑民向隅,不為援手。」「務使博愛平等之義,實力推行。」[49]同時,又令飭廣東都督嚴禁販賣「豬仔」,指出這是「刻不容緩之事」,「務使奸人絕跡,以重人道而崇國體」[50]。在孫中山支持下,日本華僑統一聯合

---

[47] 《國父全集補編》,第 121-123 頁。
[48] 〈開國前美洲華僑革命史略〉,《建國月刊》第 6 卷第 4、5 期合刊,第 8 頁。
[49] 《孫中山全集》第 2 卷,第 251-252 頁。
[50] 《孫中山全集》第 2 卷,第 252 頁。

會成立，以王敬祥為會長。隨著在上海成立了以汪精衛為會長、原檳城同盟會會長吳世榮為副會長的華僑聯合會，出版報紙，宣傳共和思想，並為華僑伸張正義。武昌起義後，發生泗水升旗案。據當時在華僑聯合會主辦華僑雜誌的連橫（雅堂）記述：印尼泗水華僑數萬「慷慨捐輸，前後計數十萬金，及聞南京政府成立，爭樹青天白日旗，歡呼萬歲。甲必丹某者亦華人，素假荷官威，以凌侮同種，眾恨之，至是又不升旗，訾為叛國。某走訴荷官，以華人將暴動，荷員警遂捕數十人下獄。華僑懼禍，飛電請救。聯合會籲於南京政府，轉電北京，與荷領交涉，又假味蓴園開對荷外交後援會，將力爭到底，一雪國恥，於是決議排貨，禁不與荷人往來。爪哇總督乃盡釋捕者」。而當袁世凱陰謀策劃鎮壓革命黨人時，華僑聯合會「以函電告海外」，華僑「以事相問者」甚為紛紛，使得連橫「旦夕批答，腕為之酸」[51]。

其次，把創建共和國與爭取華僑人力物力支持相結合。孫中山由於到歐美外交活動，借款未獲成功，而國內革命和建立共和政府需款甚巨甚急，故孫中山由歐返國途中，即與新加坡等地革命黨人談籌款事；回國前後，還分別致函電給日本、南洋等地同志要他們迅速徵集大款，以應組織新政府和北伐之急需，這得到各地華僑的熱烈回應。有人統計，武昌起義後，新加坡、馬來亞捐款 970,896元；安南捐款 230,000 元；荷屬各埠捐款 120,000 元；緬甸捐款278,800 元；美國捐款 288,260 元；日本捐款 30,000 元；古巴捐款60,000 元，合計 1,877,956 元。另香港同胞捐款 80,000 元[52]。某些華僑華人還積極幫助革命黨人接洽外債，如與日本三井財閥有較密切關係，並作為避居神戶的盛宣懷保護者的吳錦堂，對當時孫中山進行漢冶萍借款可能參預。

---

[51] 《連雅堂先生文集餘集》，臺北，文海出版有限公司，1973 年，第 27、84 頁。
[52] 據陳樹強：《辛亥革命時期南洋華人支援起義經費之研究》，第 53 頁。

　　不少華僑志士回國參加革命軍，暹羅華僑回國參軍的 300 餘人中有 80 餘人參加了華僑炸彈敢死隊。還有不少華僑代表人士參與新政權建設，分別擔任南京臨時政府總統秘書，廣東、福建等省都督府主管員警、財政、交通的領導人。

　　復次，把大興實業以迅圖國家富強和華僑投資國內的強烈願望相結合。在南京臨時政府時期，一些華僑已對回國創業辦企業躍躍欲試，日本華僑領袖王敬祥於 1912 年 3 月 7 日就向南京臨時政府陸軍部呈遞創辦興業貿易株式會社呈文，並列會員表、說明書及章程清冊，請予審批，明確表示該社之設立，是對內「增國力以厚民生」，促進民國共和的鞏固；對外「競存於列強並峙之秋」，「製械造艦」，「由販賣而漸推及製造，不特為時局之援助，亦吾華商自立權輿」，以免「坐使利權外溢，洋商抬高價值，損失既多，周折尤甚」[53]。對此，孫中山立即欣然批交南京臨時政府實業部審定批示照辦。在這前後，曾任新加坡同盟會會長的陳楚楠等應福建都督孫道仁電邀回國創辦實業；新加坡華僑林文慶等人，擬集資 2000 萬元，領辦福建實業銀行和全省採礦、築路事業；怡保華僑黃怡益等擬領辦福州至琯頭鐵路；仰光華僑楊奠安等擬領辦龍岩至漳州鐵路[54]。1913 年初孫中山訪日時，對華僑幾次演講，宣明華僑愛鄉愛國與積極參加祖國實業建設的關係，號召廣大華僑「努力為國，以圖將來幸福」[55]。吳錦堂等也積極回應，為中日合辦中國興業公司盡了最大努力。他在當時歡迎孫中山的一次宴會上，就曾如此慷慨表示：「伏承先生與諸同志千辛萬苦，以鐵血造成民國，去四千年專制之錮蔽，一旦創

[53] 中國第二歷史檔案館編：《中華民國檔案資料彙編》第 2 輯，第 274-275 頁。
[54] 林傳甲：《大中華福建省地理志》，第 318 頁。轉引自：孔立等〈華僑與辛亥革命〉，《紀念辛亥革命七十周年學術討論會論文集》，北京，中華書局，1983 年。
[55] 《孫中山全集》第 3 卷，第 49 頁。

肇共和,以天下為大公,功成退位,贈勳不居,其高風不脣之堯舜,吾祖國四萬萬之同胞敢不欽感。先生雲天之盛德,留芳萬世,今逢碩郅治,達共和之真際,進世界於大同,懿歟休哉!」[56]這都是愛國華僑的心聲。當時中日擬辦的中國興業公司,據日本中村哲夫教授研究,成為當時日本華僑首富的吳錦堂在中日雙方都擁有股份[57]。中國興業公司最初集股時,總股份 25,000 股,吳錦堂以「吳錦堂」、「義生洋行」兩股份共有 800 股,當時日方股份最多者為日本興業銀行、日本郵船會社、大阪商船會社、柳生一義、三井八部右衛門、三菱合資會社均為 1000 股,其他均為 800 股以下。中方朱葆三 34,000 股[58],但此係朱認領,實則是多人集股。可見,吳錦堂其時在中日兩方都作為中等程度的股東集資,總股份已接近於中、日最大股東的股票額。對於日本財閥熱心於創辦該公司的意圖自當別論。應該肯定的是,吳錦堂憑藉其和日本三井財閥和國內寧波財閥的特殊關係,肯定對孫中山借用外國資本、外國技術人才、外國科學技術來加速建設自己國家的意圖是支持的,對於加強中日兩國合作的計畫是起過促進作用的。就吳錦堂其時擁有的財力而論,他能慷慨認領諾大股份,已足充分顯示他對祖國的飽滿熱情。至於華僑中下層對祖國和新生共和國的親合力,自更不言而喻。

第三節 為消除義利情觀互通的新阻力而努力

然而,孫中山與華僑的義利情觀互通,卻在新生共和國建立後的最佳時期,就綻露了裂痕,華僑開始由熱望轉向失望。1913 年

---

[56] [日]品川仁三郎:《孫文先生東游紀念寫真帖》,第 9 頁。
[57] [日]中村哲夫:〈吳錦堂財閥與孫中山〉,《孫中山和他的時代》(下)。
[58] 〈中國興業株式會社日本側株式會社一覽表〉,《日本外交文書》大正 2 年第 2 冊,第 1010 頁-1011 頁。本文所用吳錦堂資料,多承日本神戶學院大學中村哲夫教授提供。

二次革命失敗後，二者更由親到疏。此中原因固然複雜，主要有以下兩方面。

一是孫中山在革命過程中看到了華僑中洪門組織的力量，因而和它在反清前提下有過合作結盟關係，甚至擬通過以革命主義來改變其原來的反清復明宗旨。利用並改造其團結互助性質，也確收到過許多華僑踴躍捐輸和直接參加革命起義的巨大效果；但要廣大華僑特別是其夙擁權勢並具家長制作風的洪門上層領導，完全接受孫中山的革命主張，領會其意圖是不可能的。而在辛亥革命過程中，國內會黨多因其反清目的已達，進而建設民國，已非其旨趣，會黨意識的消極面日益暴露，而革命黨又無能力加以革命引導和改造，對於其「愛國心頗重」，且能「效立黨國選舉法」，「到處遊說運動，演說其所懷抱之政策，儼然與文明國之政黨無異」的已具民主薰陶的品格[59]，亦缺乏正確的評價；而是常採取遣散乃至鎮壓手段。在民初被時廣東臨時都督陳炯明強迫遣散的 50 餘支民軍就有原本華僑的石錦泉的石字營、華僑北伐先鋒隊、雲南回粵華僑炸彈隊、華僑游擊隊、華僑炸彈隊（會黨均居多數）[60]。在這種情況下，華僑洪門領袖想要按照其本來面目在新局面中占一顯要位置並發展其組織，自必不能遂意。美國致公堂領袖黃三德於 1912 年呈請准予致公堂立案，時為廣東都督的胡漢民不予批准。後數次回國，「仍是空手而歸」；「後雖曾受北京農工商部之顧問，與粵軍總司令部之顧問，虛銜而已，無實利焉」[61]，因而怨懟日深。而上層領導的態度又勢必給洪門群眾以影響，而華僑群眾又多參加洪門。這就為辛亥革命的孫中山等革命黨人和華僑的關係注進疏隔的新因素。正由於這樣，所以孫中山在反袁鬥爭時期，曾專門致函南洋各埠洪

[59] 梁啟超：《新大陸遊記》，湖南人民出版社，1981 年，第 9 頁。
[60] 周興樑：〈廣東軍政府裁編民軍新論〉，《中山大學學報論叢》第 8 集。
[61] 黃三德：《洪門革命史》第 23-24 頁。

門同志，希望他們「固結團體，振起精神，再做革命工作，愛黨愛國」[62]。但事實表明，各地華僑基於其分散性和崇尚自由聯合，反對集中權威的特性，在反袁時期始終是與流亡國外黨人多立門戶，意見分歧、步驟凌亂呈亦步亦趨之勢；加上前述革命黨與會黨宗旨的有異，因而沒有像辛亥革命後期那樣較集中地支持孫中山。到1919 年 1 月，孫中山在批復蔡元培編纂民國史的呈文中憤然表示：「各秘密會黨，於共和革命實無大關係，不可混入民國史中，當另編秘密會黨史。」[63]這與前述華僑洪門當時走向有關係。

　　另一是孫中山前曾反覆許諾的革命勝利後可給予華僑的義利情，實際上並沒有完全滿足或者是根本沒有兌現。1912 年 2 月，孫中山讓位給袁世凱以換取清帝退位、承認共和國的消息傳到海外後，華僑紛紛表示不滿。孫中山於 2 月 21 日〈復五大洲華僑電〉中盛讚袁世凱「為民國之分子」，「其諾甚濡，其言彌信」，華僑與內地同志「僕滿清而建民國」的目的已達[64]。後來事態的發展卻相反。同時，廣州光復後，一部分同盟會及華僑對胡漢民、陳炯明不滿，相議恢復興中會，推孫中山兄孫眉為首領，並欲擁立為廣東省都督，遭到孫中山的電阻，使得某些華僑積極參與廣東政治的欲望未遂。這些使得華僑對孫中山自有怨氣。隨著華僑參政的問題又迭起波瀾，南京臨時政府解散後，一些華僑代表指望通過首次國會選舉展舒華僑意願，但馮自由等操縱選舉，以致失信於華僑。有的華僑說：「吾輩來自海外，涉波濤，歸祖國，欲以選舉人才耳，今自由乃侮護華僑，用牟私利，其罪當誅」[65]。結果，一些海外華僑代表憤然而去。對孫中山等革命黨人在籌款時期許以十倍償還的承

---

[62] 《孫中山全集》第 3 卷，第 105 頁。
[63] 《孫中山全集》第 5 卷，第 10 頁。
[64] 《孫中山全集》第 2 卷，第 111 頁。
[65] 《連雅堂先生文集餘集》，第 39 頁。

諾，孫中山主持南京臨時政府時期正面臨庫空如洗、而又亟需續借
鉅款的困局，自無法談還清舊債。卸任後，他一則希望給予華僑歸
國投資優惠條件或通過實行平均地權收取地價稅等辦法來償清舊
債；另則由中央和地方政府承擔還債責任。前者還剛謀起步就因袁
世凱製造刺宋案，使國家喪失和平發展機會而無法實現，後者則既
不被承認於袁世凱篡奪的中央政府，也受阻於有關地方政府。1912
年 6 月，胡漢民奉孫中山意旨，在廣東成立了「辛亥兩役借款償還
所」，以鄧澤如為總理，黃隆生為協理，要求償還華僑 1,456,600
元。但廣東省財政司向省議會提出償還照會後，在附袁政客的鼓動
下，一些人出面反對，《華國報》還刊載攻訐文章。香港商人陳賡
虞、楊西岩、陳席儒、陳碧泉等還給北京政府打反對電。結果，胡
漢民致電北京，華僑代表發表聲明，說明真相。旅粵華僑代表對此
非常氣憤。到二次革命爆發，不僅這筆債未還，連「辛亥兩役借款
償還所」也被撤銷了[66]。甚者，華僑所持革命債券，被袁世凱政府
誣為「反動分子」的證據[67]。於是，華僑原期望的義利情倍收，變
為義利情全丟。黃三德 1913 年初自美歸國，曾被孫中山延充全國
鐵路督辦公署顧問，正值上述事件發生前後，他與孫中山等革命黨
人反目，很可能有上述事件影響在內。

　　廣大華僑的上述失望以及對孫中山等革命黨人的疏隔情緒，加
上他們在為辛亥革命長期盡力之後，財力已受影響，所以對倉猝爆
發的二次革命乃至隨後的反袁鬥爭初期並未提供太多的援助。加
之，孫中山和黃興、李烈鈞、柏文蔚、譚人鳳、陳炯明等國民黨重
要人物（也是在華僑中很有影響的人物）在總結二次革命失敗的過

[66] 華僑革命史編纂委員會：《華僑革命史》，臺北，正中書局，1981 年，第
304-308 頁。
[67] 陳其瑗：〈辛亥革命時期華僑的革命活動〉，北京，《光明日報》1961 年 10
月 9 日。

失教訓，今後是繼續武力討袁還是待機緩進，要不要把國民黨改組為一個高度集中領導、具有嚴格組織紀律、絕對服從孫中山的中華革命黨等重大問題上發生嚴重分歧，乃至出現組織上的各樹門戶，活動上的各有謀劃，步驟方法上的相互衝突。這種情況立即在華僑中造成了重大影響，一種較辛亥革命前章炳麟、陶成章等在華僑中造成的分裂更為嚴重的局面出現了。甚至前此信從並大力支持孫中山的南洋僑領張永福、陳楚楠、林義順、陳新政等也站在李烈鈞、陳炯明等在南洋組織的水利公司（或稱水利促進社）一邊，為他們幫腔造勢，阻遏孫中山一派在南洋籌款討袁。1914 年 8 月，上述水利公司成員又和黃興、李根源、程潛、蔡元培、鈕永建等結合，組織「歐事研究會」，以研究外事為號召，實際上是同主張繼續討袁的中華革命黨相抗衡。其成員分別在歐、美、亞洲華僑中活動，對中華革命黨活動的開展實際上形成了很大的阻力。在這種情況下，孫中山等革命黨人陷入了極大困境，孫曾浩歎黨勢至衰：「自表面觀之，已覺勢力全歸烏有」；「至於經濟一層，不特目前無進行之款，即同志中之衣食亦多不能顧者。前日大雪，在東之亡命客中，竟有不能向火而致疾者」，「此層務望同志諸先生深慮而力助之」[68]。此時孫中山等革命黨人之困窘及華僑之少助，由此可見。

在困境中，孫中山亦曾多次致函電給僑界領袖，重申以義利情動員華僑的方針。

首先，他向華僑解釋了前此「疏遠之由，自非本意」，希望華僑諒解其「衷曲」[69]。關於辛亥革命借款償還問題，他表明：「弟在南京，即提交參議院，請立稽勳局，同時提款償還華僑債務。而參議院駁回，謂須俟統一之後。及南京解職，弟將各款詳列，移交

---

[68] 《孫中山全集》第 3 卷，第 74-75 頁。
[69] 《孫中山全集》第 3 卷，第 104 頁。

北京財政部，以後屢與交涉，北京均以財政困難為辭」。為此他曾
請黃三德和某君分函美洲、南洋華僑道明情由，「問可否由我黨自
己犧牲」，「旋得各埠復函，大都贊成者少，而否認者多。弟於是函
令廣東籌還此款。……其時胡漢民為廣東都督，得弟信後，即略事
調查，提出現銀一百七十餘萬，特設專局經理其事。乃經理局成，
而胡漢民被袁世凱罷職，使陳炯明代之。財政司某君，尚欲奉行胡
之命令，而陳炯明使其部下鍾鼎基、張我權，以兵力脅迫取消胡之
命令，事遂中止。而弟之目的終不能達」。關於洪門立案一事，他
說：「弟在南京首先除去黨會之禁，悉使自由立黨立會。及解職回
粵，以粵為洪門最發達之省，故思從吾粵入手，使其成案，自由公
開，為改良進步之辦法。」「而是時適陳炯明為軍統，握重兵，銳
意辦匪，而彼並嫉會黨，力沮其事」，「而弟之目的，又不能達。」
他還揭露了黃三德對他的謗誣，「故此時猶令美洲同志手足有疏遠
之感」。關於參政問題，他抱憾地承認由於當時「各種組織俱不能
如意，各種政策不能實行」，因而「不能收政治之實效」；加上「我
黨以退讓為高，而官僚爭進；官僚得志，而我黨無權，我志未成，
而民生亦苦」[70]。包括華僑在內的問題也就未獲解決。

　　其次，他反覆申明改組國民黨為中華革命黨及新訂黨章意圖，
指出反袁鬥爭必須進行，用特發出各埠洪門改組為中華革命黨支部
通告，希望「各埠洪門團體急起直追，共圖革命事業，並全部填寫
誓約，加入中華革命黨」[71]。他批釋黨員入黨加蓋指模是「以防假
偽」[72]。他還鼓勵各埠設立籌餉局，並擬訂了籌餉局獎勵章程，提
出凡資助革命者，「不論出資多寡，均照第一次革命辦法兩倍償還，
限期革命成功後三年，與第一次之款，一律償還」；還規定了按照

---

[70] 羅剛：《中華民國國父實錄》第4冊，第2567-2568頁。
[71] 《孫中山全集》第3卷，第140-141頁。
[72] 同上書，第141-142頁。

出資額分別給予公民權、經營礦山及各種實業優先權、各種功章、建立銅像等等[73]；還許以「首義黨員悉隸為元勳公民，得參政執政之優先權利」[74]。

複次，他多次呼籲各埠華僑團結對敵，統一事權。他熱切寄望仍信從他的鄧澤如、葉獨醒、區慎剛、鄭螺生、李源水等人在華僑中多做工作，嚴厲和批評陳炯明、李烈鈞等在南洋華僑中的分裂行徑，敦勸他們顧全大局，「切勿自樹一幟」，指出「能協力同心則有成，否則必無僥倖也」[75]。鄧澤如等也為此做過不少工作。

然而上述舉措和設想在 1915 年前未能取得預期效果，不少華僑對辛亥革命後的義利情全丟猶有餘悸，對孫中山在遭受二次革命慘敗以後國內勢力幾乎化為烏有的情況下重振反袁旗鼓缺乏信心，孫中山的新的大利許諾，也自無法激起他們的熱情。曾在辛亥革命期間大力為革命籌款的陳新政就託詞說：「南洋近為錫價、樹膠低跌所影響，生意極形冷淡，籌款頗難。惟是南洋僑界必有事實進行，方易籌款，此刻除本黨外，別界卻難為力。」[76]並且聲稱：「出資助黨，以既佔有名城大省，聲勢赫耀時始能喚起群情」，所以「緩進之說一出，即中其心曲」[77]，而與陳炯明等為伍了。要求黨員打指模，宣誓絕對服從革命黨領袖孫中山的家長制的不民主做法，華僑革命黨人亦不易接受，這是因為華僑崇尚自由聯合，不贊成黨魁專權和嚴格黨紀約束；加上，曾和陳炯明結盟的國內無政府主義者梁冰弦、劉石心等當時因遭國內反對統治迫害，轉到南洋活動，並以此為大本營，其主張與上述華僑崇尚同趨，其宣傳活動對

[73] 羅剛：《中華民國國父實錄》第 4 冊，第 2543-2545 頁。
[74] 《孫中山全集》第 3 卷，第 140 頁。
[75] 《孫中山全集》第 3 卷，第 119 頁。
[76] 羅剛：《中華民國國父實錄》第 4 冊，第 2440 頁。
[77] 《孫中山全集》第 3 卷，第 146 頁。

華僑自亦有其影響。這都加強了南洋華僑對孫中山和中華革命黨的
離心力。所以，昔日對孫中山極為支持的張永福、陳楚楠等拒不接
受中華革命黨星洲支部長的任命；緬甸的莊銀安、徐贊周等，越南
之黃景南等，新加坡之林義順等，此時對孫中山都表現消極疏離的
態度，甚至解散原支持孫的組織[78]。連在這一階段孫中山倚仗甚力
的鄧澤如、馮自由、林森等人都對此表示過異議，鄧澤如就曾上
書孫中山，提出：中華革命黨「總章不善，易惹國人反對，未敢
妄從」[79]。不過他對孫中山仍抱忠誠，雖辭不就中華革命黨財政部
長職，仍允擔任南洋各埠籌款委員長。華僑中的洪門組織在辛亥革
命時期主要因反清號召而接受革命黨的領導，孫中山此時雖極力解
釋前此疏隔原因，望把他們導上反袁軌道，從現有資料來看，沒有
任何積極反應。要求將各地洪門和國民黨支部一律改為中華革命黨
支部的通告，實僅一紙空文，未見貫徹執行。至於陳炯明、李烈
鈞等始終不聽勸告，堅持己見，按照鄧澤如的觀察報告，李烈鈞
之發佈致各埠同志書和陳炯明之親往各埠聯繫，「種種已露其另樹
一幟之舉動也」，他們「欲運動華僑，打消東京機關（按即中華革
命黨總部）」，「一則阻止東京總部之進行，二則留此款為將來助彼
等之用」，而陳新政等則「欲效辛亥總攬南洋同盟會機關時，藉黨
分潤」[80]。當時陳新政等甚至欲拉鄧澤如等倒向陳、李一邊，但鄧
堅決表示：「無論如何進行，萬不能離開中華革命黨之旗幟」[81]。
　　對於美洲華僑，孫中山自亦關注，但成效更不顯著，據 1914
年 7 月一則記述稱：「此間已發起第三次革命籌餉事務所，……而

---

[78] 參閱：蔣永敬：《孫中山與中國革命》，臺北，三民書局，2000 年，第 403-405
　　頁。高軍等主編：《無政府主義在中國》，湖南人民出版社，1984 年，第
　　492-494 頁。
[79] 羅家倫，黃季陸：《國父年譜》增訂本上冊，第 644 頁。
[80] 鄧澤如：《中國國民黨廿年史跡》，第 131-134 頁。
[81] 〈中華革命民黨史料〉，《革命文獻》第 45 輯，第 593-594 頁。

籌餉章程，即本於中華革命黨總章，酬以勳位及權利。而東京（按指中華革命總部）所要求著，在解散國民黨名義改為中華革命黨名義，因此間國民黨員贊成不多，故國民黨之招牌尚存。而青年黨員於國民黨員之外，又有填寫誓書為中華革命黨黨員者，惟老成者尚多反對。故國民黨內潛伏此兩派。」[82]1914 年前情況可能更遜於此。從孫中山當時給美洲同志的函電內容看，談及籌款及華僑捐獻者極少。由此可以推測，美洲華僑在這一時期較南洋華僑對孫中山和中華革命黨還顯得冷漠少助。有如宮崎寅藏當時所說的，因黃興等人在華僑中深有影響，孫中山等革命黨人「欲置黃先生於度外籌款，實在太難了！」[83]

　　孫中山等革命黨人因再次流亡日本，並欲以之為反袁基地，故對日本華僑亦緊緊注目。當時，孫中山等內遭袁世凱重賞通緝，日本政界、軍界、財界對孫中山也十分冷淡，不贊成他重舉反袁義幟；日本政府甚至和袁世凱政府秘密進行驅逐孫中山離日密議的討價還價。而日本華僑財力非常有限，難以盡心，僅神戶、大阪、橫濱華僑略有奉獻。在反袁期間，橫濱華僑先後捐助了 3 萬餘元[84]。

　　1915 年後，隨著袁世凱與日本談判「二十一條」，以及他屈從日本意旨來換取日本支持其稱帝復辟行徑的漸次暴露，華僑的愛國民主情緒又出現新的高漲，「海外宣傳，同深憤激」[85]，各地華僑紛紛致電國內 300 餘通[86]，「請拒日，勿退讓」，並慷慨表示願「任

[82]　湖南省社會科學院編：《黃興集》，第 386 頁。
[83]　〈宮崎寅藏致民藏書〉，見陳鵬仁編譯《論中國革命與先烈》，臺北，黎明文化事業公司，1979 年，第 129-130 頁。
[84]　陳燦章，李勵文：〈孫中山革命活動與旅日華僑的關係〉，《孫中山與辛亥革命史料專輯》，廣東人民出版社，1981 年。
[85]　臺灣中央研究院近代歷史研究所編：《中日交涉史料──二十一條交涉》上，臺北，1985 年，第 158 頁。
[86]　《中華革命黨史料》，《革命文獻》第 45 輯，第 387 頁。

籌餉」[87]。菲律賓華僑一呼而集 400 餘人，於 1915 年 3 月 11 日成立了「華僑救亡團」，拍電報誓死反對對日屈降。但袁政府置若罔聞，終於 5 月 9 日接受日本政府要求，於 25 日與日本簽訂了二十一條協定。它使廣大華僑悟到「想要禦侮必先懲國賊」[88]，從而和孫中山的積極反袁漸趨一致，也使黃興等轉向積極討袁，這就為革命黨人和華僑的聯合討袁提供了共同思想基礎。此後，在捐助軍餉和武裝討袁方面，都出現了許多動人情景。有人統計，從 1914 年 10 月 20 日至 1915 年 9 月 4 日，中華革命黨海外各支分部設立了 83 個支分部籌餉局，孫中山委任了籌餉職員 270 人[89]。孫中山於 1917 年 1 月 30 日〈致泗水中華商會電〉稱：反袁時期曾借華僑日金、英洋共 1,744,300 元[90]。華僑直接投身於武裝討袁也受到孫中山的重視。當時有兩支華僑敢死隊回國參加討袁，一支主要由南洋英、荷、法等領地華僑組成，並有美洲、日本等處華僑參與，活動於廣東；另一支主要由加拿大、美國華僑組成，並有南洋、日本華僑參與，活動於山東。對他們勇於戰鬥，孫中山給予高度讚譽，指出華僑「回國效命決死，以為黨軍模範者，復踵相接，其堅忍勇往之忱，誠不可多得者也」[91]。

袁世凱倒臺後，孫中山誤以為：「袁死，黎能復約法，召國會，當息紛爭，事建設，以昭信義，固國本」[92]。加之，當時中華革命黨人無權無勢，北洋軍閥政府又勒不給軍餉，革命黨人的軍隊難以維持，廣東、山東華僑敢死隊先後被迫解散。其時包括華僑在內的一些

---

87 《中日交涉史料——二十一條交涉》上，第 147 頁。
88 洪菊仁輯：《菲律賓華僑反對廿一條件的愛國運動》。
89 郭景榮：《愛國華僑的反袁鬥爭》，廣東華僑歷史學會：《華僑論文集》第 3 輯，1996 年。
90 《孫中山全集》第 4 卷，第 8 頁。
91 《孫中山全集》第 3 卷，第 399 頁。
92 《孫中山全集》第 3 卷，第 308 頁。

革命黨人對北洋軍閥實際搞假共和頗有警覺，一些華僑志士「尚多欲留軍籍，學習軍事學問」，但孫中山認為「我黨不爭政權，則華僑諸君留習軍事學，亦無所用，故力勸及早回埠」。結果是「從事者皆有無限之光榮，而抱勇邁之心，無用武之地，自難快意」。孫中山深以為遺憾，「所恨事勢如斯，無由解其憂鬱，吾人亦無可如何」[93]。對於華僑債款，孫中山於討袁結束後，即要求北京政府償還，同時吸收華僑資本興辦各種實業，並「擬在上海建立華僑會館，為僑商與內地交際之機關，凡工商事業，借此地為調查聯絡之所，使華僑盡知內地各種天然利源，生財機會庶不致為外人捷足。其會館之規模，務期宏大，組織務期完備，俾海外華僑回國，有所問津，務期達到合海外華僑之財之智，以興發祖國利源之目的」[94]。然而，北京政府迄未償清華僑債務，而孫中山的上述設想方案，也因隨即到來的段祺瑞、張勳輩的專權復辟、毀棄國會約法的行徑而再舉護法義幟，自是無從付諸實施了。孫中山因處於極度困窘艱尬之中，於 1917 年被迫宣佈解散中華革命黨，取消黨的名義，他在一則批函中稱：他「為黨務而負債二百七十（萬），尚無歸還之地，不得而請政府，尚受國人之攻擊，此債不還，斷無借籌之地，萬難接濟黨人也」[95]。而「華僑又迫還債」，不免怨憤。於是孫中山與華僑的關係又由親轉疏。

護法軍興，華僑於失望之中稍趨振作，孫中山南下護法的國會暫時用途係由海外華僑擔任。廣州護法軍政府建立後，孫中山極力宣揚護法旨意，並恢復與中華革命黨各支分部及籌餉局長的聯繫，飭令他們在海外華僑中籌款應急，並頒佈軍事內國公債條例令及獎勵條例令，按照承購公債數分別頒予三、四、五、六等勳章[96]。但

[93] 《孫中山全集》第 3 卷，第 400-401 頁。
[94] 《孫中山全集》第 3 卷，第 377-378 頁。
[95] 《孫中山全集》第 4 卷，第 284 頁。
[96] 《孫中山全集》第 4 卷，第 196-197 頁。

初期反應冷淡，孫中山於 1917 年 10 月 2 日〈復譚人鳳函〉中深為失望地寫道：「特是軍府初置，國內猶多觀望；而西南各省，於進行主張，亦稍有出入，故抵粵以來，除借貸小款外，殊無挹注之法。現國會雖通過內國公債案，然無確實地盤，承銷尚不易易。」[97]他在「深感孤立無援之苦」之時，對一些僑胞在當時情況下，「敝衣節食，罄其血汗之資，以扶義舉」[98]還是特表感激的。他被迫辭大元帥職退居上海之後，又發出通知海外革命黨人書，表示「救國主旨，未嘗或息」，希望海外同志「依照黨章，繳納年金，以供總部經費，俾文得專力於國事，而無窘乏之慮」[99]。稍後，他又希望華僑創辦一種英文報紙，「直接參加於世界輿論，將吾黨之精神義蘊，宣達於外，以邀世界對吾黨之信仰」；堅持愛國儲金，以備救國急需[100]。1921 年 2 月，孫中山曾致電祝賀中國國民黨全美洲同志懇親大會[101]。但在這以前，孫中山和華僑聯繫仍很少，彼此仍比較疏遠。

　　1921 年後，孫中山與華僑的聯繫有所增加。初步統計，孫在 1921-1923 年頒佈委任狀多起，包括亞、歐、美、澳等洲的華僑國民黨支部、分支部 210 餘處、各類職員近千人，而以 1923 年最多，達 200 處以上。個中原因是多方面的，就孫中山來說，1920 年 11 月 28 日他再抵廣州，重建軍政府。次年 5 月 5 日就任中華民國政府非常大總統，此為他在廣東第二次建立革命政權，主持工作一年多。1922 年 8 月因陳炯明兵變再次退居上海，但到 1923 年 2 月驅陳成功後又抵廣州設立大本營，就大元帥職，第三次在廣州建立革

[97] 《孫中山全集》第 4 卷，第 204 頁。
[98] 《孫中山全集》第 4 卷，第 479、493 頁。
[99] 《孫中山全集》第 4 卷，第 499-500 頁。
[100] 《孫中山全集》第 5 卷，第 208-209 頁。
[101] 《中華民國國父實錄》第 5 冊，第 3766 頁。

命政權，以迄於他逝世。這是他連續掌握政權最長的時期，給了包括華僑在內的全國人民以較大寄望。同時，他一直是在十分困難的情況下進行繁重的政務軍事活動，亟需華僑的支助。1921 年，孫中山就把〈護海外各地之意見書〉列入〈國防計畫〉之中[102]。1923年 10 月 15 日，孫中山在廣州中國國民黨懇親大會的演說更特別強調：「本黨最發達的地方是海外各埠。海外華僑很多的地方，都有中國國民黨，華僑的思想開通較早，明白本黨之主義在先，所以他們革命也是在先，每次起革命都是得海外同志的力量」[103]。

　　就華僑方面來說，第一次世界大戰後，僑居地統治者加強了對華僑的壓迫和掠奪。新加坡、馬來西亞的華僑企業、種植園，遭到捲土重來的英國資本的蠶食吞併，在大戰期間有所上升的華僑資本在戰後僑居地資本的比重中不斷下降[104]。在南洋英國其他殖民地和荷屬殖民地也因樹膠、錫、糖、米等價格不斷低跌，銷路甚滯，華僑中小企業紛紛破產，有如鄧澤如所稱：「商務敗壞，土貨停滯」[105]。美國華僑在戰後更受到排斥，1921 年，美國國會實施了限制華人移民的新規定，並把這些規定施用於所有亞洲人；1924 年又通過一項針對日本移民同時也殃及華僑的法案，迫使美國華僑不斷歸國，人數繼續遞減。1920 年在美華僑由 1890 年的 107,488 人減到61,639 人，幾乎減少了一半[106]。其他如古巴、印度等地華僑也是生計日蹙，處境艱難。於是，幾乎所有地區的華僑，都迫切希求一個強大的祖國作為他們的後盾，提高他們在國外的地位，改善他們的處境。因而對孫中山反對軍閥賣國罔民、建立民主統一的國家的鬥

---

[102] 《孫中山全集》第 5 卷，第 570 頁。

[103] 《孫中山全集》第 8 卷，第 280 頁。

[104] 林遠輝等：《新加坡、馬來西亞華僑史》，廣東高等教育出版社，1991 年，第 3-6 頁。

[105] 鄧澤如：《中國國民黨二十年史跡》，第 231 頁。

[106] 廣東華僑歷史學會編：《華僑論文集》，第 40 頁。

爭抱著熱切的期望。1920 年底孫中山在廣州重建護法政府後，屬
於或接近中國國民黨系統的「海外華僑催迫組織正式政府之電，紛
至沓來」[107]。他們認為：「正式總統未選出，內無以別邪正，外無
以示國威」，有總統主持國務，可以成「為對內對外之中樞」[108]。
孫中山當選為大總統後，一些地區的華僑團體、個人拍電致賀，並
為隨後孫中山的北伐捐助軍餉。1921 年 8 月，陳耀垣、鄧澤如、
鄭螺生、區慎剛等 34 個華僑在廣州組建了中央籌餉局。一些地區
華僑也成立了各種名目的籌餉機構。孫中山於 9 月致電海外同志稱
讚其「熱心」，望其「合力共進，踴躍捐輸，以助成統一」。華僑還
響應孫中山武裝討桂和北伐的號召，參加了鄧蔭南、方瑞麟、陳威
林等分別組建的華僑討賊軍（或稱義勇軍），在雲南講武堂學習的
200 餘名華僑青年聞北伐消息，即全部要求加入北伐軍，孫中山欣
然予以批准。同時，孫中山也注意保護華僑權益，1923 年 1 月，
奉護法政府命往墨西哥籌款的旅墨國民黨員余和鴻以「籌款北伐，
詆毀元首」罪名，被勒令出境，孫中山聞訊後即致函北京政府外交
總長王正廷，「為之辯誣」，旋又致電墨西哥總統阿卜羅剛，要求取
締排華苛律，並令廣州政府外長伍朝樞去電抗爭[109]。

　　在對抗帝國主義干涉中國內政、捍衛國家主權、爭取列強承認
南方革命政權方面，一些華僑也和孫中山鐘鼓相鳴。早在巴黎和會
召開期間，在巴黎的華工與被派到巴黎的汪精衛、徐謙、陳友仁、
伍朝樞等合組「中國國際和平促進會」，開展強有力的拒約運動。
孫中山高興地認為這是基於「感受世界最新之潮流」，與「國中大
多數之勞動界國民不知政治之關係，放棄主人之天職，以致甘受非
法之壓制欺侮而忍氣吞聲」顯有區別。飭汪精衛等與之加強瞭解和

[107]《中華民國國父實錄》第 5 冊，第 3801 頁。
[108]《革命文獻》第 51 輯，第 312-314 頁。
[109]《孫中山年譜長編》第 3 卷，第 1852 頁。

聯繫[110]。正是這種在巴黎組成的拒約運動和國內的拒約運動相呼應，終於阻止了北京政府的代表在巴黎和約上簽字。許多美洲華僑還與孫中山同聲相應，反對美國政府排斥孫中山領導的南方政府，僅邀請北京政府參加華盛頓會議。他們對於 1921 年 10 月召開了有 300 餘名各地代表參加的南北美洲華僑大會，嚴正表示擁護孫中山和他領導的政府，要求讓廣州革命政府派代表與會。此外，美國、墨西哥等地華僑還對當時美國政府扶植北京直系軍閥政府、擬給予大量非法借款，提出了嚴重抗議。

　　1922 年 6 月 16 日，陳炯明兵變，「南洋華僑及聯誼社員亦被慘殺」[111]。這一事變使孫中山和廣州革命政府陷入極度危險之中。孫中山在登艦討陳的 50 餘天中，一則盼望北伐軍回師戡亂，另則寄望華僑籌餉支持。他特委陳樹人設立「海外同志非常通訊處」，發出第一號通訊，列述事變經過、陳軍兇殘及目前孫中山處境，要求華僑「有力出力，有財者出財，赴公急義，惟力是視。」[112]美洲、東南亞、日本等地華僑紛紛籌款討陳，僅據鄒魯、鄧澤如在香港組設討陳駐港辦事處所收款項看，共收到 85 處捐款 406,270.79 元，其中各地華僑 33 處捐款十萬餘元[113]。隨後，各地華僑還對孫中山驅陳回粵作出過巨大貢獻，1922 年 8-12 月，匯到上海國民黨部的華僑捐款累計為 84,331.57 元[114]。有的華僑如同僑實業俱樂部的謝八堯等還為討陳犧牲。孫中山對此予以高度評價說：「自逆賊叛國，撻伐用張，師行裹糧，需財孔亟。常賴外僑踴躍輸將，藉濟財政之困，促成革命成功」[115]。

---

[110] 《孫中山全集》第 5 卷，第 44-45 頁。
[111] 《孫中山全集》第 6 卷，第 552 頁。
[112] 《中華民國史實紀要》（初稿）中華民國 10 年 6 月 25 日條。
[113] 《革命文獻》第 52 輯，第 414-429 頁。
[114] 《華僑革命史》（下），第 454-457 頁。
[115] 《孫中山全集》第 11 卷，第 129-130 頁。

　　誠然，從總的方面來看華僑對辛亥革命的支持要比對反袁、護法的支持要更熱烈，其貢獻也更多些。僅以捐款為例，有人統計，辛亥革命時期華僑捐款達 3,942,800 元[116]，為反袁時期的 1,744,300 餘元一倍多。而據軍政府財政部發佈之通告統計，自 1917 年 9 月 28 日至 1918 年 6 月 12 日，收入海外華僑捐款總計 279,020 元，二次護法中華僑捐款無明確統計，估計只有三四十萬元[117]，較辛亥革命捐款更相差甚遠。因此，孫中山從反袁後期到護法運動結束，和華僑的關係多有反覆，始終沒有達到辛亥革命時期的親密度。1923 年 7 月 12 日發佈的擬在廣州召開的中國國民黨懇親大會的發起辭如此總結：「當吾黨發軔之始，人懷犧牲，一心赴義，守望扶持，前躓後繼。迨種族革命之後，道德與精神，反覺每況愈下，……何哉？此無他，親疏之結果然耳。概自民國以還，黨人雖見蕃衍，而黨況已自支離。當年喬木，強半凋零，十年風雲，幾多翻覆，貧者或輾轉於溝壑，富者或遁跡於泉林，亂離散處，聲氣以窒而紛，去古漸遠，真諦以湮而昧。凡此種種，皆足為吾人疏遠之由，變遷之導焉。當知吾人關係之親疏，匪僅有關乎黨勢的盛衰，實影響於民國之隆替，是不可不長思也。」[118]但這種解說，並未道明此中全部底蘊，除上述反袁時期的原由外，到 20 年代，隨著孫中山由崇民主聯邦制轉行中央集權制、所引用之客軍又對廣東人民多騷擾為害、洪門大佬黃三德與陳炯明等對孫的反目成仇，以及一些與華僑有聯繫的舊官僚政客的從中挑撥是非等原因，華僑社會實處於分裂狀態，擁孫者多僅屬國民黨影響所及，範圍有限。

---

[116] 陳樹強：《辛亥革命時期南洋華人支援起義經費之研究》。

[117] 郭景榮：《華僑支持孫中山反對軍閥、統一中國的鬥爭》（《孫中山研究論叢》第 7 集），估計三四十萬元系據該文所列捐款事實。

[118] 《中華民國史實紀要》（初稿），中華民國 12 年 10 月 10 日條。

第四節　義利情觀互通面臨新矛盾

進入國共合作後，孫中山和華僑的關係，更面臨著一場嚴重的新考驗。

如果說，華僑資產階級上層在辛亥革命高潮中，也有捲入革命的。那末，當孫中山領導的中國國民黨進行改組，實現資產階級、小資產階級和無產階級合作共事，這就不僅對資產階級上層人士是一件難事，而且對所有資產階級、小資產階級也是一個新課題。特別是 20 世紀 20 年代前後，世界局勢發生著重大變化。俄國經過十月革命建立了世界上第一個工農兵蘇維埃政權，東歐中歐湧起的社會主義革命雖迅速被鎮壓下去，而無產階級和被壓迫民族的聯合鬥爭卻方興未艾。在中國和亞洲一些地區，共產黨或有共產黨參與的民族主義政黨次第建立，這不能不引起整個資本主義世界的不安、恐懼和仇視，反共宣傳在一些地區狂熱地進行。處在這樣氛圍的華僑資產階級，其處境雖有異於僑居地的居於統治地位的白人或者本地資產階級，但他們畢竟是有產階級，深怕「共產」；有些在國內置有田產或辦了工商企業，更擔心國內「共產」。對於絕大多數下層華僑群眾來說，他們既較難瞭解國內發生事件的真相，又因長期被扼制在由華僑上層所控制的各種華僑社會團體裏，而難以充分表達自己要求社會解放的意向。但就中國國內及某些僑居地而言，當時面臨的不是「共產」威脅，而是帝國主義（殖民主義）和與之狼狽為奸的當地反動統治的壓迫和剝削，他們追求義利情的趨向還是希求祖國獨立、民主和順利地發展資本主義，而這一趨向又使他們要求把國內的反帝反封建鬥爭進行到勝利；但提供這種支持不僅有導致「共產」的威脅，而且會因此遭受僑居地統治者的迫害，這就使相當多的華僑特別是他們當中的中產階級處於十分矛盾邊邊的狀態。於是，就在華僑中出現了因各自情況不同和識量遠近而對孫

中山在新時期內所制定的實質上是聯俄、容共、扶助農工三大政策
的新方針，採取了不同的態度，以黃三德等為代表的洪門上層人
士，基於對孫中山採取容共政策和平定商團事件，而加緊其反孫活
動。1923 年後，他們和陳炯明等密鼓緊鑼地聯絡僑胞，遊說組黨，
在華僑中很有影響。就是在孫中山身邊的華僑代表人物也分化為以
鄧澤如、馮自由、林森、方瑞麟等為代表的華僑資產階級中的反對
容共派和以廖仲愷、彭澤民、陳友仁、陳其瑗等為代表的華僑中的
容共派，出現了兩者之間的矛盾和鬥爭。那末，孫中山究竟在當中
採取了什麼態度？這確是一個十分微妙而複雜的問題，很值得仔細
探討。

　　就總的傾向來看，孫中山在下定決心實行聯俄、容共、扶助農
工三大政策後，因國內工農力量的崛興並已顯示其蓬勃生機，而主
要著眼於聚結國內民族民主力量，外則寄望願予援助的蘇俄的餉械
支助，並注意從國內籌集軍餉，開浚財源。所以他雖也期待華僑人
力財力的支持，但不如前此迫切。從現有資料看，他在 1924 年後，
未發給僑居地華僑一條委任狀和一份求助函電，僅頒給同樣內容的
獎憑 21 件和祝詞 4 則。但他對華僑的境遇及其思想動向還是很表
關注，並亟圖為其改善處境。1923 年 12 月 22 日，廣州革命政府
內政部頒佈〈僑務局章程〉，次年 1 月 1 日又頒佈〈內政部僑務局
保護僑民專章〉。它們對保護旅外華僑不受虐待歧視、回國華僑人
身和財產安全、設立商業會所及其他公共團體、安排華僑子弟歸國
就學，以及提倡和鼓勵華僑回國參政、興辦實業、舉辦公益、銷募
公債等方面都有明確規定；並確定僑務局長由大元帥兼任[119]，以示
鄭重。在該局擬設一參事處，聘請有代表性的華僑為參事；另設一

---

[119] 廣東省檔案館等編：《華僑與僑務史料選編》，廣東人民出版社，1991 年，
　　第 3-6 頁。

招待華僑事務處。並提出施行華僑選舉、設立華僑子弟學校、保護華僑內地財產等事項的擬議,擬分別籌備進行[120]。這些機構設置和擬辦事項雖因當時戎馬倥傯和忙於國民黨改組活動而未能完全實施,但這是孫中山主持的政府成立僑務機構之始,也表明孫中山對華僑權益的進一步關懷。

中國國民黨第一次代表大會的召開,是孫中山特別看重的頭等大事。出席這次大會的指派、推選的代表共 197 人,其中華僑代表 33 人;而充當內地各省代表中,可以判明來自華僑或者有鮮明華僑背景者尚有廖仲愷、鄧澤如、馮自由、謝英伯、孫科、方瑞麟等多人,加起來約占代表人數的 20%[121]。據黃季陸回憶,在預備會期間,孫中山鑒於華僑中頗對國共合作抱有疑慮,乃專門召見華僑代表,向他們指出:「目前革命工作低沉,需要新血刺激,所以這次黨中吸收了更多的知識青年共同從事革命工作。」同時也解釋了聯俄容共的目的,「第一,蘇俄革命之後,對於中國侵略的威脅大見減少,同時他們需要人來同情支持他們的國內革命;第二,共產黨的那一套東西根本不適合在中國實施,中國共產黨無所發揮,不如吸收到本黨來,共同為革命工作。」[122]黃季陸的回憶是否含有個人主觀反共成分,尚可以結合孫中山當時其他言論來考實,但孫中山對華僑意向的重視由此可見一斑。華僑代表在大會上分別就越南河內、澳洲雪梨、檀香山、美國、墨西哥、加拿大、南洋芙蓉、暹羅、菲律賓等地區黨務情況作了報告,並認定「本黨對於華僑同志應該積極聯絡」,商議在上海、香港、廣州等地設立海外同志招待所[123]。

---

[120] 《廣州民國日報》1924 年 1 月 8 日。

[121] 參閱《中國國民黨「一大」史料專輯》,廣東人民出版社,1984 年,第 367-370 頁。

[122] 《中華民國史實紀要》,中華民國 13 年 1 月 19 日條。

[123] 中國第二歷史檔案館編:《中國國民黨第一、二次全國代表大會會議史料》上,江蘇古籍出版社,1986 年,第 26-27 頁、66-67 頁。

國民黨「一大」後，中國國民黨在海外建立了加拿大、三藩市、檀香山、墨西哥、澳洲、暹羅、緬甸、南洋、法國、南非等 10 個總支部、61 個支部、324 個分部、264 個區分部。黨員 43,966 人。黨報 24 個，學校 59 所，宣傳機關 75 處[124]。而且，由於孫中山在這時已有革命基地、革命政權和軍隊，革命事業正向前推進，所以包括鄧澤如、馮自由等許多華僑代表人士都在國內活動，很多擔任要職，如廖仲愷、林森為正式或候補中央執行委員，鄧澤如為中央監察委員[125]。他們中的很多人還身兼多項軍政要職，而且作出了不同的貢獻。且不說廖仲愷等國民黨左派對國共合作和國民革命的熱情參與，就是鄧澤如等反共人士也在一些具體工作中發揮過作用，孫中山對鄧主持當時的中央籌餉會工作就很滿意，表揚他「急公好義，辦事得力，深堪嘉許」[126]。

隨著中國人民反帝反軍閥鬥爭的高漲及人民群眾威力的顯示，孫中山和中國國民黨日益堅定而鮮明地捍衛海外華僑的利益。

1923 年 9 月 1 日，日本發生關東大地震，孫中山迅即致電日本國攝政裕仁親王及日本軍政財界和民間舊識，表示關注和慰問。可是，日本政府卻藉此掀起排華浪潮，「強用種種方法實行取締華工入境。（其）內務省所發佈之命令，對於勞動者入境之限制，已極苛酷，而東京、橫濱、神戶、長崎、門司各海岸員警，復將內務省命令所指之勞動者，變更其界說，擴大其範圍，竟將廚師、理髮師、裁縫師等，悉數納入，屢次拒絕登岸，遣送回國，或被拘留」[127]。而且，「日本國民於震災之際，曾有虐殺華工情事」。其中大島町華人 174 人竟遭慘殺。這些事件激起了旅日華僑的極大憤

[124] 華僑革命史編纂委員會：《華僑革命史》下，第 378-379 頁。
[125] 《中國國民黨「一大」史料專輯》，第 76 頁。
[126] 《孫中山全集》第 10 卷，第 498 頁。
[127] 《廣州民國日報》1924 年 8 月 9 日。

慨，他們要求北洋政府駐日公使汪榮寶與日本政府交涉，但汪避而不見，僅由公使館人員虛與委蛇。華僑憤甚，於 1924 年 5 月 5 日舉行了留日華僑對日入關差別示威大會，不僅對日本政府抗議，還抗議北洋政府置國家體面和華僑生計於不顧[128]。25 日又舉行了「五七」紀念示威大會，要求廢除「二十一條」[129]。7 月，又派留日華工代表郝兆先到廣州向孫中山和廣州革命政府報告並望予支援。謝英伯奉孫中山命予以接待，與郝等商議對付辦法。7 月 7 日，郝因日本駐廣州總領事天羽英二對太平洋通訊社記者發表有損華僑的談話，特偕時聞編譯社記者與天羽辯論三小時，指責日本排華較美國排日「更是違反正義人道」，「實甚於人種問題」[130]。8 月，中國國民黨按照孫中山指示發表忠告日本國民書，擺明日本排華真相，譴責日本自己受侮於美國排斥亞洲人移民法律，卻又效法美國行徑，施之於同種同文之中國，深有悖於日本所盛倡之亞洲人種大團結之論，指出：「今日亞洲人種對於日本所以不能挾同情而反挾疑慮者，以日本恃一日之長，以凌轢同種，豆萁相煎，較異種為尤烈耳」[131]。1924 年 10 月 26 日，留日僑胞為反對帝國主義干涉中國內政，特開對日國民大會，到會者千餘人，發言者強調反抗列強侵略、消滅軍閥，並「須推戴有主義之民眾領袖」，還要求日本政府取消「二十一條」及取締中華勞工入國令，遭到日警大肆摧殘[132]。上述情況使得孫中山在 1924 年 11 月北上訪日時，在幾次演講談話中特別向日本人提醒美國排亞暴行所加給日本人民頭上的恥辱，「呼籲他們和一切亞洲人民團結起來，努力打倒帝國主義和它所滋

---

[128] 《廣州民國日報》1924 年 5 月 22 日。

[129] 《廣州民國日報》1924 年 5 月 25 日。

[130] 《廣州民國日報》1924 年 7 月 9 日，與天羽弁論時間據《天羽英二日記‧資料集》第 1 卷，第 1391 頁。

[131] 《廣州民國日報》1924 年 8 月 9 日。

[132] 上海《民國日報》1924 年 11 月 27 日。

長的驕橫暴戾，維護亞洲人民的光榮、國家獨立和種族平等。」一些日本聽眾聞而「悲憤下淚」[133]。

同年 9 月，孫中山還因南洋沙撈越華僑被殖民當局殺害 12 人，重傷 40 餘人而十分憤慨。他訓令大本營外交部長伍朝樞認真辦理，嚴正指出：「查南洋群島之開闢，我華僑實居首功，今日僑居南洋各島之同胞，即當年篳路藍縷、披荊斬棘者之後裔，該所在地政府對我華僑，論功宜有相當之報酬，論法宜於盡力保護。乃年來南洋各島中，我華僑被該處土人慘殺之耗，迭有所聞，……該所在地政府，既迭頒苛例，剝削我華僑之自由，復屢以縱容軍警，傷殘我華僑之生命。該所在地如此行為，對外為蔑視國際友誼，對內為弁髦自國法律，不惟人道正誼所不容，亦文明國家法律所不許。」他命伍朝樞向英國領事提出抗議，「要求依法補恤懲凶，以慰僑望而警凶頑」[134]。

又據其時《廣州民國日報》載：墨西哥劃華僑居留地為一特別區域，不准華僑在此以外地點居住和設立任何商店。該國中國國民黨代表余和鴻將該處來電及情形詳細報告給孫中山，孫即令行外交部長伍朝樞電墨國政府嚴行抗議，要求除此苛例，讓墨國華僑自由居處貿易[135]。

彌足珍貴的是孫中山敏銳地覺察到華僑中尤其是體現在他們的代表身上的容共與反共之爭，係關乎當時中國國民黨和中國革命前途的分歧、矛盾和鬥爭，並且適時地進行了酌情處理。

這兩派的分歧，在 1923 年 10 月 10 日於廣州召開的中國國民黨懇親大會上初現端倪。這是一次動員華僑參加新時期鬥爭的大會。時任懇親會會長的鄧澤如在開會祝辭中堅持以原國民黨為本

---

[133]《宋慶齡選集》下卷，第 246 頁。
[134]《大本營公報》第 30 號。
[135]《廣州民國日報》1924 年 3 月 4 日。

位，不談當時正在加緊進行的國民黨改組和孫中山已多次強調的新時期的方針政策，一味強調要加強華僑同志團結，努力「造成一大中華民國黨政府」。廖仲愷代表因病未能出席大會開幕式的孫中山宣示訓詞。他稱讚俄國的主義和奮鬥精神及緣此而出現的「新氣象」，提出「吾人奮力猛進，毋讓步於人」[136]。孫中山於 10 月 15 日蒞會發表了演說，猶如前述，充分讚揚了前此華僑對中國革命的巨大貢獻和先導作用，同時指出：現時國民黨的黨務還不如辛亥革命時期興旺發達，「原因就是本黨分子此刻過於複雜，黨內的人格太不齊，令外人看不起，所以外人都不情願加入，幫助本黨來奮鬥。譬如許多黨員，總是想做大官，不能做大官；便反對本黨，去贊成敵黨。至於熱心黨務、真正為本黨主義去奮鬥的，固然是很不少，但是大多數黨員都是以加入本黨為做官的終南捷徑。」因此，他認為開這次懇親大會，「最要緊的事，是應該乘此機會把那些不良的分子設法去淘汰。那些不良分子都淘汰完了，留下來的分子自然是很優秀的，大家從此便可以振作精神，一致為主義去奮鬥。……就是能夠為主義去犧牲。」「所謂以黨治國，並不是要黨員都做官，然後中國才可以治。」他認為這種情況不僅是在國內，在海外華僑中「進步也不很快」，原因也是「由於一般華僑黨員，自以為革命成功，我是黨員應該得官做，如果得不到官做，便心灰意懶，失卻原來奮鬥的精神。所以弄到海外各處黨務，至今都沒有朝氣，各處都是暮氣很深，前途是很危險的」。基於上述情況，孫中山認定要「改造國家，還要根本上自人民的心理改造起」，而這必須得人心，得人心的方法很多，「第一是要本黨現在的黨員，人格高尚，行為正大，不可居心發財，想做大官；要立志犧牲，想做大事，使全國佩服，全國人都信仰，然後本黨的基礎才能鞏固，本黨的地盤才能

---

[136] 《中華民國史實紀要》（初稿）中華民國 12 年 10 月 10 日條。

夠保守。」[137]上述不僅適用於當時華僑中某些上層人士（如黃三德）的很有針砭性的鏗鏘批評，也是對辛亥革命後革命為何屢遭失敗的很好總結，並有力地說明了改組國民黨、輸入新血液的必要。這實際上是支持了廖仲愷，批評了鄧澤如的上述保守言論。

可是，鄧澤如等卻沒有接受孫中山的教育，他就在那次懇親大會開會後一個多月即 1923 年 11 月 29 日，以時任國民黨廣東支部支部長的名義，夥同該支部的主要幹部、且多為華僑或與華僑關係密切的林直勉（曾任職三藩市總支部）、黃心持（曾任職芙蓉分部）、黃隆生（曾為安南興中會負責人、安南籌餉委員）、朱赤霓（曾任職霹靂支部、後為南洋總支部部長）、林達存（曾任職聯義粵支社）、趙士覲（廣東支部黨務科長，曾旅居美國）、鄧慕韓（廣東支部財務科長，曾留學日本，並在安南西貢華僑中宣傳革命）、吳榮新（廣東支部總務科主任）、陳占梅（吉隆玻華僑代表）、曾克祺（尚未查明）共 11 人上書孫中山，反對改組國民黨和國共合作。其主要理由是因為共產黨堅持反帝反軍閥主張，讓其加入並將其主張納入具體政綱，「則使我黨叢國際之仇怨」，「在國內斷絕實力派之協助」，「則我黨永無獲得國際上同情之一日，使我華僑黨人在海外無復立足之餘地」。而且認為革命黨改組的組織法、黨章、黨綱等草案「實多出自俄人鮑羅廷之指揮」，「全為陳獨秀之共產黨所議定」[138]。鄧澤如歷來是孫中山反清反袁、護法鬥爭的有力支持者，其時正主持中央籌餉局，並任國民黨臨時中央執行委員會委員，受孫中山倚托方殷。其他參與上書者也是多年跟隨孫中山革命的黨國元老或故舊。孫中山當時曾對鄒魯說：「吾黨之情感至重，同盟會以前之黨員，親如骨肉，無論矣。即至現在黨員數十萬，散處國內外，仍能

---

[137] 《孫中山全集》第 8 卷，第 280-286 頁。
[138] 《中華民國國父實錄》第 6 冊，第 4486-4487 頁。

精神脈脈相通，共向革命，完全在情感。今日改組，應保持本黨元老之情感，參考蘇俄之組織，則得其益，而無其弊」[139]。正是基於上述歷史因緣，並考慮到現實狀況，孫中山既堅持其既定聯俄容共方針，又對鄧澤如等採取團結教育和安撫的方針。他在這一上書的批語中，一方面總結了過去革命的失敗，表明了聯俄容共的必要，指出：「我國革命向為各國所不樂聞，故嘗助反對我者以撲滅吾黨，故資本國家斷無表同情於我黨，所望為同情只有俄國及受屈之國家及受屈之人民耳」。希望他們不要疑神疑鬼，細心研究，注意改良革命方法，以圖進步；另一方面也表明了與共產黨合作的原則，是必須「服從本黨」、「與我一致動作」，「否則當絕之」，即堅持以國民黨為本位，並遮斷共產黨「以獨得俄助而自樹一幟與吾黨爭衡」[140]。應該說，這都是孫中山的心裏話，也很有針對性，還表明他所持的義利情原則，即以信仰他的革命主義和支持他所領導的革命事業為義之所在，而以能否以人力物力支援促其革命事業的實現為利之準則，以能維繫全黨團結、共策革命進行為情的出發點和目的。

從革命發展的進程看，孫中山雖不贊成中國實行共產主義的主張，但他堅持對外聯合俄國和一切受屈人民，對內吸納共產黨員加入國民黨；同時又力圖使廣大華僑瞭解自己的意圖，共謀團結一切民主革命力量，推翻帝國主義和封建勢力這一強大反動同盟，既是愛國性民主性的表現，合乎華僑的心情，也是對中國人民和國民黨有利的。而從華僑當時的處境看，華僑在僑居地開展革命活動也確有它的難處，在「一大」大會上，鄧澤如在報告南洋群島黨務時說：「南洋荷屬兩處政府，對華僑設立黨務，限制甚嚴，故黨務未能充

---

[139]《中國國民黨史稿》第 1 編，第 391 頁。
[140]《孫中山全集》第 8 卷，第 458-459 頁。

分發達,然華僑同志皆能不因政府禁令而停止進行,故政府批准設立黨部外,其餘皆在秘密中設立,而藉普通社團或學校商號等名目,以互通訊息。綜而計之,英屬現有支部六所,分部通訊處五十所。荷屬現有巴達維亞支部一所,分部通訊處四十餘所,合計兩屬黨員得有三萬餘人。」[141]安南河內代表發言稱:「河內辦黨,異常困難;……回國後又惹人歧視,所要求者,就是希望黨員回國有人保護」。檀香山代表稱:「檀香山原有五六萬華僑,現在只有二三萬;黨員原來有五六千,於今只有五六百人」。也有談到在困難中以鬥爭闖開路子的,如澳洲雪梨代表談到:「澳洲支部,四年始成立,現在有黨員四千余,財產三十多萬。從前有一中國領事,與我們為難,勾結當地政府,不許華僑入埠,後來一致反抗,把此種苛例打消,此外尚有種種困難,都經同志奮鬥戰勝。」他希望國內派人到該地辦黨[142]。綜上可見,當時在華僑中開展革命活動,確有較大阻力。但究竟是畏難不進,乃至屈服於外來壓力,甚至,有如孫中山前所指責的某些腐敗華僑領袖的謀私忘公;還是像有些華僑那樣想辦法,戰勝困難,推進革命事業?它需要華僑作出明確的抉擇。這顯然貫穿於國共合作整個時期。

在國民黨「一大」大會上,方瑞麟提出「中國國民黨章程」中應加一條「本黨黨員不得加入他黨」,實即反對中國共產黨黨員和共產主義青年團員以個人身份加入國民黨,反對國共在黨內合作。方瑞麟生於僑鄉廣東普寧,曾留學日本,1905年加入中國同盟會,後奉孫中山命至南洋向僑胞宣傳革命,民國初年被任命為南洋群島宣慰大使。1920年曾組織東路華僑討賊軍,歷來與華僑關係頗深。孫中山在「一大」開會期間的一次演講裏提到:他「曾接到海外華

---

[141] 《廣州民國日報》1924 年 2 月 3 日。
[142] 《申報》1924 年 1 月 28 日。

僑無數次函電，詢問此次改組，是否為（改）國民黨為共產黨？如為改成共產黨，則華僑同志絕不贊成」[143]。看來方瑞麟很可能對部分華僑中的上述疑慮情緒有所瞭解，他的發言代表了部分國內和華僑人士反對聯俄容共的情緒。孫中山對這種情緒既有諒解，也有批評和解釋。他認為這是因為「華僑出於帝國主義政府管轄之下，深受帝國主義國家宣傳破壞俄國革命論調之毒，故發生種種懷疑，不能自釋」。而俄國的情況新近實有變化，但因「多數華僑不諳外國文字，不能依外國輿論之進步為轉移」。而當前各國既已承認俄國，「故就利害而言，本黨與之聯合，將來必能得中俄互助之益，決無大害，此為海外同志所宜放心者。」[144]在討論國民黨「一大宣言」時，剛從美國回來的黃季陸又重彈鄧澤如原先反對聯俄容共的論調，反對在「宣言」中列入收回租界、收回海關、取消外國人在華特權等鮮明反帝內容。其理由之一是「華僑所在的地方，便是帝國主義的根據地，我們把反帝國主義綱領提出之後，首先受到摧殘的必定是海外黨部，我們將未受其利而先蒙其害」[145]。但廖仲愷等堅決主張列入上述條款。在孫中山的支持下，「宣言」終於納入了鮮明反帝內涵。

國民黨「一大」後，鄧澤如、林森、蕭佛成、馮自由、方瑞麟、黃季陸等與華僑有密切關係的國民黨反共人士繼續和其他反共人士一道，又意欲通過「警告李大釗等不得利用跨黨機會以攘竊國民黨黨統案」，廖仲愷等發覺後，即以馮自由等「不守黨員紀律及挑撥國共惡感」[146]向孫中山報告，孫即傳訊馮自由等，予以告誡。有的海外國民黨組織也根據「一大」決議精神進行了改組。東京國民

---

[143] 《孫中山全集》第9卷，第111頁。
[144] 《孫中山全集》第9卷，第111-112頁。
[145] 黃季陸：〈劃時代的民國十三年〉（上），《掌故》月刊第41期。
[146] 馮自由：《革命逸史》第3集，第216頁。

黨支部在改組國民黨時還特別強調：「一、予黨員以訓練機會；二、
嚴肅黨員紀律。」[147]但總的看來，這方面進展不大。

　　1924 年秋冬間發生了廣東商團事件，由於廣東僑商與家鄉商
界素來關係密切；廣東的長期戰亂，也阻礙著僑商在家鄉的發展。
所以，廣東僑商對商團事件始終深表關注。陳廉伯、陳恭受等商團
首領「又以實行『公夫公妻主義』等讕言，誣詆政府」[148]。說孫中
山「要廣州市做共產主義底實驗場」[149]。這更加深了一些僑商對國
民黨將改為共產黨的誤信。有的原來同情開展反軍閥鬥爭的報紙，
如緬甸《仰光日報》也發表文章反對鎮壓商團。認為這樣做將使孫
中山和中國國民黨「自絕其在中國前途之政治生命」[150]。商團事變
解決後，香港的英國報紙和一些港商報紙，更是「無中生有，亂造
謠言，把廣東政府罵得不值半文錢」[151]，這更在華僑思想中造成
迷亂，一些不明真相的華僑團體和個人「多有通電，向孫政府責
詰」[152]者。當時廣東革命政府和一些左派報刊紛紛發表報導、談話、
通電和評論，說明事變真相。一些地區的華僑也聞而警悟，予以回
應。如菲律賓華僑因遭受新的排斥，更亟圖祖國統一強盛，特發起
組織工團軍，發表宣言稱：「吾國不幸，天生軍閥，不顧大局，弄
至國將不國，工業不振，言之痛心。尤最不幸者，天禍吾粵，產
出這班不忠不孝之陳炯明，犯上作亂，近又串通罪惡貫盈之陳廉
伯、陳恭受等，不顧吾粵之頻年痛苦，居然串通作亂，與國賊吳
佩孚串通一氣。三陳之罪惡罄竹難書，擾我北伐軍之後，罪惡何
大。」表示願「回國殺賊」，「保我河山，爭我勞工自由，剷除民

---

[147] 《廣州民國日報》1924 年 3 月 26 日。
[148] 尚明軒等：《雙清文集》上卷，第 679 頁。
[149] 香港華字日報編：《廣東扣械潮》，香港，1924 年，第 314 頁。
[150] 《廣東扣械潮》，第 355-356 頁。
[151] 《孫中山全集》第 11 卷，第 384 頁。
[152] 《廣東扣械潮》，第 308 頁。

生障礙。」[153]荷屬爪哇埠華商總會會長陳丙丁同情被鎮壓後的商團,開會募款賑濟,但遭到李漢平等的反對,他們指出:「粵商團在香港拍來之電,此系屬片面消息」,並剖析當時廣州並無共產其事,「而商會僅據廣東商團一面之詞,遂認為廣州實行共產而代傳佈其電文,豈非荒謬至極乎!」而且提出:要募捐撫恤的不是商團而應該是被商團殺害的工人。結果陳丙丁提案遭到否決[154]。從上述二例中,我們可以看到華僑上層和中下層對待國共合作後的孫中山事業態度的不同及其矛盾鬥爭。

1924 年 10 月 23 日,直系將領馮玉祥發動北京政變,直系中央政權垮臺,一度出現和平統一國家的曙光。孫中山決定接受馮玉祥邀請,北上商談國是,於 11 月 10 發表了北上宣言,堅決表示要推翻帝國主義和軍閥在中國的統治,「造成獨立自由的國家」[155],並提出了為達到此目的的具體措施。不少華僑團體對孫中山北上及其所定方針表示支持和擁護。墨西哥華僑致電北京政府和各報館,要求「我國政治應依照孫先生 11 月 10 日宣言所列之方針解決之」[156]。加拿大倍斯古華僑致電上海《民國日報》各報館,表示:「孫中山先生所宣佈之政治計畫,我等完全贊成。」[157]還有的華僑如巴達維亞支部致電孫中山希望他不要妥協,應「速組政黨,實施政綱」,孫中山對此電作了批示,解釋須量力而行,「並非有妥協之意味也」[158]。

商團事件發生一個多月後,孫中山北上途中訪日,抵達神戶時,部分日本華僑商人對他不表歡迎,乃至有橫加訾議者。神戶

[153] 上海《民國日報》1924 年 10 月 19 日。
[154] 《廣州民國日報》1924 年 11 月 4 日、5 日。
[155] 《孫中山全集》第 11 卷,第 294-295 頁。
[156] 上海《民國日報》1924 年 12 月 28 日。
[157] 上海《民國日報》1924 年 12 月 28 日。
[158] 《中華民國國父實錄》第 6 冊,第 4854 頁。

南京町等華僑聚居地，竟出現以「愛國除害團」、「救國義勇團」、「扶義鋤奸團」、「鐵血團」、「廣義公所」、「各埠在留華人救國聯合會」[159]等名義，散發污蔑、攻擊孫中山的招貼、傳單。針對這種情況，孫中山於 11 月 25 日在神戶歡迎會上的演說中，把商團事件的經過、商團首領同英帝國主義、軍閥相勾結的內幕以及商團製造的慘無人道的暴行進行了揭露。指出如此叛亂成功，「廣東便成了第二個印度」[160]。而在孫中山訪日前夕，東京中國國民黨支部已於 11 月 22 日發表宣言，指出：「近有少數缺乏理解者，有苟且偷安之心理，拋棄其本身利益之主張，以為國民奮鬥之本黨，反視為唯一非難之目標，於是言本黨搗亂者有之，言本黨為暴徒者有之，以私人感情之愛憎，作本黨善惡之定評，人與黨不分，是與非不同，甚至虛構事實，淆亂聽聞，逞其誹謗之伎倆，倡為無稽之浮言。」宣言駁斥了捏造孫中山、李烈鈞來日賣國的荒謬和廣州革命政府鎮壓商團叛亂是「殘害人民」的污蔑，指出：「殊不知商團者，非真正商人之商團，實英國帝國主義走狗之商團，其實行反革命殺戮農工階級，劣跡昭然，此等反動勢力不去，尚何改組之可言！」[161]孫中山抵達和離開神戶時，都有包括華僑在內的數百人迎送，亦可見不少華僑中下階層群眾仍是熱愛孫中山的。但華僑內部分裂，於此亦可顯見。

　　孫中山離日北上時，段祺瑞已重掌政權，宣傳「外崇國信，尊重條約」，並擅自召開軍閥政客分贓的善後會議來代替孫中山提出的召開國民會議以解決國是的主張。它遭到孫中山和中國國民黨的堅決抵制。旅日華僑總會也於 1925 年 1 月召開大會，分別發出要

[159] 大正 13 年 11 月 25 日、26 日、27 日兵庫縣知事平塚廣義致內務大臣、外務大臣，兵發秘第 2615、2629 號，《日本外交文書》大正 13 年第 2 冊。
[160] 《孫中山全集》第 11 卷，第 385 頁。
[161] 《廣州民國日報》1924 年 11 月 22 日。

求全國各界一致反對「善後會議」、並望歐美南洋各地華僑團體採取一致行動的通電。2 月 20 日，在東京成立了中華留日國民會議促進會，旅日華僑的廢約和國民會議運動因而更大地展開起來[162]。他們日益響亮地要求廢除中日不平等條約，取締日本排華苛律，主張對日經濟絕交、抵制日貨。有的香港商人分電海外各華商總會，請勿資助陳炯明。美洲致公堂內的某些華僑亦表示他們「對於陳系無甚感情」，不允籌款[163]。荷屬華僑某些上層人固然和殖民者有勾結，甚至與當地民族主義者相對立，但下層群眾卻日趨覺醒，他們與當地人民結合共同反對殖民者，提出：「華人與土人，宜同心協力，以打破此不平等之待遇……並打破資本－帝國主義」[164]。當時《廣州民國日報》一則評論還說：「海外華僑新聞事業，進步頗速，漸得華僑各家之歡迎。目下暹羅、英屬馬來、法屬安南、荷屬東印度之華文報紙已不下五十種」,「華僑報界常居於一班贊助改革及謀進步者之前，從中指導，雖環境不良，亦能逆來順受」[165]。

　　但是，就整個僑界看，華僑資產階級對孫中山所宣導的國共合作還是相當冷淡。曾為辛亥革命效力的許多中堅人物，如南洋的張永福、陳楚楠、林義順、鄭螺生、陳新政、莊銀安、徐贊周、黃景南等都對孫轉持反對立場[166]。當時共產國際代表馬林就認為華僑資產階級雖有能力給廣州革命政府以經濟幫助，「可是他們不願意」[167]。而且，也有一些腐敗的華僑國民黨員「在僑居海外的華人中間為『爭取獨立的鬥爭』募集鉅款」，實則斂財自肥，深恐反帝

[162] 上海《民國日報》1925 年 3 月 5 日。
[163] 《華僑與僑務資料選編》，第 361 頁。
[164] 《廣州民國日報》1924 年 8 月 5 日。
[165] 《廣州民國日報》1924 年 11 月 3 日。
[166] 參閱蔣永敬：《孫中山與中國革命》，第 393 頁。
[167] 李玉貞等：《馬林與第一次國共合作》，第 197 頁。

革命事業成功，使他們的「輕而易舉的生財之道必將告終」[168]，因
而極力阻擾破壞國共合作和正在堅決進行的反帝反軍閥鬥爭。結
果，他們在政治上不斷掀起風浪；在經濟上，「顯然，孫中山從南
方華僑那裏得到的援助是微不足道的」[169]。加上，當時陳炯明與一
些失意官僚、政客如岑春煊、徐傅霖等和反孫的美洲致公堂領袖黃
三德，正加緊結合，籌建致公黨，以與孫對抗。這樣，整個華僑更
處於分裂中，許多僑居地擁孫派與反孫派勢成水火，情景異常複
雜。在這種情況下，華僑與國內革命運動的聯繫，不僅孫中山逝世
前乃至後一段時間都處於疏離的狀態。

綜上可見，孫中山與華僑的關係的親疏和國際國內形勢的變化
緊相關聯。形勢在不斷變化，華僑的義利情價值觀的內容也在不斷
變化，而這種義利情觀，又因華僑居留地和華僑內部階層的不同而
呈不同的表現。顯然，對於這種複雜多變、多姿多彩的情形，不能
用孫中山在某一階段某一場合所作的評語，所能概括得了的。它需
要結合具體國內外歷史環境來考察孫中山的主張和華僑要求的適
應程度。而孫中山對華僑狀況、心態的認識和應對方策，又在一個
方面體現著他對世情國情的認知，成為他的世界觀的一部分。

---

[168] [蘇]亞伊切烈潘諾夫著，中國社會科學院近代史研究所編譯室翻譯：《中國
國民革命軍的北伐》，北京，中國社會科學出版社，1981年，第171頁。
[169] 《馬林與第一次國共合作》，第188-189頁。

第五章　獨具特色的社會主義觀和世界大同觀

　　孫中山常把他制訂的三民主義綱領，特別是民生主義，與世界大同理想和社會主義相並提出或相聯結。在《民生主義》第一講，開宗明義就說：「民生主義就是社會主義，又名共產主義，即是大同主義」[1]。在他的言論中，提到民生主義自是難以計數，提到「大同」、「世界大同」、「大同主義」、「共進大同」、「大道之行，天下為公」、「天下一家」、「天下主義」等大致涵義相似的詞句約 50 餘處。提到「社會主義」、「共產主義」、「共產社會主義」、「社會共產主義」、「共產黨」、「社會黨」等類似詞句約百餘處。由此可見，孫中山在闡發其政治綱領時，對在中國流傳數千年的最高理想——世界大同與奔騰於當世的社會主義潮流十分注視，並欲進行理性審辨，擇別取捨，用以構造自己的最高理想。因此，研討孫中山的世界觀時，還必須察明其獨具特色的社會主義觀和世界大同觀的含義的演進軌跡及其最終的真實意境。

第一節　對社會主義的嚮往和追求

　　孫中山自稱：他於 1896 年倫敦脫險、暫留歐洲期間，很注重考察歐洲社會政治狀況，瞭解到像歐洲列強那樣富強而又民權發達

---

[1]　《孫中山全集》第 9 卷，第 359 頁。

的國家,「猶未能登斯民於極樂之鄉」,「猶有社會革命之運動」[2]。
關於「社會革命」,孫中山後來多次解釋為民生主義、社會主義。
這就是說,他在上述期間已耳聞目擊當時在歐洲已湧現的工人運
動,接觸過一些社會主義理論和某些社會主義人士。後來他向宋慶
齡、張國燾等人也都談過這種經歷。宋談到孫在當時已「知道卡爾‧
馬克思和弗里德里西‧恩格斯以及他們的活動,他已經聽說過列寧
和俄國的革命運動」,「開始發展了他的社會主義觀點」,「出現了他
的最初的『平均地權』學說」,「雖然他還沒有能夠區別馬克思和恩
格斯的社會主義和西方某些資產階級改良主義理論家所主張的『社
會主義』。儘管如此,他心裏已逐漸明白,資本主義解決不了中國
的問題。」[3]張國燾亦憶稱,孫中山自稱他已瞭解到「社會主義的
派別很多,馬克思主義不過是其中的一派」;而且他在歐洲時「與
社會主義各派領袖人物都有過接觸,各派的理論他也都研究過」[4]。
萊恩‧夏曼在其所著《孫逸仙的生平及其意義》中也說孫中山當時
在圖書館裏接觸到亨利‧喬治和卡爾‧馬克思的著作[5]。

據情判斷,上述言論大致是可信的。當時,歐美先進資本主義
國家已向帝國主義階段過渡,勞資衝突日益頻繁尖銳,各國無產階
級在爭取經濟政治權利的鬥爭中顯示出前所未有的力量,不斷建立
和擴大自己的組織。英國在 1889-1891 年新成立了 60 多個工會,
包括英國在內的許多歐美國家的工人不斷舉行遊行示威。恩格斯於
1890 年出席了倫敦 20 萬人群眾大會並發表了演說。在這當中,馬
克思主義已與其他社會主義流派在歐美廣泛傳播。《資本論》英文

2 《孫中山全集》第 6 卷,第 232 頁。
3 《宋慶齡選集》,北京,人民出版社,1992 年,下卷,第 390、241-242 頁。
4 張國燾:《我的回憶》第 1 冊,香港,東方出版社,1991 年,第 75 頁。
5 [美]萊恩‧夏曼:《孫逸仙的生平及其意義》,美國,斯坦福大學,1934 年,
   第 58 頁。

版於 1887 年面世，E・A 安維林介紹該書的《學生必讀的馬克思資本論的研究介紹》也於 1892 年出版。恩格斯 1895 年逝世於倫敦，許多地方舉行過隆重的悼念活動。1896 年又在倫敦召開了第二國際第四次代表大會，討論了殖民地問題和土地問題，作出了「主張一切民族都有完全自決權」與「土地和礦藏如同其他生產資料一樣歸社會所有」[6]等決議。同時，各國工人罷工運動在更大更頻繁的規模上開展起來。1890-1891 年，罷工事件 226 次，參加人數 38,563 名；1896 年，罷工鬥爭增為 483 次，參加人數達到 128,808 人[7]。英國工人運動 90 年代也有新的高漲，1897 年，倫敦機器製造業工人舉行了歷時 30 個星期的罷工。據澳大利亞學者黃宇和訪查，孫中山於 1896 年 10 月抵達倫敦的第四天，就已看到倫敦馬車夫罷工工人的示威集會[8]。這時各國工會運動和社會民主黨也蓬勃發展，它們在議會選舉中也獲得了很大勝利，表明社會民主黨在群眾中影響的擴大。連沙皇殘暴統治下的俄國，革命潮流亦呈難以抗拒之勢，俄國馬克思主義者於 1895 年在彼得堡創立了「工人階級解放鬥爭協會」。無疑，孫中山也確有可能閱讀過馬克思、恩格斯的某些著作，瞭解他們所進行的一些活動；由於孫中山在倫敦和俄國民粹派分子伏爾霍夫斯基等有接觸，知道時已嶄露頭角的列寧也是可能的。至於亨利・喬治及其單稅論（又稱單稅社會主義）則有論者論證孫在 19 世紀 90 年代初很可能就有所聞，1896-1897 年間，孫中山旅居倫敦和訪問加拿大的溫哥華等地時，對單稅論理論及其實施情形當有進一步瞭解。這些就使得他在考慮解決中國社會問題

---

[6] [俄]布拉斯拉夫基：《第一國際第二國際歷史資料》，北京，三聯書店，第53-54 頁。

[7] 《國際共產主義運動史》編寫組：《國際共產主義運動史》，北京，人民出版社，1978 年，第 414 頁。

[8] [澳]黃宇和：《孫逸仙在倫敦，1896-1897：三民主義思想探源》，第440-441 頁

時，就已對單稅論發生了濃厚的興趣。但有人估計，孫中山
1896-1897 年在倫敦停留時間實僅九個月，因種種原因，他到大英
博物館僅停留約 292 小時[9]。而在此期間，他還協助日本友人南方
熊楠編成該館所藏中、日文目錄，並為他撰寫《中國的現在和未
來》、《中國司法之改革》與翻譯《紅十字會救傷第一法》作準備，
因此，該館雖如孫後來所談：「其中所藏的書籍有好幾百萬種，無
論關於什麼問題的書籍都是很豐富的」[10]。但實際上，在這段時間
他不可能閱讀太多的書。因此，孫中山在上述時段接觸社會主義學
說不能估計過高。他於 1897 年 8 月到日本後，有可能進一步接觸
到有關書籍。1898-1900 年，日本先後成立了「社會主義研究會」、
「社會主義協會」等組織，1901 年，片山潛、幸德秋水創建了社
會民主黨，1904-1905 年出版了《共產黨宣言》日譯本。社會主
義思潮於 20 世紀初已在日本廣泛傳播，這對孫中山自會發生更大
影響。

　　孫中山和馬克思主義者無疑存在著世界觀的相異，但由於孫中
山具有進化唯物主義和進化發展觀思想，並和中國民主革命始終緊
相聯繫，這就使得孫中山和馬克思主義者在論述中國問題時常有近
似看法。比如，馬克思於 1850 年乍聞太平天國起義前夕已打出類
似社會主義的旗號而感到新奇與欣慰，經過一段時間的審視後，他
看清了這次農民起義仍具有東方國家的特徵，「除了改朝換代」以
外，他們沒給自己提出新任務，只「是停滯社會生活的產物」[11]。
不過，馬克思還是預言了歐洲的反動分子到達萬里長城後，將會看
到「中華共和國　自由　平等　博愛」的字樣[12]。孫中山年幼就十

9　[澳]黃宇和《中山先生與英國》，第 248-251 頁。
10　《孫中山全集》第 9 卷，第 363 頁。
11　《馬克思恩格斯全集》第 15 卷，北京，人民出版社，1963 年，第 543 頁。
12　《馬克思恩格斯全集》第 7 卷，北京，人民出版社，1959 年，第 265 頁。

分仰慕洪秀全，他多次講到太平天國實行過共產制度，他在構築其平均地權思想時，亦曾以太平天國的「公倉」制度作為可資選擇的「標本」。不過，他終歸沒有接受它以及中國歷史上各種形式的波波相續的均產思想，而是在政治上要推翻聽命於列強的清王朝，在經濟上要採取儘量剷除封建勢力，使中國資本主義蓬勃發展起來的方案，以達到實現「自由、平等、博愛」的目標。這樣，孫中山和馬克思主義者就在謀求中國獨立和近代化方面有著近似的思路。

　　然而，孫中山和馬克思主義者在對待農民問題上又存在同與異。19 世紀 90 年代，農民問題日益成為社會主義各派關注和爭論的課題。無產階級和資產階級都要把農民爭到自己方面來，已成為農民問題的中心點。恩格斯在 1894 年 11 月發表的〈法德農民問題〉明確表達了馬克思主義的農民問題的觀點，這就是，大土地佔有者和和封建主是無產階級革命的對象，須實行暴力剝奪；小農（小塊土地所有者或租佃者）是社會民主黨建立工農聯盟以奪取社會主義革命勝利的「重心」；並在勝利後引導他們走農業合作化的社會主義道路。孫中山不可能接受這種無產階級觀點，他雖在民族民主革命問題上，主要立足於暴力革命，但在社會改造問題上卻希求現實統治者俯順民意或利用資產階級掌握的國家權力進行和平改造。所以他對產生於同一思想基礎的資產階級小資產階級社會主義，特別是對亨利·喬治的學說饒有興趣。

　　亨利·喬治的「單稅論」的特點是：希望用階級調和來代替蓬勃發展的工人運動，用局部改良來代替對整個資本主義制度的徹底改造；他站在為工業資本階級效勞的立場上，對地主階級表示了直率的仇視；他把資本主義社會貧富懸殊的擴大，歸因於土地私有的結果，因而反對土地壟斷。但是，由於小資產階級具有私有本性，他又不敢徹底否決私有制，認為地主仍可以「保留他們的改良和動產為安穩的所有財產」，只是主張「凡將來該土地上所增添的價值，

即非由地主的改良而來的價值應悉數收歸國家」[13]。對於這一小資產階級社會主義學說，馬克思認為它「不過是打算借社會主義作幌子來保持資本主義的統治」[14]。亨利‧喬治曾說明他的學說中含有蒲魯東、拉薩爾的通過社會改良、和平步入社會主義的觀點，無疑這也是馬克思注重批判這一學說的重要內因。

可是，孫中山卻認為亨利‧喬治的單稅論是適合中國情形的精確不磨之論。他看到了當時歐美紛起的社會主義各流派都在謀求解決社會問題，而他從中國的角度來看西方世界，認為歐美社會問題的癥結也在於「沒有解決土地問題」[15]，但它們已是積重難返。而中國封建制度早已廢除，中國沒有大地主，只有大貧小貧之分，因此不必通過激烈的階級鬥爭，只須通過政權槓桿，實行單稅制，就可以防止像歐洲已積成大患的財富壟斷和貧富懸殊，避免有損國家元氣的社會革命慘劇在中國上演；而且認為中國可超越資本主義階段，即「做國民的國家」，「又做社會的國家」，為「歐美所不能及」[16]。曾堅決批判俄國民粹主義的列寧對孫中山採用「單稅論」來達到上述目標的土地綱領評論說：「從學理上說，整個理論（按指亨利‧喬治學說）是小資產階級『社會主義者』反動分子的理論。」但是「中國社會關係的辯證法就在於：中國的民主主義者真摯地同情歐洲的社會主義，把它改造成反動的理論，並根據這種『防止』資本主義的反動理論制定純粹資本主義的、十足資本主義的土地綱領！」這一「綱領的每一行都滲透了戰鬥的、真實的民主主義」，體現了「真正偉大的人民的真正偉大的思想」[17]。

---

[13] [美]亨利‧喬治著，樊弘譯：《進步與貧困》第 4 冊，北京，商務印書館，1930 年，第 45、35-37 頁。

[14] 《馬克思恩格斯給美國人的信》，第 152 頁。

[15] 《孫中山全集》第 1 卷，第 328 頁。

[16] 《孫中山全集》第 1 卷，第 328 頁。

[17] 《列寧選集》第 2 卷，北京，人民出版社，1960 年，第 358-361 頁。

　　這裏，馬克思和列寧的論斷是否矛盾呢？仔細分析，列寧只是根據新情況對馬克思學說做了一種補充。馬克思是就 19 世紀下半葉社會主義正向歐美資本主義世界廣闊方面發展時所遇到的包括蒲魯東、拉薩爾、巴枯寧等形形色色的資產階級、小資產階級社會主義學說對馬克思社會主義學說的對抗。而在歐美，擺在日程上的中心問題，已不是反封建土地所有制的問題，而是從資產階級統治下解放出來，即實行社會主義的問題。因此，亨利‧喬治學說實際上是起著維護資產階級統治的作用。而在東方，特別是在中國，系以農民為主體，封建土地所有制仍占農村主導地位，因而亟須大力消除封建障礙，發展資本主義。實行依據「單稅論」製作的「平均地權」主張，確實將「儘量剷除農業中的中世紀壟斷和中世紀關係」，「摧毀以各種形式表現出來的封建主義」，「保證資本主義最迅速的發展」。而且「由於在中國將出現許多個上海，中國無產階級將日益成長起來」[18]，中國革命也將進入新的境地。所以，這在中國是進步的、必需的。實際上，這是對馬克思早在 19 世紀 50～60 年代反覆指出中國存在的農業與家庭手工業相結合的這種亞細亞生產方式「最容易成為社會停滯狀況的基礎」[19]，而中國在外力逼迫下勢必自創共和國等論斷的發展。可以說，馬克思主義者和孫中山在謀求中國社會發展的終極理想上和實現這一理想的某一階段的步驟都有相通之處。這些構成西方無產階級和東方被壓迫民族、馬克思主義者和孫中山能常相呼應的基因。

　　不僅如此，孫中山還意識到中國和其他東方國家在解決社會問題上不盡相同。他和宮崎寅藏兄弟在共同振興亞洲問題上十分契合，但他並未贊同宮崎兄弟反映日本貧苦農民願望卻非順應時代潮

---

[18]　《列寧選集》第 2 卷，第 362-363 頁。
[19]　《馬克思恩格斯論中國》，北京，人民出版社，1953 年，第 30 頁。

流的土地復權主張。他和俄國民粹派在共同推翻東方專制主義方面
有共同語言，有過互相策勉，甚至可能在土地問題上交換過意見，
他們在謀求通過解決土地問題來進入社會主義方面，都具有一舉越
過資本主義階段、直接過渡到社會主義的主觀社會主義的特色。但
細究二者主張，顯存大的差異。俄國民粹派所設想的通過俄國少數
知識份子領導農民，以農民村社為基礎直接過渡到社會主義，隨後
更以暗殺為主要手段，與俄國資本主義的現實發展和社會主義運動
的開展以及社會的進步背道而馳；而孫中山的主張則始終和謀求中
國迅速發展工商業，以期趕超歐美列強相連接。列寧在論述這個問
題時認為孫中山「在完全離開俄國經驗和著作的情況下，向我們提
出了純粹俄國的問題。這位先進的中國民主主義者簡直像一個俄國
人那樣發表議論。他同俄國民粹主義者十分相似，他們在基本思想
和許多看法上是完全相同的」。他同時指出俄國面臨的清除中世紀
封建勢力和野蠻的落後的狀況的問題，也是包括中國、土耳其、波
斯等亞洲國家面臨的問題，而對孫中山的主觀社會主義，又作了上
述熱情的讚揚[20]。這裏列寧對孫中山對俄國的瞭解可能與事實相
違，但他指出孫中山的思想具有東方國家的特徵，並與西方世界的
情況作比較，進行辯證的分析，得出了正確的結論。

　　從上述論證也可以看到，把孫中山早年由提出耕者有其田到主
張單稅制的平均地權說成是倒退，是一種誤解。實際上應該說，他
和章太炎、秦力山等談論耕者有其田主張時，帶有更多的小資產階
級主觀社會主義的色彩。平均地權綱領的提出，是他與中國要求發
展資本主義的實際的一種結合步驟，因而是進一步而不是後退。到
20世紀20年代國共合作實行後耕者有其田的重新提出，已不是前
此提出的同一主張的簡單重複，而是更明確地和發達國家資本、設

---

[20] 《列寧選集》第2卷，第357-358頁。

立資本主義農莊、扶助農民開展鬥爭、大力發展生產等結合起來，因而和發動億萬中國人民奮起實現其新綱領十分接近了。所以，這一螺旋性進程，實際上是孫中山對中國邁向社會主義的新的積極探索。

辛亥革命前後，孫中山還和第二共產國際有過接觸，討論過社會主義。據 1905 年 5 月 20 日比利時社會黨機關報《人民報》記者桑德報導稱：孫中山於 5 月中旬訪問了在布魯塞爾的社會黨國際局（又稱第二國際），自稱為中國革命社會黨的領袖，同該局主席王德威爾德、書記胡斯曼進行了會談。孫中山扼要地解釋了中國社會主義者的目標及其達到這一目標的決心、條件、方式，並作了樂觀的估計。他要求該局接納他的黨為成員，並宣佈將派代表出席下一屆斯圖加特國際代表大會[21]。王德威爾德、胡斯曼對此作何反映，未見報道，續後幾年亦未見孫中山與該局有何直接聯繫，也未派代表參加 1907 年的斯圖加特代表大會。那末，此時孫中山和第二國際的關係究竟是怎樣的呢？迄今並無多少直接資料，但卻是應予研究的一個重要課題。

孫中山為何要訪問第二國際，要求接受自己的黨為該國際成員？

第一、第二國際於 1889 年建立後，更加向橫廣方向發展，許多國家相繼建立了諸如社會民主黨這類組織，並且領導工人進行著各種不同形式的鬥爭，在歐美具有越來越大的影響，孫中山對歐美國家雖富，其民實困深表同情，對開展這些鬥爭的黨，自是引為同志。

第二、第二國際在 19 世紀末到第一次世界大戰爆發前雖充滿著馬克思主義同其他社會主義的鬥爭，但其通過的不少決議如建立

---

[21] 參見〈孫中山訪問第二國際書記處〉，《近代史資料》1979 年第 3 輯；〈中國的社會主義〉，《國際共運史研究資料》第 3 輯，北京，人民出版社，1981 年。

國際勞工立法、反對軍國主義和實現全民武裝、開展工人階級的政
治鬥爭和經濟鬥爭、譴責和反對殖民主義、主張民族完全自決、解
決土地問題、在「和平」時期利用議會活動、反對其時社會主義者
採用向現存社會制度讓步的政策代替奪取政權的政策等，基本上是
正確的，對中國人民的反對帝國主義瓜分和推翻或者改革現存腐敗
政府的鬥爭也是一種支持，或者可資為借鑒。孫中山不一定瞭解這
些決議的全部內容，但當時中外報紙對上述主張已有所披露，對社
會主義諸多讚詞，如日本《國民新報》就報導了 1896 年第二國際
倫敦代表大會的簡況，1896 年 9 月 27 日出版的《時務報》第 6 期
曾予譯登；1902 年出版的日本幸德秋水著《廣長舌》為中國國民
叢書社迅即譯成中文出版，其另一著作《社會主義精髓》於 1903
年由《浙江潮》編輯所出版；日本福井准造著《近世社會主義》於
1899 年出版，中國廣智書局於 1903 年出版中譯本；1903 年還翻譯
出版了久松義典的《近世社會主義評論》、島田三郎的《社會主義
概評》，如此等等，都對第一國際和第二國際的建立和發展狀況作
了不同程度的介紹。從上海孫中山故居藏書看，1905 年前出版的
書有《勞工問題》、《社會的發展》、《社會規律》、《人道主義政治經
濟學》、《托辣斯》、《為徵稅對不動產進行估價》等與社會主義相關
的圖書十餘種。其中特別引人注目的有馬克思著《政治經濟學批判》
兩種與《法國革命與現代法國社會主義》、《科學社會主義原理》等
書，其中尚有《社會主義運動》、《社會主義的過去、現在與將來》
未標出版年月[22]。但僅此亦可看到孫中山對社會主義運動的興趣在
明顯增長中，且有一定的瞭解。

　　第三、社會主義思潮在當時已十分引人重視，連西方傳教士創
辦的《西國近事彙編》、《萬國公報》都開始有意識的譯介一些其時

---

[22] 參見《上海孫中山故居藏書目錄》。

在歐美流行的資產階級小資產階級社會主義學說。康有為的《大同書》、梁啟超於 1902 年 10 月撰寫的《進化論革命者頡德之學說》等著作中也反映了他們對生機盎然的社會主義思潮的怦怦然心動。梁啟超稱讚馬克思為「社會主義之泰斗」[23]。正在形成中的資產階級革命派也有一些人士開始接觸社會主義學說，對社會主義表示同情，他們著文盛讚社會主義是 20 世紀之「光明奇偉之新主義」，「其主義於現今世界，方如春花之含苞，嫣嫣如吐」，「社會主義其潮已泛於眾人之腦，其電已傳於眾人之心，其主義必將飛揚鼓舞於二十世紀。」而社會黨人「復占環球各黨之最大多數焉，則其主義之價值可知也」[24]。有的還在文章中表示「人群福祉之所由生也，社會主義之所由立也。凡懷熱心圖進步之國民，未有不歡迎社會主義者。社會主義既行，則人群必有大進步，道德、智識、物質、生計之屬，必大發達。此世界之光景一大變」[25]。誠然，他們對社會主義的瞭解還很膚淺，甚至抱有疑慮或誤解，但在部分中國青年特別是在部分留學生中確已顯露了嚮往社會主義的意向。這些無疑加強了孫中山對社會主義的嚮往，所以孫中山於 1903 年 12 月復某友人函中說：「所詢社會主義，乃弟所極思不能須臾忘者」[26]。1905年撰寫的《民報發刊詞》更把當時稱為「民生主義之擅場時代」[27]，即認定社會主義已成為世界一大潮流。因此，同年他再到布魯塞爾時，留歐學生賀子才就適應其意向，引他去訪問社會黨國際執行局。

　　如果我們把這次談話內容和在這之前孫中山的言論結合起來考察，我們還可以推斷他之自稱己黨為中國革命社會黨，要求加入第二國際，是基於他認為兩者之間在綱領、政策上有契合之點。比如，

[23]　《進化論革命者頡德之學說》，《新民叢報》第 18 號。
[24]　鄧實：《論社會主義》，《政藝通報》1903 年第 2 號。
[25]　馬君武：《社會主義與進化論比較》，《譯書彙編》第 2 年第 11 期。
[26]　《孫中山全集》第 1 卷，第 228 頁。
[27]　同上書，第 288 頁。

第一，他認為中國和歐美的社會主義者都反對並力圖消滅剝削和壓迫，而他則力圖改進歐洲現行的財產制度，「防止往往一個階級剝削另一個階級，如像所有歐洲國家都曾發生過的那樣……」，建立一個既「要採用歐洲的生產方式，使用機器但要避免其種種弊端」的「最純正的集體主義制度」，並在幾年內就要實現[28]。第二，在如何過渡到社會主義的問題上都主張採用和平民主方式。孫中山是主張在奪取政權後實行議會政治的，希望在政治、經濟、思想皆民主化的基礎上實現社會主義。他對當時歐洲社會黨的通過選舉參與政治的「入閣主義」，以推行社會主義政策饒有興趣。1912 年他在上海中國社會黨的演說裏就認為社會主義已為法、德、比各政府採用履行，中國民主政體建立後，更是推行此政策的「良好時機」[29]。後來孫中山又這樣評價第一和第二國際：「第一次國際共產黨要完全本階級戰爭的原理，用革命手段來解決社會問題，主張不與資本家調和，所謂不妥協。至於黨員加入國會活動是共產黨所不許可的，以為這是不科學的方法」。但是，「世界上所發生許多政治經濟變動，都不是第一國際共產黨所定的辦法。」他還以他所提出的經濟主張和歐美各國現行政策為例，說明以和平手段為好[30]。第三，恩格斯於 1895 年逝世後，第二國際內的社會民主主義思潮日益泛傳，但在 1900 年的巴黎代表大會和1904 年的阿姆斯特丹代表大會上還是通過了譴責帝國主義和德、俄、英、法等國對中國的侵略和掠奪、譴責帝國主義的剝削和殖民政策，這些和孫中山當時已意識到的當今「天下列強高倡帝國主義，莫不以開疆闢土為心；五洲土地已盡為白種所吞併」，因而須「聯合大群，團集大力，以圖光復祖國，拯救同胞」[31]若合符節。

---

[28] 《孫中山訪問第二國際書記處》。
[29] 《孫中山全集》第 2 卷，第 507-508 頁。
[30] 《孫中山全集》第 9 卷，第 371-379 頁。
[31] 《孫中山全集》第 1 卷，第 260-261 頁。

　　然而，中國和西方的情況畢竟不同。孫中山作為傑出的民族民主革命者，肩負著謀求中國和東方國家的民族解放並以這種解放來推動和促進世界人民解放的歷史使命，擺在他面前的主要任務是反對帝國主義壓迫、奴役和媚外賣國的阻擾中國新生的腐朽清王朝，即亟須進行反帝反封建的民族民主革命。而第二國際的領袖們，多數日益沉醉於用和平手段（議會道路）奪取政權；在反殖反戰問題上，多抱社會沙文主義情緒，持反對或者曖昧態度。比如，與孫中山會談的社會黨國際局主席王德威爾德（1866-1938），係比利時工人黨領袖，布魯塞爾大學政治經濟學教授。1894 年成為比利時眾議員，是議會道路的崇奉者。在 1904 年阿姆斯特丹代表大會上，他反對批判修正主義，其黨徒公然歌頌「入閣主義」。第一次世界大戰爆發後即參加本國政府擔任司法大臣，後以外交大臣參與締結《凡爾賽和約》和《洛迦諾公約》。另一個接見者胡斯曼（1871-1968），教授，參與《人民報》創辦，1910 年起為比利時眾議員，持中立派立場。1904-1919 年任社會黨國際執行局書記，1925 年後歷任內閣大臣、眾議院議長。可以想見，他們對主張點滴改良、和平步入社會主義、支持殖民政策等民主社會主義言行既持贊成或騎牆態度；那末，對孫中山堅持通過武裝革命推倒帝國主義走狗清王朝並進而清除半殖民地統治，自是不可能持讚許態度的。因此，孫中山向該局所提出的申請沒有積極反應，當是意料中事。

　　1905 年出現的中國同盟會的成立和俄國革命，促使孫中山在迎接中國民主高潮的同時，對社會主義思潮給予更多的注意，特別是他卸任南京臨時政府大總統後，致力於實業建設和社會革命。他在多次演講中把這種社會革命說成是爭取在中國實行社會主義的步驟。他說：「平均地權後，社會主義則易行」。中國同盟會的政綱，就包含「採用國家社會主義政策」[32]。他把這當作他解職後比政治

---

[32]　《孫中山全集》第 2 卷，第 321-323 頁。

更重大的事情來做，甚至表示：「餘乃極端之社會黨，甚欲採擇顯理佐治（按即亨利·喬治）氏之主義施行於中國。中國無資本界、勞動界之競爭，又無托辣斯之遺毒。國家無資財，國家所有之資財，乃百姓之資財。民國政府擬將國內所有鐵路、航業、運河及其他重要事業，一律改為國有」[33]。他指責「資本家者，無良心者也」[34]。孫中山把在這裏表達的民主主義或照他自己所說實即「社會主義」的思想和政策，又與俾斯麥的國家社會主義相類比。但實際上二者在實行條件和結果方面卻有很大的區別，因為孫中山據以推行這一政策的是他想像中的完成了民族、民權革命的民主共和國，而俾斯麥則倚恃資產階級和容克地主專政的國家。孫中山是在落後的、半封建的農業國家，通過平均地權、消滅封建剝削、實行土地國有化，以保證資本主義最迅速的發展；隨後還容許共產黨的存在及其運動。其結果將必是中國真正公平、公正的社會主義前途。而俾斯麥的國家社會主義政策則是對內實行鐵血政策，殘酷鎮壓工人運動和人民反抗，對外實行軍國主義擴張政策，掠奪殖民地，企圖稱霸世界，其結果是把德國人民和世界人民導上巨大災難的戰爭前途。

　　孫中山在 1912-1913 年發表了許多關於民生主義的演講、談話，有時把民生主義稱作社會主義。其內容相當廣泛，也有不少精到之處。特別是 1912 年 10 月在上海中國社會黨的演說，對古今中外的均產主義、社會主義作了評述，認為「社會主義不獨為國家政策之一種，其影響於人類世界者，既重且大，循進化之理，由天演而至人為，社會主義實為之關鍵」[35]。對馬克思及其巨著《資本論》頗為推崇，說馬克思「苦心孤詣，研究資本問題，垂三十年之久，著為《資本論》一書，發闡真理，不遺餘力，而無條理之學說，遂

---

[33] 同上書，第 332 頁。
[34] 同上書，第 333 頁。
[35] 《孫中山全集》第 2 卷，第 507 頁。

成為有統系之學理。研究社會主義者，咸知所本，不復專迎合一般粗淺激烈之言論矣」[36]。但他把馬克思主張簡單歸之為資本公有論，與他所崇奉的亨利‧喬治的土地公有論，均「得社會主義之精髓」，而與「人類經濟主義」、「人道主義，主張博愛、平等、自由」等相比擬[37]。他還認為社會主義「不過平其不平，使不平底於平而已」，因此應著重研究分配問題。在解決問題的方式上，他看到有和平、激烈手段之分。根據他對中國國情的認識，認定「我國今日而言社會主義，主張土地公有，則規定地價及徵收地價稅之二法，實為社會主義之政策」[38]，其方式應是和平手段。

　　在上述演講、談話中所體現的孫中山對社會主義及其各流派的主義底蘊的識量的擴大和加深，也可以在孫中山故居藏書中見到，除上述 1905 年前的有關藏書外，1906-1913 年出版的有關書籍尚有《新的社會民主》、《新社會主義》、《社會主義的大局》、《工團主義》、《對社會主義批判的檢驗》、《工人階級的未來》、《什麼是社會主義》、《土地國有化實例》等約 10 種[39]。孫中山在 1912 年 2 月 3 日與中國社會黨本部長江亢虎談話時表示：「社會主義雖（係）人類共同之思想，實西洋最新之學說，亟須輸入新著」，並擬以新自美洲回國的孫科「贊佐其事，俾多譯西籍以供材料」[40]，可見孫中山對有關社會主義資訊之重視。

　　還在 1907 年，孫中山在河內與法國《時代》雜誌記者談話時就宣稱，他要把中國建設成一個「和歐洲的概念有很大差別」的「社會主義共和國」[41]。南京臨時政府建立後，孫中山就很重視這一理

---

[36] 同上書，第 506 頁。
[37] 同上書，第 510 頁。
[38] 同上書，第 522 頁。
[39] 《上海孫中山故居藏書目錄》。
[40] 《大總統與社會黨》，上海《民立報》1912 年 2 月 6 日。
[41] 王耿雄等編：《孫中山集外集補編》，上海人民出版社，1994 年，第 36 頁。

想的實踐，諸如積極從事實業建設、敦促廣東議會通過換地契收稅案等。當中國社會黨以崇明島為其照價徵稅法的試驗場地時，孫中山立即復函社會黨崇明支部地稅研究會，讚其「弘毅致遠」，深喜「我道為不孤矣」[42]。

　　孫中山的上述主張和抱負，得到列寧和第二國際某些人士的重視。孫中山於 1912 年 4 月 1 日，在南京中國同盟會會員餞別會的演說的前半部分被譯載於同年 7 月 11 日比利時社會黨機關報《人民報》，7 月 15 日出版的俄國布爾什維克報紙《涅瓦明星報》第 17 期，在刊登俄文譯稿的同時，又發表了列寧的〈中國的民主主義和民粹主義〉一文，在對東西方情況作出分析後，指出中國民主派在竭力從歐美吸收解放思想時，對社會主義亦表示同情，「產生他們的主觀社會主義」，但卻是「正確地尋找『復興』中國的道路」[43]。1912-1913 年俄國布爾什維克的《真理報》還發表了列寧寫的〈新生的中國〉、〈中華民國的巨大勝利〉、〈中國黨派的鬥爭〉、〈落後的歐洲和先進的亞洲〉等文章，把孫中山領導的國民黨歸結為「激進社會」黨，指出它的領袖孫中山雖有很多缺點，「卻為喚醒人民，爭取自由，爭取比較民主的制度做了很多事情」[44]。顯然，列寧只是把孫中山作為社會主義的同情者和盟友的真實民主主義者看待，認為孫的思想是「戰鬥的民主主義思想體系」，但「比民主主義的含義更廣泛」[45]。即它具有溢出於一般的民主主義內容，而含有社會主義理想和為其實現準備條件的真實的具有中國和東方國家特點的民主革命思想。

---

[42] 《孫中山全集》第 2 卷，第 401-402 頁。
[43] 《列寧全集》第 18 卷，北京，人民出版社，1959 年，第 151-157 頁。
[44] 列寧：《中國黨派的鬥爭》，轉引廣東省理論研究室編：《馬克思主義經典作家論孫中山》，1973 年。
[45] 《列寧選集》第 2 卷，第 360 頁。

　　戰爭使各民族及其代表人物接受嚴格考驗。從 1889 年第二國際巴黎代表大會決議譴責軍國主義以後，馬克思主義者針對世界戰爭威脅的日益迫近而對帝國主義企圖通過發動大戰來重新分割殖民地的企圖和行徑進行了不斷揭露和鬥爭。由於這一重要問題又是同如何對待殖民地問題緊密相聯繫的。因此，殖民地半殖民地國家的政治家就面臨著如何看待帝國主義戰爭以及該採取何種對策的問題。孫中山對第二國際執行局寄望甚殷，似應與其時代表資本一帝國主義世界的資產階級、小資產階級的社會民主主義者同一步調，從在這一問題上舉棋不定到墜入社會沙文主義。然而孫中山畢竟是真誠的民主戰士和殖民地半殖民地國家的傑出解放戰士，使他對這場戰爭採取了截然不同的立場。他從維護世界人道出發，堅定地反對殘害人民的帝國主義戰爭，維護和平，這和他已有接觸的為反對世界大戰的著名法國社會黨人和第二國際的重要活動家饒勒斯頗為相似。這位自由民主主義者轉為具有社會主義理想的戰士，並不贊同馬克思的全部學說，他希望把唯心論同社會主義唯物觀結合起來。然而他又是一富有現實主義精神和高尚品格、情操的人。在第二國際機會主義領導者們在第一次世界大戰爆發後，紛紛倒向贊成本國政府參加戰爭的社會沙文主義立場之際，他出於對人民對和平的熱愛，挺身而出，堅決反對戰爭，於 1914 年 7 月 31 日遭到暗殺。後來，宋慶齡在論證孫中山是堅定不移、百折不饒的革命家，列舉孫中山同比利時和法國的社會黨人有聯繫時，特別提到孫中山與那時「因號召歐洲工人不要為帝國主義的目的互相殘殺而遇刺」[46]的饒勒斯有聯繫這件事，可以看出孫中山對他是敬仰的，是引為同道的。

---

[46]　《宋慶齡選集》下卷，第 495 頁。

　　作為殖民地半殖民地國家的傑出解放戰士，又使得他在一些重大問題上與以列寧為代表的馬克思主義者趨於契合。列寧在這一時期的著作中批判了考茨基的「超帝國主義論」和第二國際的社會沙文主義，正確地指出這次大戰是帝國主義戰爭，並且要「支持和推進一切革命行動，努力把各國之間的帝國主義戰爭變為被壓迫階級反對壓迫者的國內戰爭」[47]；隨後更按照巴黎公社的經驗、1912 年巴塞爾代表會議精神，並依據這次大戰所提供的條件，進而提出「以戰爭反戰爭」[48]、「變現代帝國主義戰爭為國內戰爭」[49]的口號。如前所述，孫中山在大戰前夕就著文指責「戰爭為人類之惡性」、為世界「進化前途之大厄」。為捍衛人道和為進化清除障礙，須「以戰止戰」[50]。堅決反對段祺瑞政府接受帝國主義驅使的參戰，並且堅決進行推翻北洋軍閥統治的護法戰爭，這些與列寧的上述論斷頗為接近。

　　現尚無資料說明孫中山是否瞭解列寧當時的思想和活動，但孫中山在反袁鬥爭進入高潮、而聯日反袁企圖又屢落空的情況下，於 1915 年 11 月 10 日給國際社會黨執行局寫了一封較長的信，而第二國際的領袖們在第一次世界大戰爆發後，已拋開了無產階級國際主義，轉到「保衛祖國」的社會沙文主義立場，該組織實行的國際社會主義者婦女代表會議和國際社會主義者青年代表會議以及 9 月在瑞士齊美爾瓦爾得召開的國際社會主義者代表會議的精神有如響斯應之處。在這幾次代表會議上，列寧代表馬克思主義者提出了上述變帝國主義戰爭為無產階級奪取政權實現社會主義或被壓迫階級反對壓迫者的國內戰爭。孫中山在這封信開頭表示他已收到

[47] 《列寧全集》第 21 卷，第 326 頁。
[48] 《列寧全集》第 22 卷，第 112 頁。
[49] 《列寧全集》第 21 卷，第 17 頁。
[50] 《孫中山全集》第 3 卷，第 95 頁。

國際社會黨執行局「寄來的友善而又富有同情心的信函」，說明他在「世界各地有很多支持者」、「工作夥伴」，他們都堅信：「真理、正義和人道終必戰勝邪惡與不公」。他認為讓位給袁世凱因而使「以社會主義理想來建設中國」的計畫落空；而各國駐華代表又為了「在中國攫取進一步的利益」而支持袁世凱。他決計推倒袁世凱統治，並且相信「中國是可以實現社會主義的國度，這個國度應該用來作為社會主義政府的典範」。他籲請社會主義國際協助他「把中國建立成全世界第一個社會主義國家」[51]。這表明孫中山和列寧都看到了中國想要完成民族民主革命任務，必須以西方無產階級為同盟者，以便共同摧毀中外反動同盟；孫中山認為可以中國先行的社會主義來推動歐美和其他地區的社會主義運動，又與列寧於 1913 年發表的〈亞洲的覺醒〉、〈落後的歐洲與先進的亞洲〉二文精神異途同歸。

　　與反對帝國主義戰爭相並生的是維護中國和世界和平的問題。列寧指出「戰爭是平時政治的繼續，和平是戰時政治的繼續」[52]，要爭取永久的真正和平，就必須推翻資本主義制度，建立社會主義制度；必須反對帝國主義和資產階級高唱的實質上是欺騙性的假和平。孫中山這時也一再表示：「國民鑒往戒來，所蘄求者不在暫時和平，而在永久和平」[53]，並且認為進行社會革命，就可以一勞永逸地獲致和平。這與列寧所提具有同樣的願望，但在目標手段上則有較大差異。

　　在第一次世界大戰結束後，如何看待和處理戰後和平，具體來說，就是如何對待 1919 年的巴黎和會和中國南北議和問題上，孫中山和馬克思主義者也有同有異。對於 1919 年的巴黎和會和凡爾

---

[51]　《孫中山集外集補編》，第 183-186 頁。
[52]　《列寧選集》第 2 卷，第 922 頁。
[53]　《孫中山全集》第 4 卷，第 523 頁。

賽和約，列寧指出一方面它是「掠奪性比德國掠奪者強迫我們接受的布勒斯特和約還要厲害幾百倍」的條約，另一方面又擦亮了包括戰勝國在內的世界「勞動人民的眼睛」，促使著他們加緊進行革命鬥爭[54]。具有初步共產主義思想的李大釗、陳獨秀也根據雖位居戰勝國一方卻蒙受極大恥辱的中國情況，對中國的南北議和與巴黎和會的分贓性質進行了揭露和譴責。孫中山雖不如李大釗等人的態度激進，主要的還是以維護國會約法和懲辦賣國賊、廢除賣國條約為實現和平的目標，但比資產階級和平主義者還要高出很多。他始終堅持著民主革命原則和以鬥爭求和平的思想，他不僅認識到這時舉行的南北和談是南北軍閥政客的分贓自肥，而且認識到巴黎和會非但沒有解決弱小民族的民族自決問題，而且使這些民族「以後所受的壓迫比以前更要厲害」[55]，因而更積極地支持被壓迫民族的鬥爭。這些前此相承接的和馬克思主義者的近似思路，表明孫中山盛讚俄國 1917 年革命、歡迎蘇俄帶頭廢除對華不平等條約、日益同共產國際代表接觸、多次讚揚列寧、最終確立聯俄政策，是淵源有自。

作為孫中山聯俄政策確立標誌的 1923 年 1 月 26 日〈孫文越飛宣言〉的發表，就是孫中山和馬克思主義者在開展中國革命的近似思路的延續和發展。

這個宣言共四條，幾乎都以爭取中國民族解放為內涵，即共同認定「中國最要最急之問題，乃在民國的統一之成功，與完全國家獨立之獲得」。對此，俄國表示同情並願予援助。同時，「俄國政府準備且願意根據俄國拋棄帝政時代中俄條約（連同中東鐵路合同在內）之基礎，另行開始中俄交涉」，「俄國現政府決無亦從無意思與目的，在外蒙古實施帝國主義之政策，或使其與中國分立」。而對

---

[54] 《列寧選集》第 4 卷，第 106-107 頁。
[55] 《孫中山全集》第 9 卷，第 223 頁。

政治制度和民生問題則都認為「共產組織、甚至蘇維埃制度，事實均不能引用於中國，因中國並無此項共產制度或蘇維埃制度可以成功之情況也。」[56]姑不論越飛的真正意圖如何，這一宣言確實反映了孫中山和第三國際、蘇俄關係的真實意境。這可以從以下三方面看得清楚。

其一，從孫中山 1917 年後對有關社會主義的言論與三民主義的關係看。

我對 1917-1925 年 3 月期間能看到的已刊行的孫中山著作，作了初步檢索和統計，見下表：

1917-1925 年 3 月孫中山談論三民主義的有關社會主義言論統計表

分類	民族主義	民權主義	民生主義	綜合	合計
次數	34	5	20	15	74
%	45.94	6.76	27.03	20.27	100

從上表看，民族主義方面占首位，更足以說明問題的是內容，孫中山在這一時期顯然特別重視在民族主義上找他與蘇俄與第三國際的契合點。他認為「俄國六年前之奮鬥，均為民族主義的奮鬥。……故現在俄國對於贊成民族主義諸國，皆引為同調」[57]。「十月革命之成功，不獨是蘇俄革命的成功，並且是國際革命的開幕；不獨是蘇俄民族的解放，並且是國際民族的解放起點。」而「任何民族、任何階級，對於真正的自由平等與獨立之要求，都是一致的」。所以「應該建立聯合戰線，向壓迫人的國家攻擊，以實現國際革命之成功」[58]。他贊成列寧把世界人民分為壓迫民族和被壓迫

---

[56] 《孫中山全集》第 7 卷，第 51-52 頁。
[57] 《孫中山全集》第 9 卷，第 103 頁。
[58] 《廣州慶祝十月革命盛況》，上海《民國日報》1924 年 11 月 24 日。

民族的劃分方法,以及社會主義國家和一切被壓迫民族聯合起來、共同對抗帝國主義的主張。他相信「那些被壓迫的國家聯合,一定去和那些強暴的國家拼命一戰」,這是「被壓迫者和橫暴者的戰爭,是公道和強權的戰爭」,並且認為這是「將來的潮流」[59]。據胡漢民稱,孫中山雖然認定中國的民族革命要得到國際援助,但並不贊同由共產國際來操辦,而是贊成「自己把民族國際組織起來」,和共產國際聯絡,以便自行扶植弱小民族,擴大民族革命勢力,確定民族革命基礎[60]。這又表明孫中山在聯合弱小民族方面和第三國際、蘇俄有同也有異。

在這一期間,孫中山把民權主義與社會主義運動相聯繫特別少。此中原因,他在 1924 年民權主義演講中略有透露,他因中國議員「有錢就賣身,分贓貪利,為全國人民所不齒」,所以認為西方的代議政體「不足信」,他認為俄國實行「人民獨裁」的政體會比代議政體改良得多,但因這方面「得到的材料很少,不能判斷其究竟」,也就不好多加評論了。不過,他認定中國各民族階級都參與的「全民政治」為最佳方案。這樣,就能造成一個「駕乎歐美(按:應包括蘇俄在內)之上」的民國[61]。

在民生主義方面,他雖多次講它就是社會主義、共產主義等等,顯得頗有興趣,但不及講民族主義之多。他仍推崇馬克思,但對馬克思的階級戰爭、剩餘價值、分配等理論頗多非議。他說他的民生主義「大目的就是要眾人能夠共產」,但那是「共將來,不是共現在」;他明白表示:「我們講到民生主義,雖然是很崇拜馬克思的學問,但是不能用馬克思的辦法到中國來實行。這個理由很容易明白,就是俄國實行馬克思的辦法,革命以後行到今日,對於經濟

[59]《孫中山全集》第 9 卷,第 192-193 頁。
[60] 羅剛:《中華民國國父實錄》第 6 冊,1988 年,第 4676-4677 頁。
[61]《孫中山全集》第 9 卷,第 313-314 頁。

問題還是要改用新經濟政策。俄國之所以要改用新經濟政策，就是由於社會經濟程度還比不上英國、美國那樣的發達，還是不夠實行馬克思的辦法。俄國的社會經濟程度，尚且比不上英國、美國，我們中國的社會經濟程度怎麼能夠比得上呢？又怎麼能夠實行馬克思的辦法呢？」比如，「中國實業尚未發達的時候，馬克思的階級戰爭、無產專制便用不著。所以我們今日師馬克思之意則可，用馬克思之法則不可。」[62]他明白表示他的主張與俄國曾實行的戰時共產主義「完全不同」，而「俄國政府的現行政策——新經濟政策，其主要點與應在中國實行的我的《建國方略》卻是如出一轍」，認為這才是兩國政府建立兄弟般關係的一個基礎[63]。

　　總之，孫中山認為中國和俄國國情不同，因此，「俄國有俄國的主義，中國有中國的主義」，他之所以屢屢論到俄國，甚至提出「以俄為師」，「是說他革命黨的組織，不是說他的革命的主義」。[64]

　　其二，從上海故居收藏的這一時期出版的書籍分類統計，見下表：

1917-1924 年出版的上海孫中山故居藏書統計表
（據《上海孫中山故居藏書目錄》）

分類	民族主義	民權主義	民生主義	綜合	合計
藏書數	49	27	37	113	226
%	21.68	11.95	16.37	50	100

　　從表中看，這一時期出版的有關民族方面的書籍亦佔有顯要位置。它包括當時列強對外擴張侵略組織、政策、戰爭、人民的受壓和反抗，殖民地附屬國的狀況及其鬥爭，亞洲的覺醒，俄國的狀況，國際聯盟與戰後和平問題，中日關係等，顯然孫中山給予這方面以

---

[62] 《孫中山全集》第 9 卷，第 391-392 頁。
[63] 《孫中山全集》第 9 卷，第 671 頁。
[64] 《孫中山集外集》，第 305 頁。

很大的關注，他晚年作的民族主義演講與這些書籍有關。有關民權主義的書籍則多與其時他撰寫的《民權初步》和民權主義的演講有關。有關民生主義的書籍多為土地稅、財政經濟、對外貿易、工農業和有關民生的科技方面。值得深究的是在藏書中關於評述共產國際和蘇俄的較明顯的僅 1921 年出版的《追蹤布爾什維克》和《工人運動》二書。雖因 1922 年陳炯明兵變時孫中山所居粵秀樓毀於炮火，其所用部分書被毀，上述統計有失全面，但從中還是可以看到孫中山知識追求的一些動向，是與上述言論相符的。

其三，從當時客觀形勢和主觀認識導出的孫中山和蘇俄、第三國際的雙向合與離意向看。

1917 年十月革命後，蘇俄面臨著非常嚴峻的局面，外國武裝干涉和國內反革命叛亂相互策應，經濟生活極其困難，其主要任務是要粉碎外國武裝進攻，保衛蘇維埃政權。為此，除動員國內工農外，還寄望於世界人民尤其是周邊國家的人民以自己的革命鬥爭來削弱和牽制帝國主義。對此，列寧曾矚目西歐中歐國家無產階級奪取政權，反過來促進俄國蘇維埃政權的鞏固，但 1919 年後，由於德國、匈牙利、奧地利等國工人起義的失敗，列寧轉而特別關注於方興未艾的以中國、印度為主的民族解放運動的呼應和支持，認為「鬥爭的結局歸根到底取決於如下一點：俄國、印度、中國等構成世界人口的絕大多數」，並視此為社會主義的最終勝利的完全而絕對的保證[65]。以孫中山為首的中國民主派在反對國內封建軍閥的艱難鬥爭中，越來越感受到帝國主義對軍閥的支持而給自己的鬥爭以巨大的阻力。在爭取西方列強和日本的幫助頻遭失敗之後，也在探找新的可靠的朋友。這樣，孫中山和蘇俄都抱著為對付帝國主義和本國反革命勢力的強大反動同盟而尋找真正同盟者的強烈願望，因

---

[65] 《列寧全集》第 43 卷，第 390-391 頁。

而在一連串事件上暗相契合或公開呼應。十月革命後一個月，列寧和史達林簽署了蘇俄政府《告俄國和東方全體勞動穆斯林人民書》，號召共同打擊侵佔其領土的帝國主義強盜。孫中山雖不一定見到這份文告，但他於 1918 年夏就打電報給列寧和蘇維埃政府，對他們所進行的艱苦鬥爭深表欽佩，「並願中俄兩黨團結共同鬥爭」[66]。1919 年初。列寧曾打算選派旅俄華工代表回國聯絡孫中山，而在這以前，孫中山也囑咐同志「此後我國形勢，應注重於西北，若俄現在之革命政府能穩固，則我可於彼方期大發展也」[67]。1919年 7 月，蘇俄政府發表聲明將沙皇政府獨自或與日本人、協約國共同掠奪的中國人民的一切交還中國，並建議就廢除 1896 年以來所簽訂的對華不平等條約談判。這和 1917 年以來孫中山日益鮮明而高亢的要求廢除「二十一條」等不平等條約的呼聲如應斯響。可以說，在共同反帝和完成各自革命任務上，雙方是聲應氣求或採取讚賞支持態度的，但在如何解決社會經濟問題上，則各憑其主義而有異。1920 年 11 月，孫中山會見共產國際使者維經斯基時，對把他正在進行反對桂系軍閥的鬥爭與蘇俄鬥爭結合起來很有興趣[68]，但他在這以前對戴季陶的談話中，認為把系統不清的社會共產主義在中國兵士和工人中傳播，「確是一種危險」[69]。1921 年 12 月共產國際代表馬林到桂林與孫中山會談後得出的結論是孫中山領導的黨「其性質是民族主義的，奉行的是以反對外來統治、主張民主，讓國民的人格受到尊重，過上幸福生活為內容的三民主義」[70]。孫中山和馬

《孫中山全集》第 4 卷，第 500 頁。
[67] 同上書，第 320 頁。
[68] 《維經斯基在中國的有關資料》，北京，中國社會科學出版社，1982 年，第 110 頁。
[69] 《孫中山全集》第 5 卷，第 71 頁。
[70] 李玉貞等編：《馬林與第一次國共合作》，北京，光明日報出版社，1989 年，第 71 頁。

林的會談內容也是如何幫助中國進行反帝反軍閥鬥爭的問題。而對
蘇俄,則認為「尚未具實行共產的條件,故初聞蘇俄實行共產,甚
為詫異。今與馬林談,始知俄國的新經濟政策,與我們的實業計畫,
相差無幾,至為欣慰」[71]。這就是說,孫中山對列寧在十月革命後一
舉躍進共產主義的政策不表贊同,而在讓資本主義仍得到保存和發
展這一點上引為共識。孫中山在國共合作期間,對蘇俄顧問鮑羅廷
是十分尊重的,他採納鮑羅廷許多策進民族民主革命的正確意見,
但他沒有採納按照蘇俄模式,沒收地主土地和大公司資產的建議。

　　孫中山和蘇俄、第三國際這種有合有離的關係,其實雙方心裏
都明白。1919 年第三國際成立後,列寧一方面強調先進的資本主
義國家的革命無產者同東方各殖民地國家的被壓迫群眾聯合起
來;另一方面又指出:「任何民族運動都只能是資產階級民主性質
的」,帝國主義也利用本國和殖民地國家的資產階級夙有親密關係
而「極力在被壓迫民族中培養改良主義運動。」因此列寧認為「只
有殖民地國家的資產階級解放運動真正具有革命性的時候,在這種
運動的代表人物不阻礙我們用革命精神去教育、組織農民和廣大被
剝削群眾的時候,我們共產黨人才應當主持並且一定支持這種運
動。」[72]如何判斷以及給予殖民地國家的民族解放運動以什麼樣的
幫助,則實由當時歷史條件形成的居於中心地位的俄共來決定。而
孫中山則是老資格的有自己完整理論的並自視其三民主義可以為
世界打不平的民主革命家,中國國民黨也因其在中國夙有鬥爭經歷
而又人數眾多在國內外享有聲譽。因此他和中國國民黨只是在有利
於其所訂奮鬥目標——就當時而言,主要是打倒國內軍閥及其後臺
帝國主義——的實現的條件下,才能與外國訂盟。可見,兩個都居

---

[71]　《孫中山集外集》,第 479 頁。

[72]　《共產國際有關中國革命的文獻資料》第 1 輯,北京,中國社會科學出版
　　社,1981 年,第 20-21 頁。

於老大地位而主義有異的黨的合作是有條件的。正如有的文章已經論述的在當時中國和蘇俄的外交談判以及孫中山和越飛的談判過程中，都有基於各自民族利益的爭執和某種妥協，因而在實現了的聯合中也有可能因形勢的變化和主觀指導力量的誤導而使離的因素增長、激化。但到孫中山逝世為止，由於蘇俄主要致力於解除帝國主義的軍事包圍和進犯以及國內經濟的恢復，在提供外援時，老大姿態尚較少流露；孫中山則正憑藉聯俄、容共、扶助農工政策而掀起前所未有的國民革命高潮，所以在彌留之際，在〈致蘇俄遺書〉中還盛讚前此兩國合作的成功，「希望國民黨在完成其由帝國主義制度解放中國及其他被侵略國之歷史的工作中，與你們合力共作」，並「希望不久即將破曉，斯時蘇聯以良友及盟國而歡迎強盛獨立之中國，兩國在爭世界被壓迫民族自由之大戰中，攜手並進，以取得勝利。」[73]以謀求中國和世界被壓迫民族解放為互動紐帶的孫中山晚年和蘇俄、第三國際亦即和世界社會主義運動的關係，於此臻於高峰，也為中國和世界歷史上留下了至今猶為人稱道的一種範例。

第二節　對世界大同理想的新闡揚

按照孔子《禮記‧禮運》篇的說法，「大道之行也，天下為公，選賢與能，講信修睦。故人不獨親其親，不獨子其子。使老有所終，壯有所用，幼有所長，矜寡孤獨廢疾者皆有所養。男有分，女有歸。貨，惡其棄於地也，不必藏於己；力，惡其不出於身也，不必為己。是故謀閉而不興，盜竊亂賊而不作，故外戶而不閉，是謂大同。」[74]顯然，孔子因不滿東周以後動亂失序的現實，希圖

---

[73] 《孫中山全集》第 11 卷，第 641 頁。
[74] 陳戍國點校：《四書五經》，上冊，第 513 頁。

復返三代之治，即重建一個以天下為公為主要特徵、消除爭亂、實行和諧共處。相互尊重愛護、男女各守其位、各盡氣力、財產公有的平等和睦社會。

孫中山「幼讀儒書」，「復治中國經史之學」[75]，並自稱其所持主義「有因襲吾國固有之思想者」[76]。當他對近代社會發生的外侮頻仍、內爭綿延的現實嚴重不滿之時，也就較自然地從古代傳統思想中汲取研究原料，以組成他的革命學。閃閃發亮的大同思想也就成為他「翻陳出新」[77]，用以撥亂返治、構建美好未來的理想藍圖。在這方面，他曾如此表述古為今用的思想：「為什麼青年要從馬克思那裏尋求靈丹妙藥，從中國的古典著作中不是也能找到馬克思主義的基本思想嗎？」[78]然而，他和孔子所處時代不同，同馬克思的處境亦有異，其承擔的歷史任務，決定了他構築的大同理想自是具有鮮明的時代特色和中國特色。

其一，孫中山注目於近世世界，接受了較大量的西方社會思潮。因此，他的大同思想深受奔騰於其時的民族主義、民主主義、社會主義思潮的影響，而尤以社會主義思潮的影響最為顯著，晚年尤甚。

1895 年孫中山與日本友人梅屋莊吉會面時，就談論「人類之平等」，初步吐露了他們共同追求世界大同的胸懷。當時正進行中日甲午戰爭，揣其意主要系反對外國侵略，要求民族間的平等；但也約略反映了他這時已抱有同情人民困苦、要求政治經濟平等的願望。1897 年，孫中山在與宮崎寅藏等人的談話中，又宣稱他的政治主張是共和主義，「而所謂三代之治，的確掌握了共和的真

---

[75] 《孫中山全集》第 1 卷，第 47-48 頁。
[76] 《孫中山全集》第 7 卷，第 60 頁。
[77] 《孫中山全集》第 1 卷，第 9 頁。
[78] 《馬林與第一次國共合作》，第 373 頁。

諦」；並宣稱中國實行共和革命後要「恢復和維護世界的和平和人道」[79]。這裏，孫中山又明確地把政治民主拉進了大同的範疇，並作為實行世界大同的前提。到 1905 年，孫中山在一次談話中，更進而把民生主義等同社會主義，把民族、民權、民生三大主義的完整主張歸結為「世界大同主義」[80]，是為打破世界「貧富不均」而設的[81]，從而把上述世界三大思潮與大同思想相聯結相融合。他鼓勵革命志士「為世界人民之立志者，可數千年，以致萬年」，是「萬世之志也」[82]。1905 年後，民主革命漸入高潮。孫表示：中國共和革命勝利後，「不止建新紀元之國家，而更可分其文明於全世界之人類。普通之和平，固可隨之而甦復；社會主義經濟主義之理性的世界，亦將現於實際」[83]。他題詞勉勵日本友人石井曉云：「四海兄弟，萬邦歸一」[84]。中華民國建立後，他更加意氣風發，多次為國內外友人題贈「大道之行也」、「天下為公」、「幼吾幼」、「博愛行仁」、「自由平等」、「同進文明」等[85]。在《臨時大總統宣言書》中，他鄭重宣佈：新中國實行國內統一後，將「與我友邦益增睦誼，持和平主義，將使中國見重於國際社會，且使世界漸趨於大同」[86]。他十分讚賞黃興設立中華民國民族大同會的申請，謂「該會以人道主義提攜五族共躋文明之域，使先賢大同世界之想像實現於二十世紀，用意實屬可欽」[87]。他在一次演說中還說：「但願五大民族相

---

[79] [日]宮崎滔天著，林啟彥改譯、注釋：《三十三年之夢》，第 122-124 頁。

[80] 馮自由：《革命逸史》第 3 集，第 209 頁。

[81] 《孫中山全集》第 1 卷，第 228 頁。

[82] 劉成禺：《先總理舊德錄》，載《國史館館刊》創刊號，1947 年 12 月。

[83] 《孫中山全集》第 1 卷，第 247-248 頁。

[84] 《孫中山全集》第 1 卷，第 433 頁。

[85] 《孫中山集外集》，第 610-614 頁。

[86] 《孫中山全集》第 2 卷，第 2 頁。

[87] 《孫中山全集》第 2 卷，第 331 頁。

愛相親，如兄如弟，以同赴國家之事。主張和平，主張大同，使地
球上人類最大之幸福，由中國人保障之，最光榮之偉績，由中國人
建樹之，不止維持一族一國之利益，並維持全世界全人類之利益
焉。」[88]他更描繪了實行社會主義進入大同之世的具體情景：「本
社會之真理，集種種生產之物產，歸為公有，而收其利。實行社會
主義之日，即我民幼有所教，老有所養，分業操作，各得其所。」
「一真自由、平等、博愛之境域也」，「由此演進，不難致大同之
世」。[89]孫中山這種以中國革命促進世界大同的理想，在 1915 年致
國際社會黨執行局函中仍有宣示。他大量地把實行他的三民主義與
實行世界大同相聯繫，則是在五四運動後民族、民主、社會主義思
潮更高地澎湃於世之時。他為中外友人題贈「世界大同」、「人來進
化，世界大同」、「共進大同」、「大同」、「大道之行，天下為公」、「天
下一家」、「天下主義」、「均則無貧」以及「博愛」等次數更多，有
年代可稽者即有三十餘件，其中錄《禮記‧禮運》篇中關於「大同」
者四件[90]。而在其著作中有關論述則更多，而且有新的闡釋和新內
涵。舉其要者，如他認定「所謂民族主義、民權主義、民生主義，
乃由磨礪而愈進於光明，由增益而愈趨於完美。此世界所同……我
國當此，亦不能不激勵奮發，於革命史上開一新紀元矣」[91]。至於
俄國，則較美、英、法更進步，「其目的在使人人享受經濟上平等
之幸福，而無不均之患。語其大成，則與孔子所謂大同相類」[92]。
孔子的理想世界，「惟俄國新設之政府，頗與此相似」[93]。孫中山

[88] 《孫中山全集》第 2 卷，第 440 頁。
[89] 《孫中山全集》第 2 卷，第 523-524 頁。
[90] 據劉望齡輯注《孫中山題詞遺墨彙編》和《孫中山集外集》（「雜著」）統計。
另，作者曾得境外友人贈送題寫《禮記‧禮運》關於「大同」1 篇，亦計在內。
[91] 《孫中山全集》第 7 卷，第 1 頁。
[92] 《孫中山全集》第 8 卷，第 349 頁。
[93] 《孫中山全集》第 6 卷，第 36 頁。

晚年，更強調：為了達到世界大同的目的，中國人民不僅要推翻中國軍閥，完成中國人民的完全解放，而且要「用此四萬萬人的力量為世界上的人打不平」，聯合世界上被壓迫人民，「將全世界受壓迫的人都來解放」。而「我們要發達世界主義，先要民族主義鞏固才行」，即「先要恢復民族主義和民族地位。用固有的道德和平做基礎，去統一世界，成一個大同之治」。[94]

其二，孫中山與時俱進，把大同思想與中國和世界的現代化進程緊相聯繫。

孫中山雖然對原始共產主義和太平天國實行的公倉等表示讚賞，但他認定今日強調世界大同是「順天應人之事」，要適乎今日之世界潮流和人群需要，且「將駕歐美而上之」[95]。對於「大道之行也，天下為公」，他認為「孔子那個時代，只有思想，沒有事實，到了現在，世界上有了這個思想，也有了這個事實，大家便要做主人翁」[96]。這個事實，不僅具有歐美資產階級革命和工業革命的成果，而且有蘇俄十月革命及其成果，大家都進一步要做主宰自然界和社會的真正主人，以便進入社會主義和共產主義，即大同世界。為此，要實行三民主義，以打破貧富的不平等。[97]這種思想，孫中山曾經因應於民初資本主義初步發展的現實，認為「今者五族一家，立於平等地位，種族不平等之問題亦同時解決」，現在是同心協力「使中國進入世界第一文明大國」，然後「擴充其自由、平等、博愛之主義於世界人類」，進入「大同盛軌」。[98]這就是大興實業以為救貧之藥劑，利用外國資本、人才、技術大力發展中國實業，同

---

[94] 《孫中山全集》第 9 卷，第 126、226、253 頁。
[95] 《孫中山全集》第 6 卷，第 10、39 頁。
[96] 《孫中山全集》第 6 卷，第 470 頁。
[97] 《孫中山全集》第 9 卷，第 503 頁。
[98] 《孫中山全集》第 2 卷，第 439 頁。

時採用民生政策,「將以實行國家社會主義,保育國民生計,以國家權力,使一國經濟之發達均衡而迅速也」[99],從而實行「農以生之,工以成之,商以通之,士以治之,各盡其事,各執其業,幸福不平而自平,權利不等而自等」,而又「政治與實業皆民主化,每一階級,皆依賴其他階級,而共同生活於互愛的情形之下」,「臻於完善之域」,「富則同富,樂則同樂」,因而演進到大同之世。[100]即工業革命和社會革命同時進行,從而使中國人民到達富而公的目標。

同時,孫中山對孔子所提大同思想的內涵進行了現代化的更新。比如,「大同」在孔子心目中實際上僅指當時的中國範圍內的平等平均,孫則要求實行全人類的平等平均。「天下為民」,照他的解釋,是「人人的權利都是很平的」,即要打破民族間的不平等、人民之間的不平等以及貧富的不平等。[101]《禮記·禮運》篇中「男有分,女有歸」是和「夫義,婦聽」、「婦人,從人者也」、「男先於女」、「男女有別」[102],即與舊禮教的男女極不平等連在一起的。而孫中山則一直贊成男女平等自由,他說:「男女平權一事,文極力鼓吹,而且率先實行。」[103]

其三,孫中山為促進世界大同事業,曾與同時期具有大同理想的個人、團體、政黨引類呼朋,桴鼓相應。

除前述孫中山與日本友人等所懷晦鳴求友的例證外,孫中山1924年在廣州高興地會見美國記者,大同教[104]傳教士瑪莎·路特

[99] 《孫中山全集》第2卷,第399頁。
[100] 《孫中山全集》第2卷,第492、524、517頁。
[101] 《孫中山全集》第9卷,第502-503頁。
[102] 陳戌國點校:《四書五經》,上冊,第513、516、530-531頁。
[103] 《孫中山全集》第2卷,第438頁。
[104] 大同教又名「巴哈教」或「巴哈伊教」,19世紀中期產生於伊朗,原屬伊斯蘭教的巴布教派,其基本教義是「上帝統一,宗教同源,人類一體」,主

女士，「帶著極大的興趣聆聽了大同教教義」，「對世界兄弟情誼與國際合作的原則極感興趣，表示『願用吾之生命換取世界之和平』」，並要路特贈送他兩部有關大同教創始人巴哈特命國際和解的書。在孫中山和他的繼承者的支持下，路特女士先後於 1924 年和 1930 年在廣州、香港、上海等地的廣播台、學校多次發表演講，介紹大同教教義，鼓吹國際教育與世界和平。後來，大同教信徒、清華大學校長曹雲祥認為「世界大同為總理遺訓所昭示，尤為智識階級所應提倡者也」。《澳洲大同簡報》也認為「『大同教』之譯名是取孔子描述的『大同世界』之理想，與該教教義相符之意，這與孫中山先生的『天下為公』學說亦不謀而合」[105]。

饒有意味的是，孫中山與大同黨亦發生關係。大同黨又名自由大同黨，是以上海為總部的無政府主義組織，大約在 1916 年前後由中國、朝鮮、俄國、印度等國人組成，有「東方共產黨」之稱[106]。它與同時以上海為活動基地的上述大同教有何關係，尚無資料說明，但大同黨的黨綱與大同教教義頗多類似。大同黨主張「人類平等，世界大同」，「凡進化黨派，其主張與本黨宗旨有部分相契合，而不妨礙本黨進行者，皆當以友黨態度處之。又回、耶、孔、老、佛諸教義，與本黨主義皆有契合之處，亦當以友黨態度處之」；反對「強暴大國有統治各弱小民族權」，否認列強對朝鮮、印度、越南（安南）的殖民統治，「否認一切軍閥當國及現在執政政府，主張真正自動之國民會議，解決國是，或平民革命

張打破信仰、偏見、種族、階級、性別、語言、地域的界限，消除紛爭，實行「人類統一，世界大同」。20 世紀 20 年代前後傳入中國。

[105] 轉引自雷雨田：〈孫中山與大同教〉，載北京，《世界宗教研究》1998 年第 1 期，第 13-14 頁。

[106] 李丹陽：〈朝鮮人巴克京春來華組黨述論〉，載北京，《近代史研究》1992 年第 4 期。

解決一切」。[107]這些政治主張與孫中山主張多有契合。據稱:「孫逸仙身邊的一些人同各個黨派的團體(包括大同黨)保持著聯繫,他的秘書和司庫(按:當指戴季陶、廖仲愷)都是大同黨黨員。」[108]還有人考證大同黨的主要領導人有參加過同盟會、國民黨的黃介民和參加過中華革命黨的姚作賓。與孫中山甚為親近的朱卓文、曹亞伯、孫伯蘭等也可能加入了該黨。[109]前沙俄將軍、後轉為蘇維埃政權服務的波塔波夫先在上海與孫中山「過從甚密」,後得孫幫助,於 1920 年 4 月赴漳州與陳炯明會面,廖仲愷、朱執信也奉孫命到漳州與波塔波夫繼續商談。在漳州奉陳炯明命接待波塔波夫的陳其尤,係大同黨前身——新亞同盟黨的組織者之一。緣是,波塔波夫於 1920 年 5 月加入了大同黨[110]。至於大同黨與同時期大同教、真理社等組織的若隱若現的複雜關係,則尚待進一步鉤沉。

第三節　終極的理想境界

孫中山於 1924 年所作《民生主義》演講,是他談論社會主義最多也是最後一次。他的社會主義理想也可以說於此最終確定。

什麼是社會主義呢?如前所引,孫中山把他的民生主義等同於社會主義、共產主義、大同主義。他認為「社會主義範圍,是研究社會經濟和人類生活的問題,就是研究人民生計問題」。他說:馬克思對社會問題研究得「最透徹和最有心得」,「專從實施與歷史方

---

[107] 謝彬:〈民國政黨史〉,載《近代稗海》第 6 輯,第 102 頁。

[108] 中共中央黨史研究室第一研究部編譯:《共產國際、聯共(布)與中國革命文獻資料選編(1917-1925)》第 1 卷,第 48 頁。

[109] 李丹陽、劉建一:〈英國檔案所見蘇聯與孫中山國民黨的聯繫〉,載臺北,《近代中國史研究通訊》,第 31 期;[日]石川禎浩著,袁廣泉譯:《中國共產黨成立史》,北京,中國社會科學出版社,2006 年,第 78 頁。

[110] [日]石川禎浩著,袁廣泉譯:《中國共產黨成立史》,第 78、116 頁。

面用功，原原本本把社會問題的經濟變遷，闡發無遺」，「集幾千年人類思想之大成」，把社會主義從空想變成了科學，因而叫「科學社會主義」。但是他不贊成馬克思以「物質為歷史的中心」，而認為美國學者摩里斯·威廉所稱：「社會問題才是歷史的重心，而社會問題又以生存為重心」，才和他的主義「若合符節」。他還說，民生主義的「大目的，就是要眾人能夠共產」。三民主義的意思「就是國家是人民所有，政治是人民所共管，利益是人民所共用。」即「人民對國家不只是共產，一切事權都是要共的。這才是真正的民生主義，就是孔子所希望的大同世界」[111]。

　　這裏，孫中山認定中外古今的社會主義理想中的共同特徵，即「共產」，亦即實行政治、經濟、文化所有權的公有和分配的平等，特別是實行「土地公有」和「資本公有」，即實行主宰國民經濟命脈的土地、森林、礦山、鐵路、電氣、郵政等部門和主要企業的國有制，在這一基礎上實行「分配之社會化，就是合作社」，以「消滅商人的壟斷」[112]。而這就是馬克思的「資本公有」和亨利·喬治「土地公有」二者的綜合，以補救歐美社會因未及早解決土地問題而生的日後財富壟斷之弊。他讚賞歐洲空想社會主義、中國黃老所說的華胥氏之國和太平天國領袖洪秀全有過的共產主義理想，但那時沒有力量去改良社會，「所以只好說理想上的空話」，因此他強調當今之世須大力發展生產，搞近代化，謀求「社會的文明的發達，經濟組織的改良和道德進步」，走「社會進步」、國強民富的路。他認為民生主義「不但是最高的理想，並且是社會的原動力」，通過它，「社會問題才可以解決」，「人類才可以享很大的幸福」。[113]這裏，僅就上述理想本身而言，應該說是高出於中外烏托邦理想，其中實

---

[111]《孫中山全集》第 9 集，第 359-365、389-394 頁。
[112]《孫中山全集》第 9 集，第 368、378 頁。
[113]《孫中山全集》第 9 集，第 360-361、381、386 頁。

行公有制、發展社會生產力是實行社會主義理想的必備條件，尤中
肯綮。他所提出的以社會經濟發展程度來決定能否實行社會主義的
論點也發人深思。

如何實行社會主義呢？孫中山不贊成馬克思的「階級戰爭是社
會進化的原動力」的理論，「主張解決民生問題的方法，不是先提出
一種毫不合時用的劇烈辦法，再等到實業發達以求適用；是要用一
種思患預防的辦法來阻止私人的大資本，防備將來社會貧富不均的
大毛病」。他主張分階段採取不同的方針和辦法。即主張用革命手段
解決政治問題，用和平手段來解決經濟問題，「改良社會」。對於前
者，孫中山從國民黨「一大」後即認定帝國主義和軍閥阻礙中國統
一，也就無法實行社會改革和國家建設，必須採取聯俄、容共和扶
助農工三大政策，與民眾深切結合，特別強調要確信共產主義和民
生主義是好朋友，國民黨員要和共產黨員團結對敵，打倒帝國主義
和中國軍閥，結束四分五裂的局面，獲取一個和平建設的國內環境。
對於後者，孫中山認為中國現時貧富尚不懸殊，通過人民性的國家
政權的政策，和平實行平均地權，解決土地公有問題；又可以通過
「節制資本」、發展國家實業以「製作國家資本」，來防止私人資本
壟斷和解決資本公有問題。這樣就可以做到「國家管理資本、發達
資本。所得利益歸人民大家所有」，「全國人民都可以得到安樂」[114]。
此前，孫中山在《建國方略》裏還提到發展中國實業和社會主義的
三點重要方針：(一)「廢手工採機器」，即大力發展近代化生產；(二)
「統一而國有之」，即如前述舉措，實行以公有制為主的所有制變
革；(三) 吸收外國資本、技術和人才，「使外國之資本主義以造成
中國之社會主義」[115]，以加速國家的建設。對於這一套設想，孫中

---

[114] 《孫中山全集》第 9 集，第 377-394 頁。
[115] 《孫中山全集》第 6 集，第 398 頁。

山歸結為:「共產主義是民生的理想,民生主義是共產的實行,所以兩種主義沒有什麼分別,要分別的還是在方法。」[116]

應該說,孫中山對迄今仍謀正確解決的歷史難題——什麼是社會主義、如何實行社會主義,確是作了努力探索,力圖作出符合中國國情的回答。孫中山自稱:他已知道有關社會主義書籍有千百種,各種名目的共產黨、社會黨在 57 種以上,其時「普通人對於社會主義無所適從」[117]。他對馬克思主義的認識誠然亦不十分清晰,但他不僅對它有所瞭解,而且涉獵過其他一些社會主義學說而對馬克思主義進行過比較分析。他對感興趣的各種社會主義理論都未全部照搬,而是有所取捨增刪。前已論及,他曾強調「以俄為師」,但不贊成俄國用革命手段來解決經濟問題,不贊成無產階級專政,不贊成現在就共產。他欣然引美國學者摩里斯·威廉的《社會史觀》為其民生觀的同調,並把其消費論納入民生主義的範圍,但他並未像威廉那樣採取反馬克思主義的立場。他讀過柯爾等宣揚基爾特社會主義、費邊主義、工團主義的論著,並稱羅素為深知中國的大哲學家。他們的某些思想資料,也被孫中山用於適應國家和中國勞工運動的新變化,把革命運動與工農運動直接聯繫,但他不贊成基爾特的「產業自治制」,堅持節制私人資本、發展國家資本的主張。他說:「就中國論之,此項對於社會主義之反對論據,實比西方為不適用。因中國之一切大工業均在萌芽故也。申言之,無論私人企業或國家企業,在中國今日乃由同一點出發,不問採用何法,終需外國之經濟助力也」[118]。他肯定俾斯麥的國家社會主義的經濟政

---

[116] 《孫中山全集》第 9 集,第 381 頁。

[117] 同上書,第 359 頁。但據英國學者菲斯力於 1924 年出版的《什麼是社會主義》,其時列舉的社會主義定義已達 260 種(參見高放《社會主義在世界和中國》,雲南人民出版社,1993 年,第 58 頁)。

[118] 《孫中山全集》第 6 集,第 637 頁。

策，但他認為俾斯麥使用鐵血的手腕是世界民權的大障礙，而以在
民主政體下實行社會主義為得當。他不滿足於「悲天憫人的道德家」
恢復古代的共產制度的願望，而是追求在「工業發達，機器創出」、
物質財富日增、「人與人爭的極劇烈的時代」產生能消除不平的「新
共產時代」[119]。他不贊成無政府主義學說，認為須「明白指明在今
日世界，國家之界限既不可破，則政府為代國家執行律法，以限制
惡人而保衛良善，為不可少，故無政府主義實不能行於今日。而使
之化為平和，或可為吾黨之助」[120]。他對當時帝國主義者高唱的世
界主義更進行了揭露和譴責，指出這是帝國主義者「要想保全他的
特殊地位，做全世界的主人翁」，「要全世界都服從」[121]。

　　諸如此類情形的出現，既和孫中山為救國而虛心向外國學習，
力圖適應世界新潮流，而外國繁多的社會主義流派又各有長短有關
係；也和中國近代社會特別是「五四」運動前後的中國政治、經濟、
思想狀況有關。中國近代社會所具有的多種經濟成分、多個階級、
多種思想、多條道路並存的過渡社會特徵，在「五四」時期特別顯
著，有如孫中山深切感受的：當時各種新思潮、新出版物「紛紛應
時而出。揚葩吐豔，各極其致，社會遂蒙絕大之影響」[122]。孫中山
從來以人民全體的代表自任，這時更提出「全民政治」的政治觀，
因而更重視當時在中國頗有影響的一些社會主義流派的思想，以便
容納更廣泛的主張，爭取更多的人支持自己的事業，當是很自然
的事。

　　還值得注意的是，孫中山的社會主義思想和古老的中國傳統觀
念如儒家、道家思想（尤其是儒家的大同思想）相聯繫。這與西方

---

[119] 《孫中山全集》第 9 集，第 380-381 頁。
[120] 《孫中山全集》第 4 集，第 13 頁。
[121] 《孫中山全集》第 9 集，第 216 頁。
[122] 《孫中山全集》第 5 集，第 210 頁。

基督教社會主義、伊斯蘭社會主義、阿拉伯社會主義有相類似的特徵。特別是在反帝反殖和維護民族尊嚴、國家統一方面，東方國家的社會主義有其共同點，但又存在較明顯差異。有人論證：伊斯蘭社會主義強調《古蘭經》中關於國家財產的觀念和根據《聖訓》規定的「濟貧」（Zakat）思想，認為這種把物質施捨給窮人的具體形式就是社會主義。阿拉伯社會主義較多地吸收了馬克思主義的一些思想，提出了諸如財富歸全民所有、公正分配、禁止剝削、取締私人公司和外國租讓權、限制農業土地所有權、工人參加工廠管理等等，其總的特點是將社會主義與民族主義聯繫在一起，「相信社會主義是源於阿拉伯民族主義內部深處的必然產物」[123]。與上述比較，孫中山的社會主義思想顯得科學化、世俗化、更具世界眼光。

很值得我們研究的是，包括中國在內的東方各國的社會主義理想都是在政治、經濟、文化嚴重滯後的土壤上進行構築的，都以超越資本主義階段，實行跳躍式前進為特徵，這就必然產生理想與現實的巨大差距。孫中山的社會主義理想也不例外。可貴的是，孫中山雖然認為中國資本主義不發達，階級分化不顯著，易於解決社會問題，因而不斷宣傳要畢政治革命與社會革命於一役，但就其對革命的實際進程安排看，他還是主張分階段的，他聽從了革命歷程中發生的事件的反復提醒，把進行民族民主革命作為進行社會改造和經濟建設的前提；他雖然對民生主義、社會主義、共產主義的看法有混同之弊，但在實際規劃中，他是把共產主義理想、大同思想視為將來的最終的理想社會，而就現實來說，是要實行他的民生主義，即平均地權、節制資本、發達國家資本。這種生產關係的調整和極力提高生產力、發展工農業生產，實際上都是要在中國迅猛發展資本主義。不過於此同時，他又希望克服資本主義社會的某些弊

---

[123] 彭樹智：《東方民族主義思潮》，第 315、369 頁。

端，為將來實行共產主義理想或世界大同準備物質和精神條件，減少阻力，縮短進程。從這種意義上看：孫中山提出「共產主義是民生的理想，民生主義是共產的實行」，共產、民生二主義毫無衝突，應是好朋友，雖沒有分清二者終極理想的差異，但就其實際進程看，是有它合乎邏輯的思路的。因此，把共產主義包舉在三民主義在內的論斷，固然有違孫中山意願；但也不能籠統地把孫中山視為「一次革命論」者。應該看到，孫中山的社會主義的主觀、空想一面，隨著他的革命實踐和對世情國情認識的提高而逐步減少，其實踐性格卻在逐步增長。到晚年，他力圖通過國共合作，對內調動各種民族民主力量，對外聯合以平等待我的各民族，希望形成內外強大合力，推進革命和建設，實現他的民生主義理想（即他自稱的社會主義理想），表明他比以往的主觀空想社會主義者確在向實踐邁開明顯步伐。

　　誠然，當我們把孫中山的社會主義理想及其實現方法置於世情國情再作認真審查時，我們仍能發現它本身的矛盾以及與現實的差距，仍保留一定的主觀空想性。比如，孫中山認識到必須打倒帝國主義和封建軍閥才能實施其民生主義，但他卻低估了帝國主義和封建勢力的聯盟勢必阻礙和破壞中國的和平與統一，特別是通過誘迫方式分裂革命隊伍的能量。他錯誤地認為中國只有大貧與小貧之別，反對階級鬥爭，過分地強調各階級的合作，而隨後的革命進程恰因革命隊伍內外階級鬥爭的激化而頓挫。他希求以外國之資本主義造成中國之社會主義，並為此而多有呼籲籌畫，其結果只能證明了他於 1906 年 11 月 26 日復俄國民粹派《民意》報主編魯賽爾函中所作的預料。那時他已說：外國資本家是絕不會「來幫助中國擁有自己的工業威力而成為獨立的國家」。並且認定「如果我們稍微表現出要走向這條道路的趨向時，那麼整個歐美資本主義世界就會高嚷著所謂工業的黃禍了」。而且，他還清醒地指出過應盡量讓那

些外國資本家少知道「中國的更新最終能夠加速歐美的社會革命」
這層利害關係，因為據此，外國資本家更不會援助中國「來實行最
終會使他們本身利益遭到損失的那種事業了」[124]。可是在行動上他
卻背此而對外國資本家抱有不切實際的期待。1917 年後他重視人
民社會心理的導向，希望國人瞭解並遵行其主義，勇於實行，然而，
世界潮流和普通中國人們的心理卻有著很大的差距。孫中山早就指
出：多數中國人身處僻野，又長期經受封建主義壓迫、錮蔽，「無
一非被困於黑暗之中」，不知國家大事、國家法律，只是「束髮讀
書」、「奉令承教，一味服從」，於政則「習尚專制」[125]。辛亥革命
後情況依舊，復辟屢起，民國徒具形式。有鑒於此，孫中山為把民
國建築在人民心上，以教導國民行使民權為要務，專撰《民權初步》
一書，實際上只是教人如何組織集會和行使議事規則。而孫中山始
終沒有注重人的自由獨立，致使廣大群眾缺乏主體意識，不能充分
發揮其主動精神，萬眾一心地迎向世界潮流，為大同理想在中國的
實行積極創造條件。至於社會主義思想和要求實現世界大同的思
想，雖在 1919 年前後澎湃於中國，但主要是在作為社會精英的知
識份子中傳播，促起他們採取行動，而對於普通百姓尤其是廣大農
民則是道大難容，沒有也無法全部接受。這樣，儘管孫中山晚年重
視工農力量，工農也較熱烈地追求解放，但都還是主要出於民族民
主熱情，而非出自嚮往社會主義。孫中山有著土地資本公有的良好
意圖，主張在「廢手工業採機器」的同時，就「統一而國有之」，
而且重視由中央策劃和領導，實行有計劃的發展。這在當時資本主
義十分落後的中國，上述設想是否過早過急，也值得研究。孫中山
的社會主義和世界大同理想的上述矛盾和局限性，實際上是世界進

---

[124] 《孫中山全集》第 1 集，第 322-323 頁。
[125] 《孫中山全集》第 1 集，第 51 頁。

步潮流與經濟、文化滯後的中國現實的差距，應歸因於東西方不同社會歷史土壤和歷史條件，以及社會主義道路本身的艱巨性。

綜上所述，可以得出以下幾點看法：

第一，孫中山對社會主義和世界大同理想的嚮往和追求，亦即實現「天下為公」的追求，貫穿於他整個革命生涯，體現於他的政治經濟和思想文化等方面建設的終極目標中。由於古代大同思想久盤於曆受苦難、渴求幸福的中國人民的腦際；而社會主義運動又日益奔騰於當世，由西方卷到東方，由理論鼓吹到日益求諸實踐。因此，孫中山對此作出的回應，亦日益強烈，並有付諸實踐試圖。這種回應，就孫中山主觀上言，是社會主義和世界大同理想的同條共貫，又是民族民主潮流和社會主義潮流的相激相盪。其在中國的契合點主要是民族民主革命範疇的問題，而不是西方社會主義。他體現著東方被壓迫民族的解放運動和西方無產階級的社會主義運動的聲氣相通，又確有利於這兩大運動的進行。

第二，孫中山的社會主義和世界大同理想是以民族民主革命的徹底進行，即以剷除帝國主義在華特權和阻礙中國近代化的另一大敵──封建主義為主要內容，其結果將必出現中國的近代化。特別是在孫中山晚年，他日益重視工農力量對政治的參與和人民性共和政權的建立，希望通過民主性政策措施的實施，大力改變舊的生產關係和發展生產力，並極力防止財富集中壟斷以避免社會的不均不平，這勢必為社會主義與世界大同理想在中國的實施創造物質和精神條件。

第三，就當時世界範圍內出現的主要兩種社會主義，即馬克思列寧式的社會主義、民主社會主義，加上稍後出現的民族社會主義的內涵看，孫中山的社會主義理想具有後二者的某些特徵。但就當時看，民主社會主義者的絕大多數在第一次世界的帝國主義戰爭中，墜落為社會沙文主義者和資產階級奴僕。而真誠的民主主義者

的孫中山卻因其鮮明的反對帝國主義戰爭和維護真正和平的立場，是當時馬克思列寧式社會主義派的真正盟友。加上前述孫中山理想具有較前為多的實踐性格，我們可以認為：在殖民地半殖民地的落後國度裏生長出的真誠民主主義者，可以充當世界社會主義運動的許多方面、尤其是民族解放運動中的真誠應和者。由此可見，孫中山告誡黨人：「我們對於共產主義，不但不能說是和民生主義相衝突，並且是一個好朋友」[126]，是出於對世界社會主義運動有較好瞭解的肺腑之言，也確適合中國人民的需要和世界潮流的發展趨向。

最後，孫中山的社會主義和世界大同理想及其實踐思路還內含不少矛盾，並有其局限性。這些曾使孫中山感到困惑，亟思解決，但他沒有也不可能解決就齎志以歿了。在東西方社會歷史土壤仍然保持巨大差異的情況下，這些矛盾和局限性也困擾著他的同輩和後繼者。19 世紀末以後，列寧批判了民粹派的落後俄國可以通過保持和發揮俄國村社的特點來直接過渡到社會主義的社會超越的空想，1920 年底蘇俄國內戰爭結束後，列寧又正確地制定了新經濟政策，試圖通過恢復一定的貿易自由政策、利用國家資本主義的各種形式，逐漸過渡到社會主義。然而當時的一些主客觀因素又促使他很快迫不及待地在稍作退卻後，即仍主張資本主義不發達的俄國，在缺乏實現社會主義所必需的國內國際條件下，仍可直接躍入社會主義，因而出現一大堆難以解決的問題和不良後果。中國的一些社會主義探求者也曾面臨同樣的矛盾和難題，乃至重複著這樣的道路。為什麼反覆出現這種情況呢？看來也只能從中國和世界、東方和西方的實際情況的比較和分析中以及從社會主義道路本身所具有的實際複雜性、艱巨性中找答案。而從總結歷史經驗的角度

---

[126] 《孫中山全集》第 9 集，第 386 頁。

看，世界的走向應是真正自由、平等、和諧而又富裕的大同世界。
但世界是多樣的，情況是不斷變化發展的，如何臻於上述理想境地
的途徑和方式也肯定是千姿百態的，近世進步人士都在這方面積極
探索前進。孫中山欲實現社會主義和世家大同的思路，既是對在中
國和東方國家實現上述理想的一種積極探索，也是對世界大同理想
寶庫的一種新貢獻，其長處和短處都值得借鑒。

主要參考與徵引書目

一、中文圖書報刊

廣東社會科學院歷史研究室等編:《孫中山全集》(1-11 卷),北京,中華書局,1981 年-1986 年

秦孝儀主編:《國父全集》(十二冊),臺北,近代中國出版社,1989 年

陳錫祺主編:《孫中山年譜長編》,北京,中華書局,1991 年

羅家倫主編:《國父年譜》增訂本,臺北,中華民國各界紀念國父百年誕辰籌備委員會,1965 年

王耿雄等編:《孫中山集外集》,上海人民出版社,1990 年

王耿雄等編:《孫中山集外集補編》,上海人民出版社,1994 年

劉望齡輯注:《孫中山題詞遺墨彙編》,武漢,華中師範大學出版社,2000 年

上海孫中山故居編印:《上海孫中山故居藏書目錄》,1988 年

羅剛:《中華民國國父實錄》,臺北,正中書局,1988 年

中國國民黨執委會編:《國父孫中山年譜》,1929 年

伍達光輯:《孫中山評論集》,上海,三民出版部發行,1925 年

羅家倫、黃季陸主編:《國父年譜》增訂本,臺北,中國國民黨黨史編纂委員會,1969 年

中國近代史資料叢刊:《辛亥革命》,上海人民出版社,1957 年

《國會非常會議紀要》,廣州,1917 年-1918 年

湖南社會科學院編:《黃興集》,北京,中華書局,1981 年

鄒念之編譯：《日本外交文書選譯——關於辛亥革命》，北京，中國社會科學出版社，1980 年

俞辛焞等編譯：《孫中山在日活動密錄（1913.8-1916.4）》，天津，南開大學出版社，1990 年

李國祁編：《德國檔案中有關中國參加第一次世界大戰的幾項記載》，《中國現代史專題研究報告》，臺北，中華民國史料研究中心，1985 年，第 4 輯

近代史資料：《一九一九年南北議和資料》，北京，中華書局，1962 年

黃彥等編：《孫中山藏檔選編》，北京，中華書局，1986 年

王芸生：《六十年來中國與日本》，北京，三聯書店，1990 年

張枬、王忍之編，《辛亥革命前十年間時論選集》，北京，三聯書店，1960-1977 年

榮孟源、章伯鋒主編：《近代稗海》（全 14 輯），四川人民出版社，1985-1988 年

邱權政等編：《辛亥革命史料選集》，湖南人民出版社，1981 年

羅家倫主編：《革命文獻》，臺北，中央文物供應社

[日]東亞同文會編、胡錫年譯：《對華回憶錄》，北京，商務印書館，1960 年

中國第二歷史檔案館編：《中華民國檔案資料彙編》，江蘇古籍出版社，1986 年

南京市檔案館、中山陵管理處編：《中山陵檔案史料選編》，江蘇古籍出版社，1986 年

徐友春等編：《孫中山奉安大典》，南京，華文出版社，1989 年

孫中山治喪處編印：《哀思錄》線裝三冊，1925 年（？）

上海社科院歷史研究所編：《辛亥革命在上海史料選輯》，上海人民出版社，1986 年

羅家倫、黃季陸主編：《國父年譜》增訂本，中國國民黨中央委員會黨史史料編纂委員會，臺北，1969 年

李毓澍主編：《中日關係史料──歐戰與山東問題》，臺北，中央研究院近代史研究所，1974 年

戚其章：《甲午戰爭史》，北京，人民出版社，1990 年

丁文江、趙豐田編：《梁啟超年譜長編》，上海人民出版社，1983 年

杜春和編：《北洋軍閥史料專輯》，北京，中國社會科學出版社，1981 年

《共產國際運動史研究資料》，北京，人民出版社，1981 年

《共產國際有關中國革命的文獻資料》，北京，中國社會科學出版社，1981 年

鄒魯：《中國國民黨史稿》，上海，廣智書局，1929 年

馮自由：《革命逸史》，北京，中華書局，1981 年

馮自由：《華僑革命開國史》，上海商務印書館，1947 年

馮自由：《中華民國開國前革命史》，重慶中國文化服務社，1944 年

馮自由：《中國革命運動二十六年組織史》，上海商務印書館，1948 年

葉復聲：《國父民初革命事略》，廣州孫總理侍衛同志社，1948 年

胡去非：《總理事略》，上海，商務印書館，1937 年

廣東省檔案館等編：《華僑與僑務史料選編》，廣東人民出版社，1991 年

梁啟超：《新大陸遊記》，湖南人民出版社，1981 年

馬伯援：《我所知道的國民軍與國民黨合作史》，上海商業公司，1932 年

鄭東夢：《檀香山華僑》，《檀香山華僑》編印社，1929 年

近代史資料叢刊《華僑與辛亥革命》，北京，中國社會科學出版社，1981 年

林金枝：《近代華僑投資國內企業史研究》，福建人民出版社，1985 年

華僑革命史編纂委員會：《華僑革命史》，臺北，正中書局，1981 年

上海文物保管會編：《康有為與保皇會》，上海人民出版社，1982 年

鄧澤如：《中國國民黨二十年史跡》，正中書局，1948 年

臺灣華僑志編纂委員會編印：《華僑志‧日本》，1965 年

《連雅堂先生文集餘集》，臺北，文海出版有限公司，1973 年

彭澤益:《中國近代手工業史資料》,北京,三聯書店,1957 年

[新]顏青湟著,李恩涵譯:《星、馬華人與辛亥革命》,臺北,聯經出版事
　　業公司,1982 年

司徒美堂:《我痛恨美帝》,北京,光明日報出版社,1951 年

林懷遠等:《新加坡、馬來西亞華僑史》,廣東高等教育出版社,1991 年

羅香林:《國父與歐美之友好》,臺北,中央文物供應社,1951 年

陶文釗:《中美關係史(1911-1950)》,重慶出版社,1993 年

蔣永敬:《民國胡展堂漢民先生年譜》,臺北,商務印書館,1981 年

蔣永敬:《孫中山與中國革命》,臺北,三民書局,2000 年

[日]宮崎滔天著,林啟彥改譯、注釋:《三十三年之夢》,三聯書店香港分
　　店、花城出版社,1981 年

[美]林柏克著,徐植仁譯:《孫逸仙傳記》,上海三民公司,1932 年

[日]宮崎寅藏著,陳鵬仁譯:《宮崎滔天論孫中山與黃興》,臺北,中正書
　　局,1977 年

陳鵬仁編譯:《論中國革命與先烈》,臺北。黎明文化事業公司,1979 年

陳鵬仁譯著:《孫中山先生與日本友人》,臺北,大林書店,1973 年

陳固亭:《國父與日本友人》,臺北,幼師書店,1965 年

彭澤周:《近代中日關係研究論集》,臺北,藝文印書館,1978 年

戴季陶:《日本論》,上海,民智書局,1928 年

[澳]駱惠敏編,劉桂梁等譯:《清末民初政情內幕》,北京,知識出版社,
　　1986 年

[美]韋慕庭著,楊慎之譯:《孫中山──壯志未酬的愛國者》,廣州,中山
　　大學出版社,1986 年

林承節:《印度民族獨立運動的興起》,北京,北京大學出版社,1984 年

林承節等:《孫中山與印度革命運動》,《南亞研究》1991 年第 4 期。

[美]保羅・S・芮施恩著,李抱宏等譯:《一個美國外交官使華記》,北京,
　　商務印書館,1982 年

[蘇]亞‧伊‧切列潘諾夫著，中國社會科學院近代史研究所翻譯室譯：《中國國民革命軍的北伐》，北京，中國社會科學出版社，1981年

粵海關檔案：《各項時事傳聞錄》，廣東省檔案館藏

《潘佩珠年表》，載越南堤岸中文《遠東日報》1962年8月19日

[菲]葛列格里奧‧F‧賽迪著，林啟森譯：《菲律賓革命》，廣東人民出版社，1979年

余繩武：《帝國主義侵華史》北京，人民出版社，1988年

梁守德、李景蔭等：《民族解放運動史（1775-1945）》，北京，北京大學出版社，1985年

彭樹智：《東方民族主義思潮》，西安，西北大學出版社，1992年

胡春惠：《韓國獨立運動在中國》，臺北，中華民國史料研究中心，1976年

胡春惠主編：《近代中國與亞洲》學術討論會論文集，香港，珠海學院亞洲研究中心，1995年

《朝鮮學文集》，北京，北京大學出版社，1992年

[韓]朴殷植：《韓國獨立運動血史》，上海維新社，1920年

[美]史扶鄰著，邱權政等譯：《孫中山與中國革命的起源》，北京，中國社會科學出版社，1981年

香港華字日報編印：《廣東扣械潮》，香港，1924年

復旦大學歷史學中國近代史教研組編：《中國近代對外關係史資料選輯》，上海人民出版社，1977年

[蘇]安東諾娃等主編：《印度近代史》，北京，三聯書店，1978年

《孫中山與辛亥革命史料專輯》，廣東人民出版社，1981年

《中國國民黨「一大」史料專輯》，廣東人民出版社，1984年

陳旭麓主編：盛宣懷檔案資料之一《辛亥革命前後》，上海人民出版社，1979年

王聿均：《泰戈爾及其他》，臺北，文海出版社，1981年

湯志鈞：《章太炎年譜長編》，北京，中華書局，1979年

黃遵憲著，錢仲聯箋注：《人境廬詩草箋注》，上海古籍出版社，1999 年

《孫中山史料專輯》，廣東人民出版社，1979 年

俞辛焞等：《孫中山宋慶齡與梅屋莊吉夫婦》，北京，中華書局，1991 年

趙軍：《辛亥革命與大陸浪人》，北京，中國大百科全書出版社，1991 年

彭澤周：《近代中國之革命與辛亥革命》，臺北，商務印書館，1989 年

趙金鈺：《日本浪人與辛亥革命》，四川人民出版社，1988 年

李廷江：《日本財界與辛亥革命》，北京，中國社會科學出版社，1994 年

中國孫中山研究會編：《孫中山和他的時代——孫中山研究國際學術討論
　　會文集》，北京，中華書局，1989 年

中華書局編輯部編：《紀念辛亥革命七十周年學術討論會論文集》，北京，
　　中華書局，1983 年

《馬克思恩格斯全集》，北京，人民出版社，1972 年

《列寧選集》，北京，人民出版社，1960 年

《宋慶齡選集》，北京，人民出版社，1992 年

尚明軒等編：《雙清文集》，北京，人民出版社，1985 年

伊斯雷爾・愛潑斯坦著，沈蘇儒譯：《宋慶齡——二十世紀的偉大女性》，
　　北京，人民出版社，1992 年

吳相湘：《孫逸仙先生——中華民國國父》，臺北，文星書店，1965 年。

吳相湘：《孫逸仙先生傳》，臺北，遠東圖書公司，1982 年

向青等：《蘇聯與中國革命》，北京，中央編譯出版社，1994 年

[印]M・N・羅易：《羅易回憶錄》，北京，商務印書館，1978 年

蔣湘澤、吳機鵬主編：《中國近代對外關係史料選輯》，上海人民出版社，
　　1977 年

蕭萬源：《孫中山哲學思想》，北京，中國社會科學出版社，1981 年

俞辛焞：《辛亥革命時期中日外交史》，天津人民出版社，2000 年

俞辛焞：《躬耕集》，北京，中華書局，2003 年

俞辛焞：《孫中山與日本關係史研究》，北京，人民出版社，1996 年

李吉奎：《孫中山和日本》，廣東人民出版社，1996 年

陳三井：《華工與歐戰》，臺北，中央研究院近代史研究所，1986 年

陳三井：《中山先生與法國》，臺北，臺灣書店，2003 年

陳三井：《中山先生與美國》，臺北，臺灣學生書局，2005 年

陳三井：《舵手與菁英》，臺北，秀威資訊科技股份有限公司，2008 年

李雲漢、王爾敏：《中山先生民族主義正解》，臺北，臺灣書局，民國八十八年

[澳]黃宇和：《孫逸仙倫敦蒙難真相》，上海書店出版社，2004 年

[澳]黃宇和：《中山先生與英國》，臺北，臺灣學生書局，2005 年

[澳]黃宇和：《孫逸仙在倫敦，1896-1897：三民主義思想探源》，臺北，聯經出版事業公司，2007 年

習賢德：《孫中山與英國》，上海人民出版社，2008 年

[日]伊原澤周（即彭澤周）：《從「筆談外交」到「以史為鑑」──中日近代關係史探研》，北京，中華書局，2003 年

《孫逸仙先生言行小識──關於對帝國主義者之奮鬥》，《胡漢民先生遺稿》，臺北，1978 年

林明德：《三‧一運動與「五四」運動的關連》，《中華民國初期歷史研討會論文集》，臺北，中央研究院近代史研究所，1984 年

[韓]朴殷植：《韓國獨立運到血淚史》，上海，維新社，1920 年

臺灣國立政治大學國際關係研究中心編：《辛亥革命與南洋華人研究討論會論文集》，臺北，1986 年

[朝]閔石麟：《中國護法運動承認韓國臨時政府始末記》，羅家倫主編：《革命文獻》

《清季外交史料》

[越南]章牧：《孫中山與二十世紀初越南革命的關係》，《孫中山史料專輯》，廣東人民出版社，1979 年

林明德：《近代中日關係史》，臺北，三民書局，1984 年

吳滄海：《山東懸案解決之經緯》，臺北，商務印書館，1987 年

達林：《中國回憶錄（1921-1927）》，北京，中國社會科學出版社，1981 年

[日]古屋奎二著，中央日報社譯：《蔣總統祕錄》，臺北，中央日報社，
　　1976 年

《近代稗海》第 9 輯，四川人民出版社，1986 年

湖北省社會科學會聯合會編：《辛亥革命五十周年紀念論文集》，北京，中
　　華書局，1962 年

金沖及主編：《孫中山研究論文集》，四川人民出版社，1986 年

辛亥革命史研究會編：《辛亥革命史論文選》，北京，三聯書店，1994 年

張磊主編：《孫中山與近代中國》，北京，人民出版社，1999 年

廣東省孫中山研究會編：《「孫中山與亞洲」國際學術討論會論文集》，廣
　　州，中山大學出版社，1994 年

林家有、[日]高橋強主編：《理想‧道德‧大同──孫中山與世界和平國
　　際學術研討會論文集》，廣州，中山大學出版社，2001 年

林家有，李明主編：《孫中山與世界》，吉林人民出版社，2004 年

華中師範大學中國近代史研究所編：《辛亥革命與 20 世紀的中國》，湖北
　　人民出版社，2001 年

武昌辛亥革命中心編：《辛亥革命與近代中國》，湖北人民出版社，1991 年

[法]巴斯蒂：《法國的影響及各國共和民主者團結一致：論孫中山與法國
　　政界的關係》，中國孫中山研究會編：《孫中山和他的時代》上冊。

[法]白吉爾：《二十世紀初法國對孫中山的政策》，中國孫中山研究會編：
　　《孫中山和他的時代》上冊。

吳乾兌：《1911 至 1913 年間的法國外交與孫中山》，中國孫中山研究會編：
　　《孫中山和他的時代》上冊。

[土]卡爾米蘇著，楊兆鈞譯：《土耳其共和國史》，昆明，雲南大學西南亞
　　研究所，1978 年，廣東人民出版社，1979 年

郭廷以編：《中華民國史事日誌》，臺北，1979 年

[美]亨利‧喬治著，樊弘譯：《進步與貧困》，商務印書館，1930 年

《馬克思恩格斯論中國》，北京，人民出版社，1953 年

《國際共運研究資料》第 3 輯，北京，人民出版社，1981 年

廣東省理論研究室編：《馬克思主義經典作家論孫中山》，廣州，1973 年

《維經斯基在中國的有關資料》，北京，中國社會科學出版社，1982 年

李玉貞等編：《馬林與第一次國共合作》，北京，光明日報出版社，1989 年

《共產國際有關中國革命的文獻資料》，北京，中國社會科學出版社，
　　1981 年

中共黨史研究室第一研究部編：《共產國際、聯共（布）與中國革命文獻
　　資料選輯（1917-1925）》，北京，北京圖書館出版社，1997 年

[日]石川禎浩著，袁廣泉譯：《中國共產黨成立史》，北京，中國社會科學
　　出版社，2006 年

黃季陸等：《研究孫中山先生的史料與史學》，臺北，中華民國史料研究中
　　心，1975 年

《魯迅全集》，北京，人民文學出版社，1959 年

陳崧編：《五四前後東西文化問題論戰文選》，北京，中國社會科學出版社，
　　1989 年

[日]狹間直樹等譯：《中川恒次郎報告孫中山革命活動的信》，北京，《歷
　　史檔案》，1986 年第 3 期

李敖：《李敖論孫中山》，臺北，全能出版社，1987 年

陶菊隱：《北洋軍閥統治時期史話》，北京，三聯書店，1983 年

黃遠庸：《遠生遺著》，上海，商務印書館，1927 年

張國燾：《我的回憶》，香港，東方出版社，1991 年

黃三德：《洪門革命史》，香港，1936 年

陳戊國點校：《四書五經》，嶽麓書社，1991 年

段雲章：《孫中山》，江蘇古籍出版社，1984 年

段雲章，邱捷：《孫中山與中國近代軍閥》，四川人民出版社，1989 年

段雲章：《放眼世界的孫中山》，廣州，中山大學出版社，1996 年

段雲章：《孫文與日本史事編年》，廣東人民出版社，1996 年

張磊、段雲章、馬慶忠主編：《孫中山辭典》，廣東人民出版社，1994 年

段雲章：《孫中山對國內情勢的審視》，廣州，中山大學出版社，2001 年

段雲章、沈曉敏：《孫文與陳炯明史事編年》，廣東人民出版社，2003 年

《民報》

《新民叢報》

《建國月刊》

《建設》雜誌

《大本營公報》

《國史館館刊》

《廣東文物》

《東方雜誌》

《甲寅》雜誌

《每週評論》

《新青年》

《每週評論》

上海《民立報》

上海《民國日報》

《廣州民國日報》

《晨報》

《申報》

《廣東迅報》

《民誼》

《政藝通報》

《中華新報》

《讀書譯編》

《逸經》

《中央黨務月刊》

重慶《國民公報》

臺灣《傳記文學》

臺灣《大陸》雜誌

臺灣《革命思想》

臺灣《掌故》

《小說月報》

《中國國民黨第二次全國代表大會日刊》

新加坡《天南新報》

《紅旗》

《人民日報》

《歷史研究》

《近代史研究》

《近代史資料》

《國外中國近代史研究》

《歷史檔案》

《民國檔案》

《辛亥革命史叢刊》

中山大學學報叢刊《孫中山研究論叢》

廣東孫中山研究會編：《孫中山研究》

上海《近代中國》

《南洋問題資料譯叢》

《僑務報》

《南洋文摘》

《光明日報》

《東亞研究》

《學術月刊》

二、外文圖書報刊

日本外務省編：《日本外交文書》，日本國際連合協會，1961 年

[美]萊恩‧夏曼：《孫逸仙的生平及其意義》（Sharman, L yon: *Sun Yat-Sen, his life and its meaning. A Critical biography*），美國，斯坦福大學，1934 年

[美]詹遜：《日本人與孫中山》，（Jansen, Marius B: *The Japanese and Sun Yat-Sen*），美國，哈佛大學，1954 年

[美]麥考密克：《中華民國》，紐約，1931 年

日本外務省編：《日本外交年表並主要文書（1840-1945 年）》，東京，原書房，1955 年

[日]陳德仁、安井三吉編：《孫中山講演「大亞洲主義」資料集》，京都，法律文化出版社，1989 年

[日]陳德仁、安井三吉編：《孫文與神戶》，神戶新聞，1985 年

[日]藤井昇三：《孫文之研究》，勁草書房，1983 年

[日]佐藤慶治郎：《東亞先覺志士傳記》，黑龍會，昭和 10 年

俞辛焞：《孫文的革命運動與日本》，東京，六興株式會社，1989 年

[日]天羽英二日記‧資料刊行會編：《天羽英二日記‧資料集》

[日]品川仁三郎：《孫文先生東游紀念寫真帖》，神戶，日華新報社，1913 年

[日]車田讓治：《國父孫文與梅屋莊吉》，六興出版社，1975 年

[日]中山太郎：《學界偉人與南方熊楠》，富山書房，1943 年

[日]松村梢風：《金‧戀‧佛》，關書院，1948 年

[日]宮崎龍川、小野川秀美：《宮崎滔天全集》，平凡社，1971-1977 年

[日]萱野長知：《中華民國革命秘笈》，帝國地方行政學會，1940 年

久保田文次編：《萱野長知孫文關係史資料集》，高知市民圖書館，2001 年

[日]東亞文化研究所編：《東亞同文會史》，霞山會，昭和 63 年

[日]原奎一郎編：《原敬日記》，東京乾元社，1950-1951 年

《硬石五拾年譜‧內田良平傳》，葦書房，昭和 53 年

[日]藤本尚則：《頭山滿翁正傳》（未定稿），東京，文雅書店，昭和 17 年

[日]鷺尾義直：《犬養木堂傳》，東洋經濟新報社，昭和 14 年

[日]北一輝：《支那》革命外交，大鐙閣，1921 年

澤村幸夫：《送迎孫中山先生私記》28.8，1937 年

山田辰雄：《中國國民黨左派之研究》，慶應通信，1980 年

中村哲夫：《遺情閣遺聞──孫文與吳錦堂》，阿吽社，1990 年

日本孫文研究會編：《孫文與亞洲──1990 年 8 月國際學術討論會報告集》，汲古書院，1993 年

日本孫文研究會編：《孫文研究》

日本辛亥革命研究會編：《辛亥革命研究》

日本《支那》雜誌

[日]《福岡日日新聞》

[日]《大阪每日新聞》

[日]《神戶新聞》

[日]《史林》

「中山先生與世界」系列叢書

序號	書名	作者	出版書局	出版時間
1	中山先生與莫斯科	蔣永敬 楊奎松	台灣書店	民國 90 年 5 月
2	中山先生與日本	李雲漢	台灣書店	民國 91 年 2 月
3	中山先生與法國	陳三井	台灣書店	民國 91 年 12 月
4	中山先生與德國	李國祁	台灣書店	民國 92 年 1 月
5	中山先生與美國	陳三井	學生書局	民國 94 年 1 月
6	中山先生與英國	黃宇和	學生書局	民國 94 年 8 月
7	中山先生的世界觀	段雲章	秀威公司	民國 98 年 12 月
8	中山先生與國際人士	張家鳳	秀威公司	民國 99 年 3 月
9	中山先生與港澳	李金強	秀威公司	民國 99 年 6 月

聯絡住址：中山學術文化基金會

(106)臺北市永康街 13 巷 25 號

電話：(02)2341-4342

■ ■ ■
中山先生的世界觀

國家圖書館出版品預行編目

中山先生的世界觀 / 段雲章著. -- 一版. --
臺北市：秀威資訊科技, 2009.12
　　面；　公分. -- (史地傳記類 AC0012)
BOD 版
參考書目：面
ISBN 978-986-221-361-2 (平裝)

1.孫文　2.傳記　3.孫中山思想

005.18　　　　　　　　　　　　　98022247

 史地傳記類　AC0012

中山先生的世界觀

作　　者 / 段雲章
主　　編 / 蔡登山
發 行 人 / 宋政坤
執行編輯 / 黃姣潔
圖文排版 / 黃莉珊
封面設計 / 蕭玉蘋
數位轉譯 / 徐真玉　沈裕閔
圖書銷售 / 林怡君
法律顧問 / 毛國樑　律師
出版印製 / 秀威資訊科技股份有限公司
　　　　　　台北市內湖區瑞光路 583 巷 25 號 1 樓
　　　　　　電話：02-2657-9211　　　傳真：02-2657-9106
　　　　　　E-mail：service@showwe.com.tw
經 銷 商 / 紅螞蟻圖書有限公司
　　　　　　台北市內湖區舊宗路二段 121 巷 28、32 號 4 樓
　　　　　　電話：02-2795-3656　　　傳真：02-2795-4100
　　　　　　http://www.e-redant.com

2009 年 12 月 BOD 一版
定價：380 元

讀 者 回 函 卡

感謝您購買本書,為提升服務品質,煩請填寫以下問卷,收到您的寶貴意見後,我們會仔細收藏記錄並回贈紀念品,謝謝!

1. 您購買的書名:＿＿＿＿＿＿＿＿＿＿＿＿＿＿＿＿＿

2. 您從何得知本書的消息?

　□網路書店　□部落格　□資料庫搜尋　□書訊　□電子報　□書店
　□平面媒體　□ 朋友推薦　□網站推薦 □其他＿＿＿＿＿＿

3. 您對本書的評價:(請填代號　1.非常滿意 2.滿意 3.尚可 4.再改進)

　封面設計＿＿＿ 版面編排＿＿＿　內容＿＿＿ 文/譯筆＿＿＿　價格＿＿＿

4. 讀完書後您覺得:

　□很有收獲　□有收獲　□收獲不多　□沒收獲

5. 您會推薦本書給朋友嗎?

　□會　□不會,為什麼?＿＿＿＿＿＿＿＿＿＿＿＿＿＿＿＿

6. 其他寶貴的意見:＿＿＿＿＿＿＿＿＿＿＿＿＿＿＿＿＿＿

　＿＿＿＿＿＿＿＿＿＿＿＿＿＿＿＿＿＿＿＿＿＿＿＿＿＿

　＿＿＿＿＿＿＿＿＿＿＿＿＿＿＿＿＿＿＿＿＿＿＿＿＿＿

　＿＿＿＿＿＿＿＿＿＿＿＿＿＿＿＿＿＿＿＿＿＿＿＿＿＿

讀者基本資料

姓名:＿＿＿＿＿＿＿＿＿＿ 年齡:＿＿＿　性別:□女 □男

聯絡電話:＿＿＿＿＿＿＿＿ E-mail:＿＿＿＿＿＿＿＿＿＿

地址:＿＿＿＿＿＿＿＿＿＿＿＿＿＿＿＿＿＿＿＿＿＿＿＿

學歷:□高中(含)以下　　□高中　□專科學校　□大學
　　　□研究所(含)以上 □其他＿＿＿＿＿＿＿

職業:□製造業 □金融業 □資訊業 □軍警 □傳播業 □自由業
　　　□服務業 □公務員 □教職　□學生 □其他＿＿＿＿＿

秀威與 BOD

BOD（Books On Demand）是數位出版的大趨勢，秀威資訊率先運用 POD 數位印刷設備來生產書籍，並提供作者全程數位出版服務，致使書籍產銷零庫存，知識傳承不絕版，目前已開闢以下書系：

一、BOD 學術著作—專業論述的閱讀延伸
二、BOD 個人著作—分享生命的心路歷程
三、BOD 旅遊著作—個人深度旅遊文學創作
四、BOD 大陸學者—大陸專業學者學術出版
五、POD 獨家經銷—數位產製的代發行書籍

BOD 秀威網路書店：www.showwe.com.tw
政府出版品網路書店：www.govbooks.com.tw

　　永不絕版的故事・自己寫・永不休止的音符・自己唱